今文尚書周書異文研究及彙編

趙成傑 著

蘭臺出版社

目　錄

壹、緒論 ---------- 1

貳、今文《尚書・周書》異文概述 ---------- 7

一、異文來源 ---------- 7

二、異文類型 ---------- 9

（一）今本與古寫本《尚書》之異文為通假字 ---------- 10

（二）今本與古寫本《尚書》之異文為異體字 ---------- 11

（三）今本與古寫本《尚書》之異文為正字與俗字 ---------- 11

（四）今本與古寫本《尚書》之異文為同音通用字 ---------- 12

三、異文作用 ---------- 12

（一）《尚書》異文對校讀字詞和理解文意有啟示意義 ---------- 13

（二）《尚書》異文用字和書寫習慣是校讀的重要依據 ---------- 14

（三）《尚書》異文對梳理版本和考察源流有很大幫助 ---------- 16

參、今文《尚書・周書》異文校釋 ---------- 19

一、今文《尚書・牧誓》異文校釋 ---------- 19

二、今文《尚書・金縢》異文校釋 ---------- 31

三、今文《尚書・大誥》異文校釋 ---------- 42

四、今文《尚書・康誥》異文校釋 ---------- 47

肆、今文《尚書・周書》文字定本 ---------- 57

伍、《尚書•周書》異文表 ---------- 77

一、今文《周書・牧誓》異文表 ---------- 78

二、今文《尚書・洪範》異文表 ---------- 85

三、今文《周書・金縢》異文表 ---------- 112

四、今文《尚書・大誥》異文表 ---------- 124

五、今文《尚書・康誥》異文表 ---------- 140

六、今文《尚書・酒誥》異文表 ---------- 164

七、今文《尚書・梓材》異文表 180
八、今文《尚書・召誥》異文表 186
九、今文《尚書・洛誥》異文表 203
十、今文《尚書・多士》異文表 224
十一、今文《尚書・無逸》異文表 241
十二、今文《尚書・君奭》異文表 260
十三、今文《尚書・多方》異文表 282
十四、今文《尚書・立政》異文表 307
十五、今文《尚書・顧命》異文表 328
十六、今文《尚書・呂刑》異文表 352
十七、今文《尚書・文侯之命》異文表 380
十八、今文《尚書・費誓》異文表 386
十九、今文《周書・秦誓》異文表 391

引用書目 399

後　記 412

序

成傑同學的大作《今文〈尚書・周書〉異文研究及彙編》即將付梓，以洋洋二十餘萬字的篇幅，向學術界展現了這位青年學子在《尚書》研究領域所取得的成就，可喜可賀。

成傑同學於 2010 年考入東北師範大學古籍整理研究所，在我和劉奉文先生的指導下，不僅圓滿地完成了中國古典文獻學專業的所有課程學習，而且在為學期間，在海內外相關專業的學術雜誌上發表了十幾篇研究論文。參與了三個省級課題的研究，其中一項是主要負責人。先後六次獲得獎勵，其中 2012 年 5 月獲得教育部「全國高等院校古籍整理研究委員會」頒發的「第十二屆中國古典文獻學獎學金碩士生三等獎」；2012 年 12 月獲得碩士研究生國家獎學金。以博學好問，學習與研究能力突出，深得全所教師和同學的器重和好評。可以說，此書即是他深厚學術積累的結果。

《尚書》記錄了距今四千年到二千六百年間虞、夏、商、周的史事，是我國最早的政事史料彙編。因為後來成為儒家基本經典之一，因此自古迄今，歷代學者研究《尚書》的熱情始終不減，以至於形成了專門的「《尚書》學」。《尚書》的編輯、傳播、演變經歷了長期複雜的歷史過程，是經學史上最為聚訟紛紜的一大公案，許多問題到現在都沒能達成共識或得到解決，所以有學者認為當前的《尚書》學研究已走入困境。

我雖然是行外之人，但多年從事中國古典文獻學科研與教學的實踐經驗提醒我，《尚書》學是否陷入困境暫且不論，但欲解決此一公案中的諸多問題，必須正本清源，在前人研究的良好基礎上，沉下心來多做基礎性研究工作。而對其文字進行考訂校勘，進行解讀闡釋，就是這基礎性研究工作之一。其學術價值和學術意義是不言自明的。傳世文獻之外，近年來發現的大量出土文獻，均為此種研究提供了前提條件。成傑同學此書，真可謂是應時而作了。

在書中，成傑同學以《尚書》中的《周書》十九篇為中心，用其目力所及之傳世和出土文獻考訂版本間之異文。其用力之勤，用意之深，作為其師，我是能真切感受得到的。限於各種條件的限制，成傑同學沒能對《尚書》全書的文字「異文」做出整理與研究。但僅以此部分言，其對《尚書》文本研究所做的貢獻，亦足資褒獎了。當然，書中亦有稍顯稚嫩之處，對一位青年學子不可求全責備。相信隨著年齡和學養的累積，成傑同學終會對《尚書》和《尚書》學研究做出新的貢獻。

成傑同學現正在南京大學古典文獻研究所攻讀中國古典文獻學博士學位，導師為著名中國古典文獻學家程章燦先生。我與程先生素有交集，對程先生為人為學深感欽佩。成傑同學投學於章燦先生門下，可謂如魚得水。在章燦先生的點撥下，成傑同學一定會成長得更快。

李德山

2014 年 6 月 3 日于東北師範大學古籍整理研究所

壹、緒論

一

《尚書》又名《書經》，亦單稱作《書》，在很多古書中往往可以見到《詩》、《書》並稱的現象，其實指的就是《詩經》和《尚書》，《尚書》是我們今天習慣上的一個正式名稱。至於為什麼叫做《尚書》，後代學者在解釋這個名稱時大都認為「尚」和「上」是同義通用字，《尚書》就等於《上書》。然而，對於「上」這個字卻有很多不同的解釋，其中有三種較為重要的說法：一、「上」為「上古」的意思，那麼《尚書》就是「上古的書」；二、「上」是「尊崇」的意思，「尚書」就是「人們所尊崇的書」；三、「上」是代表「君上（即君王）」的意思，是因為這部書中的很多內容是臣下對「君王」言論的記載，所以稱作《尚書》，此僅列舉三種說法，主要依據了馬雍的《尚書史話》，參考此書就可以了，其他各說就不一一贅述了。[1]

我們已經了解了《尚書》稱名，那麼這本書具體的內容是講什麼呢？我們在此亦做一簡單介紹，《尚書》是我國最早的一部歷史文獻，是由上古文獻資料彙編而成的，由虞、夏、商、周四部分構成。我們根據〈書序〉了解到有百篇之多，今傳僅五十八篇，其中「今文」三十三篇，其保存了我國先秦時期的政治、歷史、地理、思想等方面的資料，這不僅僅可以使我們看到先秦古人所作的書籍和所運用的語言，更為我們研究早期社會發展和文化生活提供了原始材料和便利。[2]

然而，此書因距今天有數千年的之久，尤其是在印刷術未發明之前，書籍的流傳靠口耳相傳或傳抄轉寫，另外《尚書》作為儒家經典之一，廣為流傳，出現諸多版本，如各種石經本、傳抄刻本等，所以在流傳中難免出現文本差異，或撰寫篆刻的訛誤現象，以至於產生了諸多「異文」，如文字使用之異體、假借、訛誤、義近字等等，文句之衍文、脫漏、倒置等等現象，直接導致後世學人難以窺其原貌。近代著名學者王國維在〈與友人論詩、書中成語書〉中有提

---

[1] 馬雍，《尚書史話》（北京：中華書局，1982），頁 1。

[2] 唐旭東，《今文尚書文系年注析》（桂林：廣西師範大學出版社，2013），頁 2。

到：「《詩》、《書》爲人人習誦之書，然於六藝中最難讀。以弟之愚闇，於《書》所不能解者，殆十之五，於《詩》亦十之一二。此非獨弟所不能解也，漢魏以來諸大師未嘗不強爲之說，然其說終不可通。以是知先儒亦不能解也。」可見《尚書》文字艱澀、難懂。

然而，自秦漢以來，諸多學者均對《尚書》下過一定的功夫，如漢代鄭玄、唐代孔穎達、宋時蔡沈（代表朱熹學派最高成就）、明清之際王夫之、清代閻若璩、王頊齡、江聲、王鳴盛、段玉裁、王引之、孫星衍以及近現代等著名學者。自清乾嘉學者以來，學者對《尚書》文字校訂比勘更為留心，成果也很顯著，然而還是有很多不盡如人意的地方。

因此，在眾多前輩學者研究的基礎上，備助近現代考古發掘出土文獻資料的便利，本書僅以〈周書〉十九篇為中心考訂版本間的異文，並結合各類傳世文獻、出土文獻資料加以比勘。本書共四部份，第一部份〈《尚書・周書》異文概述〉，從理論上對《尚書・周書》異文的來源、類型、作用進行了概述。第二部份〈《尚書・周書》異文表〉，以表格形式把各類傳本彙聚起來，並參照相關資料對異文加以註釋，這一步的梳理有助於考察文字變遷，把握版本源流。第三部份〈《尚書・周書》異文校釋〉，針對〈《尚書・周書》異文表〉中的重點字詞加以研究，這是本文的主體部份，對〈周書〉十九篇中的某幾篇異文進行考察，主要處理疑難字詞，一般字詞放入〈《尚書・周書》異文表〉註釋中加以闡釋。這一部份不注重對文字學理論以及異文類型的歸納，主要著眼於文字字形的變遷以及諸家訓詁的異同，尤以後者為重。第四部份〈《尚書・周書》文字定本〉，通過對異文的考察研究，既梳理了各版本之時間序列，還總結了文字定本，對以後學人的《尚書》研究提供便利。

二

在本書正式展開之前，我們對前人研究異文的情況略作介紹。近現代以來，很多學者都關注到了《尚書》異文問題，但限於條件及其他方面的因素，沒有專著問世。上世紀五十年代，劉起釪（1917—2012）先生和陳公柔（1919—2004）先生都注意到《尚書》文字問題。劉起釪先生在《尚書校釋譯論・序言》中曾談到整理《尚書》的隸古定問題，但因好友楊伯峻先生勸阻《尚書》異文匯編問題就此擱淺；陳公柔先生在整理馬衡《漢石經集存》時已注意到《尚書》之問題，先生在《評介〈尚書文字合編〉》中談及到要整理《尚書》異文問題，因接受了于省吾先生的建議才放下這個工作。

九十年代末，華東師範大學臧克和（1956—）先生撰寫了博士論文〈尚書文字校詁〉（1999），學界才正式關注到《尚書》的異文問題。臧先生寫作時間比較緊張，又照顧到《尚書》中的所有篇章，於是很多問題不免武斷，該書偶有新見，主要統整前人之說，多延自段玉裁《古文尚書撰異》。2003 年，中山大學林志強（1964—）先生博士論文〈古本《尚書》文字研究〉的問世為《尚書》文字的發展做了很大貢獻，該書對《尚書》文字做了比較系統的整理，文末附〈古本《尚書》字樣調查表〉，很可惜，作者只是截取了較重要的字進行研究（65 例），且也沒有按照篇章逐個的排查，做得相對粗糙。2006 年，揚州大學陳楠以〈敦煌本尚書異文研究〉為題，對《尚書》文本，包括今傳本《尚書》、敦煌本《尚書》做了詳細比勘，從理論上歸納了《尚書》異文類型。2011 年，聊城大學趙立偉女士主持教育部人文社科規劃項目〈古寫本《尚書》異文研究〉，其發表論文數篇，主要有：〈論三體石經《尚書》異文的類型及價值〉（2008）、〈以魏三體石經校讀今傳《尚書》一例〉（2009）、〈漢石經《尚書》異文與今本《尚書》校議〉（2010）〈漢熹平石經《尚書》異文研究〉（2012）等，目前項目正在進行。2012 年，安徽大學馬曉穩撰寫了〈出土戰國文獻《尚書》文字輯證〉，該文以出土戰國文獻中的《尚書》文字為研究對象，在利用古文字材料的基礎上，對《尚書》文本進行了疏證，涉及《周書》的篇章有〈金縢〉、〈君陳〉、〈君牙〉、〈呂刑〉等。吉林大學李春桃發表了〈傳抄古文綜合研究〉（2012）的博士論文，該文分上下兩編，上編是有關傳抄古文的理論研究，下篇題為〈傳抄古文異體關係整理與研究〉。李春桃還發表有〈《尚書・大誥》爾時罔敢易法解詁——兼談〈莽誥〉的底本性質〉（2011）等文。馬楠博士論文（2012）。

2012 年還有清華大學馬楠女士的博士論文《周秦兩漢書經考》，該文有非常大的參考價值，首先該文討論了《尚書》研究中 11 個重要的問題：(1)漢代今文《尚書》伏生歐陽大小夏侯本；(2)漢代古文《尚書》；(3)漢代今古文《書序》；(4)《說文解字》引《尚書》；(5)馬融鄭玄王肅本；(6)熹平石經；(7)正始石經；(8)敦煌寫本《書古文傳》；(9)北宋開寶之前的《經典釋文》；(10)《書疏》與開成石經；(11)《汗簡》與《書古文訓》。其次，該文總結了先秦兩漢今古文《尚書》所共有的 28 篇之可考異文，以傳世文獻、出土文獻（包括金文、簡牘、碑刻、寫本四方面）相結合的方式 28 篇進行歷史、篇句、文字的重新闡釋。並先秦兩漢諸書所引《尚書》佚文儘量歸入百篇之中。最後，從文獻綜述部分所提出的 11 個方面的文獻出發，對涉及《尚書》寫定、流傳過程中存在長期誤解或聚訟紛紜的問題作出論證。總體而言，馬楠女士的博士論文闡述深刻，文獻功底深厚，對我們的研究提供了極大便利。

期刊論文方面，主要有廖名春〈郭店楚簡〈成之聞之〉、〈唐虞之道〉篇與《尚書》〉（1999）、晁福林〈上博簡〈甘棠〉之論與召公奭史事探析——附論《尚書・召誥》的性質〉（2003）、臧克和〈上海博物館藏〈戰國楚竹書・緇衣〉所引《尚書》文字考——兼釋〈戰國楚竹書・緇衣〉有關的幾個字〉（2003）、虞萬里〈上博簡、郭店簡〈緇衣〉與傳本合校補證（下）〉（2004）、姜廣輝〈《尚書》今古文真偽新證——戰國楚簡〈緇衣〉所引古本《尚書》的資料價值〉（2003）、林志強〈新出材料與《尚書》文本的解讀〉（2004）、劉義峰〈也談郭店楚簡引《書》問題〉（2006）、廖名春《清華簡與《尚書》研究〉（2010）、李學勤〈清華簡與《尚書》、《逸周書》的研究〉（2011）、虞萬里〈由清華簡〈尹誥〉論《古文尚書・咸有一德》之性質〉（2012）、程興麗〈馬融本《尚書》異文考辨〉（2012）等，附帶提及香港學者的研究成果。單周堯、陸鏡光主編有《語言文字學研究》（2005），該集刊刊載了有關出土文獻的論文，其中饒宗頤〈由刑德二柄談「臸」字——經典異文探討一例〉頗具啟發性，值得一讀。

相對大陸學者，臺灣學者在此方面更為留心。上世紀六十年代以來，屈萬里（1907-1979）先生出版多種有關《尚書》異文的專著，主要有：《漢石經尚書殘字集證》（1963）、《以古文字推證尚書偽字及糾正前人誤解舉例》（1972）、《尚書集釋》（1983）、《尚書異文彙錄》（1983）等，《尚書異文彙錄》主要拿傳世文獻各種文本比勘，又採用很多新出土文獻，如甲骨、金文等資料，參考價值巨大。陳鐵凡（1912—1992）先生先後撰寫了《敦煌本尚書述略》（1961）、《敦煌本虞夏商書斠證補遺》（1961）、《敦煌本虞書校證》（1963）、《敦煌本夏書斠證》（1965）、《敦煌本商書校證》（1965）等，其中《敦煌本商書校證》「用石經本、宋刊本、阮刻本及多種日本古寫本參校，對《尚書》寫卷做了較全面的校勘。」

七十年代，朱廷獻（1930—1990）先生出版有《尚書異文集證》（1970），因資料所限未及觀瞻。又出版《尚書研究》（1987），該書分上下編，上編是通考，下編是考釋，作者盡量運用出土甲骨或青銅器銘文對經文進行訓解，極盡詳細。程元敏（1931—）先生發表了多篇《尚書》研究論文，如〈尚書周誥義證〉(1975)、〈尚書召誥篇義證〉(1975)、〈尚書君奭篇義證〉(1975)、〈尚書新義輯考彙評－多士至君陳篇〉(1978)等；八十年代，黃忠慎(1955—)先生撰寫了〈尚書洪範異文集證〉(1981)；九十年代至今，臺灣地區整理《尚書》文字的論文為數不多，僅目力所及，只有兩篇：一篇是成功大學陳一綾的碩士論文〈郭店簡、上博簡引《書》研究〉(2008)，一篇是臺灣師範大學許舒絜的博士論文〈傳抄古文《尚書》文字之研究〉(2011)。前者是以郭店簡和上博簡中的《尚書》文字作為研究對象，對簡帛文獻中的論《書》、引《書》的文句進行了討論，有一定參考價值。後者則具重要學術價值。許舒絜的博士論文共分四部分，第一部分為緒論，主要綜述了前人之研究成績和《尚書》流傳及字體變遷概述。第二部分是全文重點，對五十八篇傳抄古文《尚書》文字進行了辨析，釋字 1429 例，大體上先列文字異體，次訓詁考證。第三部分是總論，分別探析了古文《尚書》和今文《尚書》文字構形之異同、古文《尚書》隸古定本之文字形體類別和文字特點。第四部分是結論部分，分析了傳抄古文《尚書》文字研究的價值和展望，文末附傳抄古文《尚書》文字構型異同表。該論文花費力氣較大，值得稱讚，但不足之處也應指出：文字考釋殊為繁雜，沒有突出重點，只是梳理文字形體，不能很好的將「字」與「詞」有機結合。我們知道，「字」只代表形體，「詞」是音形義的結合，單從形體本身去考察文字詞義是不科學的。本文力圖克服上述問題，重點將「字」與「詞」有機結合，考釋詞義。

臺灣地區涉及《尚書》異文的期刊論文還有：邱德修〈魏三體石經尚書考述〉(1994)、邢義田、陳昭容〈一方未見著錄的魏三字石經殘石--史語所藏《尚書・多士》殘石簡介〉(1999)、程元敏〈〈郭店楚簡・淄衣〉引書考〉(1999)、林文華〈〈郭店楚簡・淄衣〉引用《尚書》經文考〉(2001)、林素清〈利用出土戰國楚竹書資料檢討《尚書》異文及相關問題〉(2002)、季旭昇〈〈上博二・昔者君老〉簡文探究及其與《尚書・顧命》的相關問題〉(2004)、洪博昇〈從段玉裁對「讀」字的訓解，談孔安國以今文字讀《古文尚書》的相關問題〉(2010)等。

除了大陸和臺灣的相關研究，日本學者的研究也不可忽視。近六十年來，《尚書》異文方面的研究論文有：神田喜一郎〈古文尚書に関する『經典釋文』の序錄について〉(1952)、野村茂夫〈先秦における尚書の流伝についての若干の考察〉(1965)、沼本克明〈古文尚書平安中期点の字音注記の出典につい

て〉(1969)、池田末利〈尚書通解稿1〉(1971)、石塚晴通〈岩崎本古文尚書・毛詩の訓点〉(1983)、村山敬三〈藍沢南城の『古文尚書解』について〉(1990)、野間文史〈尚書正義版本小考--八行本『尚書正義』と九行本『尚書注疏』〉(2007)、大阪大學中國學會主編〈中國研究集刊・清華簡特集〉(2011)等。

由於日本國內保存了很多古文《尚書》文本，這些資料對我們研究《尚書》異文大有裨益，代表作有加藤常賢（1894—1978）《真古文尚書集釋》(1964）和小林信明（1906—？)《古文尚書の研究》(1959)，其中小林信明對我們研究異文最為有益，此書「以推理的形式，採用『倒上溯源』的方法，處理錯綜多樣的問題。先錄隸古定寫本的情況，以考唐時衛包所改字。再上考梅頤本、王肅本、鄭玄本、馬融本、杜林本、劉歆本、孔安國今文及孔壁古文等，最後論定《古文尚書》之地位。」

綜上，大陸、臺灣、日本的學者近現代以來對《尚書》異文的研究做了很大貢獻，本文在前人基礎之上，大膽創新，結合古文字、古文獻的研究方法，對《尚書・周書》異文進行歸納研究（某些篇章無異文，不做討論），重點訓釋語詞，不過分糾纏於字形的考訂。但在研究中也面臨幾個難點：一、雖力爭收齊《尚書》相關文獻，但肯定會有遺漏，必定會導致某些結論有偏差；二、《尚書・周書》有一部分異文來源不明，真偽很難判斷；三、《尚書・周書》有關訓釋分歧很多，我們認為應該以「平實」為前提，避免不必要的後世文獻互證及史事糾纏，在傾向西周青銅器銘文的同時，「平實」該如何把握，這很不容易做到；四、《尚書・周書》中有許多語詞的爭議有相當的積累，異說很多，一時未能判斷的，存疑，避免強為之解。

貳、今文《尚書・周書》異文概述

《尚書》傳自伏生，經時代之變，文字繁雜，皮錫瑞《今文尚書考證》:「先漢經師，必由口授。文字多寡，不免參差。派別三家，經有異本。師法雖無大異，傳習不必全符。是以龍門、蘭台、馬、班殺其青簡；熹平太學，陳留書以丹文。『於乎』、『烏虖』不同『於戲』之字；『無逸』、『亡佚』別傳『毋劮』之文。『邦』、『國』、『恒』、『常』，非關避忌；『維』、『惟』、『乃』、『迺』，或別古字。良由習本判殊，非盡後人改竄。許君解字，有伏書雜出之辭；顏監匡謬，乃蔡氏一家之學。」[1]皮氏之語，大抵道出了今、古文之別。本章對異文的來源、類型、作用進行了相關研究。

一、異文來源

《尚書》文字錯綜複雜，以至形成大量異文，自唐以來學者多有稽考，唐陸德明《經典釋文》所錄《尚書》注有：孔安國《古文尚書傳》十三卷、馬融《注》十一卷、鄭玄《注》九卷、王肅《注》十卷、謝沈《注》十五卷、李顒《注》十卷、范寧《集解》十卷、姜道盛《集解》十卷、《尚書大傳》三卷等。[2]清阮元《尚書注疏校勘記》所引據各本為：唐石經、宋臨安石經、古本（足利本）、岳本、葛本、宋板、宋十行本、閩本、明監本、毛本、釋文（即陸德明《經典釋文》），並參照宋毛居正《六經正誤》、元王天與《尚書纂傳》、清彭元瑞《石經考文提要》、清顧炎武《九經誤字》、清山井鼎《七經孟子考文》、清浦鏜《十三經正字》、清盧文弨《群書拾補》等。[3]

近代著名學者顧頡剛、顧廷龍所輯《尚書文字合編》羅列不同時代之《尚書》文字，所收之本分作七類：一、《漢石經》；二、《魏石經》；三、唐寫本；四、日本寫本；五、宋晁公武石刻《古文尚書》；六、宋薛季宣《書古文訓》；

1 清・皮錫瑞，《今文尚書考證・凡例》（北京：中華書局，1989），頁 7。
2 唐・陸德明，《經典釋文》（北京：中華書局），1983，頁 9。
3 清・阮元校刻，《十三經注疏》（清嘉慶刊本）（北京：中華書局，2009），頁 244。

七、《唐石經》等。[4]

上述三種著作是本文研究《尚書》異文的重要參考，尤以顧氏為重，本文依顧頡剛、顧廷龍之《尚書文字合編》（1996）列表著錄異文，異文來源大致五類：

（一）、出土文獻本，主要是《清華大學藏戰國竹簡》（壹）[5]的〈金縢〉等篇章，並參考《郭店楚墓竹簡》[6]的〈緇衣〉（引〈康誥〉、〈君奭〉），《上海博物館藏戰國楚竹書》（一）[7]的〈緇衣〉（引〈呂刑〉、〈君奭〉）等資料。

（二）、石經本，包括漢石經、魏石經、唐石經等，並參考張國淦《歷代石經考》[8]（1930）、孫海波《魏三字石經集錄》[9]（1937）、馬衡《漢石經集存》[10]（1957）、屈萬里《漢石經尚書殘字集證》[11]（1984）等著作。

（三）、敦煌古寫本，主要是法國巴黎圖書館藏本照片，用伯希和（P）編號，英國大英博物館藏本照片，用斯坦因（S）編號，並參考王重民《敦煌古籍敘錄》[12]（1979）、吳福熙《敦煌殘卷古文尚書校注》（1992）等資料。

（四）、日本古抄本，主要包括神田本、島田本、足利本等十二類資料，主要有：1、岩崎本（殘，岩崎男舊藏。日本大正七年 1918 年影印本）；2、九條本（殘，九條道秀公舊藏。日本昭和十七年 1942 年《京都帝國大學文學部影印舊抄本》第十集影印本）；3、神田本（殘，神田醇容安軒舊藏。日本大正八年 1919 年《容安軒舊書四種》影印本）；4、島田本（殘，島田翰舊藏。1914 年羅振玉《雲窗叢刻》影印本）；5、內野本（全，影寫日本元亨二年 1322 沙門素慶刻本，內野皎亭舊藏。日本昭和十四年 1940 東方文化研究所影印本）；6、上圖本（元亨本）日本元亨三年 1323 藤原長賴手寫本，殘，上海圖書館藏。原件后間有脫佚，據羅振玉《雲窗叢刻》影印楊守敬本配補；7、觀智院本（殘，日本元亨三年 1323 藤原長賴手寫本。東寺觀智院藏）；8、古梓堂本（殘，日本元亨三年 1323 藤原長賴手寫本。古梓堂文庫舊藏）；9、天理本（殘，日本

---

4 顧頡剛、顧廷龍輯，《尚書文字合編・凡例》（上海：上海古籍出版社，1996），頁 1。

5 李學勤主編，《清華大學藏戰國竹簡》（壹）（上海：中西書局，2010）。

6 荊門市博物館編，《郭店楚墓竹簡》（北京：文物出版社，1998）。

7 馬承源主編，《上海博物館藏戰國楚竹書》（一）（上海：上海古籍出版社，2001）。

8 此書 1930 年燕京大學國學研究所出版，見杜春和編《張國淦文集》（北京：北京燕山出版社，2000）。

9 孫海波，《魏三字石經集錄》（北京：北平大業印刷局影印，1937）。

10 馬衡，《漢石經集存》（北京：科學出版社，1957）。

11 屈萬里，《漢石經尚書殘字集證》（臺北：臺北聯經出版集團，1984）。

12 王重民，《敦煌古籍敘錄》（北京：中華書局，1979）。

鎌倉時期寫本。天理圖書館藏）；10、足利本（全，日本室町時期 1336-1573。足利學校遺跡圖書館藏）；11、上圖本（影天正本）全，日本影寫天正六年 1578 秀圓題記本，有松田本生印記，南翔姚文棟舊藏，其子明輝捐贈上海歷史文獻圖書館，今歸上海圖書館藏；12、上圖本（八行本）全，室町時期後期寫本 1336-1573，每半葉八行，行大字二十，有松田本生印記，上海圖書館藏。其中內野本、足利本、上圖本（影天正本）、上圖本（八行本）四種全書完整，並參考林志強《古本《尚書》文字研究》（2009）等著作。

（五）、隸古定刻本及傳世典籍所引《尚書》本，主要參考宋晁公武刻《古文尚書》，傳世典籍所引本主要有：許錟輝《先秦典籍引尚書考》[13]（1970）、葉程義《文選李善注引尚書考》[14]（1975）、陳雄根、何志華《先秦兩漢典籍引《尚書》資料彙編》[15]（2003）、周少豪《漢書引《尚書》研究》[16]（2007）、蔡根祥《後漢書引《尚書》考辨》[17]（2007）等著作，這一部分成果除了單獨引用屈萬里《尚書異文彙錄》（1983）外，主要以表格注釋形式出現。附帶說明的是，本文異文來源不列宋薛季宣之《書古文訓》本，該本為隸古定《尚書》刊刻本，[18]此書全文用古文奇字書寫，又以古文筆劃改為宋代通行字體，例證時可供參考，不必單列版本。

二、異文類型

王彥坤先生在《古籍異文研究》中把「異文」分為廣狹二義：「狹義的異文乃文字學之名詞，它對正字而言，是通假字和異體字的統稱。廣義的異文則作為校勘學之名詞，凡同一書的不同版本，或不同的書記載同一事物，字句互異，包括通假字和異體字都叫異文。」[19]我們研究《尚書》的異文是就廣義而言的。王先生還從句子、字詞角度分別劃分出三種異文類型：

> 「從句子角度而言：（一）句意相同，句式不同；（二）句意句式相同，遣詞用字不同；（三）句意不同。從字詞角度而言：（一）字詞有無之不

13 許錟輝，〈先秦典籍引尚書考〉，臺北：臺灣師範大學國文研究所，未刊本博士學位論文，1970。
14 葉程義，〈文選李善注引尚書考〉，臺北：臺灣政治大學，博士學位論文（臺北：正中書局，1975）。
15 陳雄根、何志華，《先秦兩漢典籍引《尚書》資料彙編》（香港：香港中文大學出版社，2003）。
16 周少豪，《漢書引《尚書》研究》（臺北：臺北花木蘭文化出版社，2007）。
17 蔡根祥，《後漢書引《尚書》考辨》（臺北：臺北花木蘭文化出版社，2007）。
18 宋代多次刊刻隸古定本《尚書》，可考者四：呂大防本、晁公武本、金履祥本、薛季宣本。
19 王彥坤，《古籍異文研究・前言》（臺北：臺灣萬卷樓圖書公司，1996），頁 1。

同；（二）字詞順序之不同；（三）字詞使用之不同。」[20]

吳辛丑在《簡帛典籍異文研究》把字、詞、句存在差異的情形都視作異文。「從字角度看有：通假字、古今字、異體字、通用字、訛字等；從詞角度有：同義詞、同源詞、疊音詞、連綿詞等；從句角度看有：增減詞語、詞序不同、句式不同等；傳統校勘學所稱脫文、衍文、倒文、訛文等，涉及字詞句三個層面，別為一類。」[21]趙立偉在《漢熹平石經《尚書》異文研究》中，將今本《尚書》與漢石經《尚書》異文劃分為九種類型，分別是：本字和借字、借字和本字、同音通用字、古字與今字、一字之異體、詞異而義同、本源字和訛誤字、文字多寡的不同、語序的不同等。[22]趙氏的分法不免駁雜，我們可以稍微作下合併，把《尚書》的異文按字、詞、句三個方面區分為四個類型：

（一）今本與古寫本《尚書》之異文爲通假字

通假關係一般是指用讀音相同或相近的字來代替本字的現象，一般認為通假包括兩類，一是本有其字的通假，一是本無其字的假借，後一類也可稱作古今字。古今字的情況在《尚書》異文中體現的最為明顯，裘錫圭先生認為，古今字是文字發展過程中的文字孳乳現象。從這個角度講，古今字主要是稱呼母字和分化字的。

卑暴虐于/**俾**暴虐于（《牧誓》） 共行天之罰/**龔**行天之罰（《牧誓》）

洪水/**鴻**水（《洪範》） **內**冊/**納**冊（《金縢》）

無**畺**/無**疆**（《召誥》） 西嚮**敷**重/西嚮**専**重（《顧命》）

上面幾個例子是《尚書》中常見的幾種通假關係，主要是在本字基礎上增加形符。古今字的例子非常多見，主要是一些廢除或不常見的古字，這些字的考察是《尚書》異文研究的一個重要方向。主要有：

旹甲子昧爽/**時**甲子昧爽（《牧誓》） 爽邦由**喆**/爽邦由**哲**（《大誥》）

德[illegible]乃身/德**裕**乃身（《康誥》） 惟自息乃**佾**/惟自息乃**逸**（《酒誥》）

變亂先王/[illegible]先王（《無逸》） 遏佚**前**人/遏佚[illegible]人（《君奭》）

作民主**慎**/作民主[illegible]（《多方》） 不**集**于/不[illegible]于（《多方》）

惟時其**戰**/惟時其[illegible]（《多方》） 亞旅**夷**微/亞旅[illegible]微（《立政》）

---

20 王彥坤，《古籍異文研究・前言》（臺北：臺灣萬卷樓圖書公司，1996），頁 49。

21 吳辛丑，《簡帛典籍異文研究》（廣州：中山大學出版社，2002），頁 12。

22 趙立偉，〈漢熹平石經《尚書》異文研究〉，《聊城大學學報》（社會科學版），第 5 期（2012）。

弗**御**克奔/弗**迓**克奔（《牧誓》）　**會**其有極/其有極（《洪範》）

剛克/克（《洪範》）　惟**辟**玉食/惟玉食（《洪範》）

惟永**終**是圖/惟永是圖（《金縢》）　乃問**諸**史/乃問史（《金縢》）

予惟**往**/予惟（《大誥》）　允**蠢**鰥寡/允鰥寡（《大誥》）

文考圖**功**/文考圖（《大誥》）　四方民**居**/四方民（《康誥》）

大**動**以威/大以威（《多方》）

這些古字是我們研究《尚書》異文的重要來源，詳見參、《異文校釋》。

（二）今本與古寫本《尚書》之異文爲異體字

異體字一般是指讀音、意義相同，但寫法不同的漢字。這一類型的異文《尚書》中比較常見。《尚書》中的異體字非常多，我們僅舉一些常用的異體字，這些異體字的讀音用法完全一樣，只是形體不同，產生差別的原因有幾個方面：一、今、古文的差異，《今文尚書》與《古文尚書》用字不同；二、抄手的抄寫習慣，或誤抄或人為改動。

王至於商郊牧**野**/王至於商郊牧**埜**（《牧誓》）我用休**簡**/我用休**柬**（《多方》）其克**灼**知/其克**焯**知（《立政》）

逷矣/**逖**矣（《牧誓》）

四方之多**罪**/四方之多**辠**（《牧誓》）　不**愆**于/不**諐**于（《牧誓》）

乂用三**德**/乂用三**悳**（《洪範》）　**謀**及乃心/**惎**及乃心（《洪範》）

于東國**洛**/于東國**条**（《康誥》）　咸**和**萬民/咸**咊**萬民（《無逸》）

聽無**譁**/聽無**嘩**（《秦誓》）

（三）今本與古寫本《尚書》之異文爲正字與俗字

我們知道古寫本《尚書》都是手抄文字，與敦煌本一樣都存在大量的俗字（見《敦煌俗字典》、《敦煌俗字研究》）。張涌泉先生把俗字劃分為五個特點：通俗性、任意性、時代性、區別性和方域性，古寫本《尚書》中出現的俗字或是抄自唐本，或是日本國的寫法，或是抄寫的習慣，對於《尚書》異文俗字類的考察可以借用張先生的五種考辨俗字方法：偏旁分析、異文比勘、歸納類比、字書佐證、審查文義。

禾則**盡**起/禾則**尽**起（《金縢》）　昏**棄**厥肆/昏**弃**厥肆（《牧誓》）

相**協**厥居/相**叶**厥居（《洪範》）　泯**亂**/泯**乱**（《康誥》）

顧畏于民/**顾**畏于民（《召誥》）　以予**萬**億年/以予**万**億年（《洛誥》）

其澤在今/其沢在今（《多士》）　舊勞于外/旧勞于外（《無逸》）
釋于文王/釈于文王（《君奭》）　爾乃迪屢/爾乃迪婁（《多士》）
繼自/继自（《立政》）　礪乃鋒刃/砺乃鋒刃（《费誓》）

（四）今本與古寫本《尚書》之異文爲同音通用字

《尚書》中出現很多同音通用現象，錢大昕在《聲類》中列舉了很多同音通用的例子，如髦為毛、沽為古、惡為堊、某為謀、與為豫等，許多例子在《尚書》中多次見到，如帥為率、畏為威、宅為詫、求為救等。[23]

同音通用現象與通假字的區別在於所借的字形有所差異，這很可能是出於避諱的需要或抄寫的習慣，當然也有一部份是今、古文的用字不同。

迪知天畏/迪知天威（《君奭》）　皇自敬德/兄自敬德（《無逸》）
若弗云來/若弗員來（《秦誓》）　克俊有德/克畯有德（《立政》）

關於今文《尚書》的異文類型還有很多挖掘的空間，本文只是粗淺的進行概括。《尚書》異文類型與其他古籍類型大同小異（不外乎四個方面：一、字的分類；二、詞的分類；三、句的分類；四、傳統校勘學的分類），只是文句上存在某些差異；吳新楚〈《周易》異文研究〉在這一方面作了很好的研究，另外李索〈敦煌寫卷《春秋經傳集解》異文研究〉也對古籍異文類型做了歸納。今文《尚書》的研究重點是通過對異文的梳理，訓詁字詞，輔助理解文意，而不是做純文字的字形考察，我們偏重的是傳統訓詁學的語詞訓讀，「字」只是一個媒介，隱藏在其背後的詞義或歷史文化意義才是我們要深入思考的。

三、異文作用

裘錫圭先生在很多文章中都談過考古資料或出土文獻對校讀古籍的重要性，這對我們研究《尚書》的異文有巨大的指導意義。就文字角度而言，裘先生在〈考古發現的秦漢文字資料對於校讀古籍的重要性〉（1980）中提到兩點：

> 「三、古代文字資料可以用來闡明傳世古書中某些詞語的意義，或者糾正某些詞語書寫上的錯誤。四、古代文字資料表現出來的用字和書寫方面的習慣，可以用作校讀古書的根據。」[24]

---

[23] 郭晉稀，《聲類疏證》（上海：上海古籍出版社，1993），頁 1212。
[24] 裘錫圭，〈考古發現的秦漢文字資料對於校讀古籍的重要性〉，《裘錫圭學術文集 4》（上海：復旦大學出

裘先生在另一篇文章〈談談地下材料在先秦秦漢古籍整理工作中的作用〉（1981）中舉過一些利用地下材料校讀《尚書》的例子。如王國維曾利用銅器銘文校讀《尚書》。據史頌簋「里君百生（姓）」，訂正《酒誥》「越百姓里居」中「里居」乃「里君」之誤；據盂鼎「匍有四方」指出〈金縢〉「敷佑四方」應讀為「敷有四方」等。又如于省吾受到銘文中借「俗」、「谷」等字為「欲」的啓發，讀〈康誥〉「裕乃身不廢在王命」的「裕」讀為「欲」。[25]

就個人體會而言，我們把《尚書》異文的作用歸納為三點。

（一）《尚書》異文對校讀字詞和理解文意有啓示意義

這一方面主要體現在出土文獻和傳世文獻的對讀上，可以參考馮勝君先生〈二十世紀古文獻新證研究〉（2002 年吉林大學博士論文）、劉嬌女士〈西漢以前古籍中相同或類似內容重複出現現象的研究〉（2009 年復旦大學博士論文）和單育辰先生〈楚地戰國簡帛和傳世文獻對讀之研究〉（2010 年吉林大學博士論文）。下面舉兩個例子，以示說明：

例一：〈金縢〉「植璧秉珪」

清華簡作「秉璧戴珪」。《古文尚書撰異》：「秉古以為柄字。」《史記・魯世家》「植」作「戴」，段玉裁云《魯世家》、《王莽傳》、《太玄》作「戴」，《易林》作「載」，戴、載通用。[26]清華簡把「秉」寫成了「戴」，證明了釋讀《尚書》的一個難題。古注如偽《孔傳》釋作「璧以禮神。植，置也。置於三王之坐。周公秉桓珪以為贄。」宋蔡沈《傳》釋為「植，置也。」並未釋「秉」。清華簡以「戴」釋「秉」恰好可以說明，「珪」是放置於頭頂的，不是用手拿的，「璧」才是用手拿的。

「戴」金文作「」或「」，由字形可知「戴」表示人頭上有所負載，戰國文字作「」，周忠兵先生認為从「首」「之」聲。[27]古文字中「異」是「戴」的初文，甲骨文中「異」（、）表示人頭上戴物，加一聲符演化為「戴」。以頭負載物品自古以來都是一種風俗，國外的如撒哈拉沙漠以南的非洲人就有

版社，2012），頁 349。

25 裘錫圭，〈談談地下材料在先秦秦漢古籍整理工作中的作用〉，《裘錫圭學術文集 4》（上海：復旦大學出版社，2012），頁 383。

26 李學勤主編，《清華大學藏戰國竹簡》（壹）（上海：中西書局，2010），頁 159。

27 周忠兵，〈說古文字中的「戴」字及相關問題〉，復旦大學出土文獻與古文字研究中心《出土文獻與古文字研究》（第 5 輯）（上海：上海古籍出版社，2013）。

這種習慣，國內的朝鮮族也常常以頭負載物品。

由清華簡的以「戴」釋「秉」恰到好處地解決了到底是用手拿還是用頭頂「珪」的問題。

例二：〈召誥〉「用牲于郊」

「郊」清華簡作「蒿」。《何尊》「復稟武王豐福自天」，《德方鼎》「武王福自蒿」。「郊」、「蒿」、「蒿」同屬宵部字，音近相通，李學勤先生在〈釋「郊」〉（1992）[28]一文中把「亯土」、「蒿土」都讀作「郊社」，這是非常正確的。朱鳳瀚先生曾把〈召誥〉、〈洛誥〉與〈何尊〉連讀，認為郊即郊祭。[29]郊社是祀典中最重要的，卜辭中屢有記載，見李文。偽《孔傳》釋作「告立郊位於天」，蔡《傳》「郊，祭天地也」。

清華簡的這個例子可以和傳世文獻相印證。《周禮・載師》注：「故書郊或為蒿。」《左傳・文公三年》：「秦伯伐晉，濟河焚舟，取王官及郊」，《史記・秦本紀》作「鄗」；《禮記・月令》「高禖」，《詩・生民》毛傳作「郊」。唐蘭《西周青銅器銘文分代史徵・德方鼎》認為「蒿」即「郊」，郊祭也。[30]

上述兩個例子從不同角度說明了出土文獻資料對校讀古書字詞的重要性，主要是出土文獻可與傳世文獻相互印證，便於理解文意。

（二）《尚書》異文用字和書寫習慣是校讀的重要依據

裘錫圭先生在〈簡帛古籍的用字方法是校讀傳世先秦秦漢古籍的重要根據〉（1998）裡通過通用字、異體字的使用認識到用字和書寫習慣可以校讀古書。裘先生指出：

> 「文字的用法，也就是人們用哪一個字來代表哪一個詞的習慣，古今有不少變化。如果某種古代的用字方法已被遺忘，但在某種或某些傳世古書裡還保存著，會給讀古書的人造成麻煩。秦漢文字資料表現出來的當時人的用字習慣，有時與保存在傳世古書裡的已被遺忘的用字方法相合，可以幫助我們讀通這些古書。」[31]

28　李學勤，〈釋「郊」〉，《文史》（三十六輯）（北京：中華書局，1992），頁 7-10。

29　朱鳳瀚，《〈召誥〉、〈洛誥〉何尊與成周》，《歷史研究》，第 1 期（2006）。

30　唐蘭，《西周青銅器銘文分代史徵》（北京：中華書局，1986），頁 71。

31　裘錫圭，〈考古發現的秦漢文字資料對於校讀古籍的重要性〉，《裘錫圭學術文集 4》（上海：復旦大學出版社，2012），頁 372。

馮勝君先生在〈二十世紀古文獻新證研究〉(2006)中專列一節〈利用出土文獻中所體現的通假規律及用字習慣校讀古書》，馮先生指出：

> 「我們現在讀的古書是經過漢以來歷代學者整理過的，這種整理包括文字的改易(主要是標準化)以及文義的疏釋。前人的這種工作一方面為我們掃除了大部份閱讀上的障礙，另一方面也造成了文本的多樣性不斷喪失的嚴重後果，而刻版書的流行又大大加快了這一進程。因此，如果沒有出土材料的幫助，我們對戰國秦漢時期古書的用字情況幾乎是一無所知的。而在傳世古書中還保留著一些我們已經非常陌生的某些的古代用法，如果這些用法在前人的整理工作中沒有能夠加以解決，就會給我們今天閱讀古書造成麻煩。」[32]

裘先生和馮先生都指出了出土文獻對理解古書的意義，下面舉一個例子以示說明：

例一：〈君奭〉「殷既墜厥命」

傳世文獻中的「逑」，出土文獻中常借為「遂(墜)」。[33]于省吾《尚書新證》：「墜」金文作「逑」，盂鼎「我聞殷逑命」，魚鼎匕「逑王魚顛」。「逑」、「墜」古同聲，乃其墜命之墜。魏石經古文正作「逑」。〈召誥〉「今時既墜厥命」，〈酒誥〉「今惟殷墜厥命」語例同。[34]關於「逑」、「墜」(遂)二字形體演變參見曾憲通先生〈敦煌本古文《尚書》「三郊三逋」辨正——兼論遂、逑二字之關係〉。[35]

這個例子很好的說明了傳世文獻與出土文獻中不同的用字習慣，這對我們理解古書的文意有很大幫助。

我們在伍、〈異文表〉中還發現很多古寫本文字的用字習慣和現在不一致的例子，如「世」作「卋」;「時」作「旹」;「乃」作「迺」;「監」作「鑒」;「典」、「冊」都有形符「竹」;「敘」作「序」;「越」作「粵」;「既」作「旡」;「孺」作「[illegible]」;「事」作「叓」;「天」作「兲」;「國」作「戜」;「封」作「[illegible]」;「別」作「[illegible]」;「播」作「[illegible]」;「率」作「衛」;「灾」作「烖」;「哲」作「晢」或「悊」

[32] 馮勝君，《二十世紀古文獻新證研究》(濟南：齊魯書社，2006)，頁 66。

[33] 林志强，《古本〈尚書〉文字研究》(廣州：中山大學出版社，2009)，頁 43。

[34] 于省吾，《雙劍誃尚書新證》(上海：上海書店出版社，1999)，頁 108。

[35] 曾憲通，〈敦煌本〈古文尚書〉「三郊三逋」辨正——兼論遂、逑二字之關係〉，《于省吾教授百年誕辰紀念文集》(長春：吉林大學出版社，1996)，頁 322。

或「喆」;「俊」作「畯」;「恐」作「[illegible]」;「敉」作「撫」;「厎」作「致」;「弼」作「[illegible]」;「淵」作「囦」;「害」作「曷」;「長」作「[illegible]」;「乂」作「艾」;「貨」作「化」;「穆穆」作「敫敫」;「由」作「猷」或「繇」;「辭」作「孠」或「詞」或「𧧻」等，這些例子中有一些是古今字的差別，還有一些就屬於用字習慣，如「述」作「遂」;「以」作「鄰」;「義」作「誼」;「塗」作「斁」;「僭」作「替」;从「女」旁字的一般誤寫為「[illegible]」，如「姓」作「[illegible]」等。[36]

（三）《尚書》異文對梳理版本和考察源流有很大幫助

我們在梳理《尚書・周書》異文時（主要是日本古寫本）發現了幾個現象，首先，不同寫本的用字有不同的特點（見《異文表》）；其次，各寫本雖然關係複雜，但可略知其版本傳承。

這一方面我們將專文闡述，本節僅做某些結論性說明。[37]

第一，日本的古寫本大都抄自唐本，可分兩個階段：岩崎本、九條本、神田本、島田本等本抄寫時間約在初唐時期；內野本、上圖影天正本、足利本、上圖影八行本、觀智院本、古梓堂本、天理本、上圖影元亨本等本抄寫時間在宋元明時期，大概是日本鐮倉時期（1192-1333）至室町時期（1336-1573）。其中內野本與上圖影八行本為同一抄本系統；足利本與上圖影天正本為同一抄本系統。我們懷疑上圖影八行本是一個假的本子，這個本子的最大特點是異文眾多，與內野本異文基本重合，兼具其他諸本異文，且在抄寫的風格上比較草率，不如其他本子抄寫的規整。

第二，九條本、岩崎本、神田本書法比敦煌本更為古秀，應為同一寫本的分散殘卷。如九條本存卷三、卷四（殘）、卷八、卷十、卷十三；岩崎本存卷五、卷十二；神田本存卷六。劉起釪說：「其紙張、字體、格式、紙背皆有『元秘抄』及卷軸形式都相同，卷數又如此配合銜接，此三本之為同一本自無異說。」[38]這三種本子保存了很多古字且不避唐諱，應為初唐的本子，內藤虎在《岩崎本跋》中也說，此本隸古字已減半，為《尚書》最古的本子，參考價值巨大。

第三，內野本抄自宋呂大防本，足利本又抄自內野本，內野本與唐寫本合，但與魏三體石經本略有差異，我們推測唐寫本的來源不一定是魏三體石經，唐

36　我們研究《尚書》異文主要從「詞」的角度研究，關於字形的演變可參看林志強《古本〈尚書〉文字研究》（廣州：中山大學出版社，2009）。

37　見拙作〈日本古寫本〈尚書〉綜合研究〉，待刊。

38　劉起釪，《日本的尚書學與其文獻》（北京：商務印書館，1997），頁75。

寫本另有來源，即日本的九條本、岩崎本、神田本等本不是以魏三體石經為底本，而以民間流傳的杜林漆書本為底本，此本流傳甚為廣泛，賈逵曾為之作訓，馬融作傳（陸德明《經典釋文》曾引）、鄭玄注解。[39]

總之，梳理《尚書》的異文對我們校讀古書文字、理解古書文意有巨大幫助。正如裘錫圭先生所說：「一、有助於研究古籍的源流，包括古籍的成書時代和過程、資料來源以及篇章的分合變化等問題。二、有助於古籍的校讀，如校正文字、闡明詞義文義等等。」[40]

---

39 呂文郁，〈《尚書》學研究概況〉，《儒家典籍與思想研究》（第一輯）（北京：北京大學出版社，2009），頁 24。

40 裘錫圭，〈談談地下材料在先秦秦漢古籍整理工作中的作用〉，《裘錫圭學術文集 4》（上海：復旦大學出版社，2012），頁 378。

參、今文《尚書‧周書》異文校釋

作為本文的主體部份，〈《尚書‧周書》異文校釋〉對〈《尚書‧周書》異文表〉中的重點異文進行了考察，主要處理疑難字詞，一般字詞放入〈《尚書‧周書》異文表〉註釋中加以闡釋。這一部份不注重對文字學理論以及異文類型的歸納，主要著眼於文字字形的變遷以及諸家訓詁的異同，尤以後者為重。

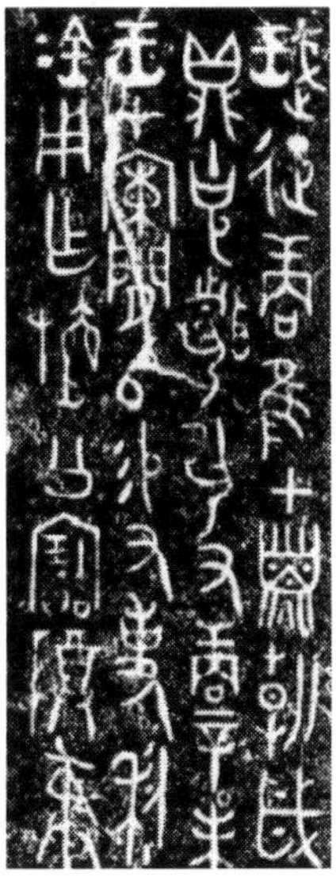

一、今文《尚書‧牧誓》異文校釋

時甲子昧爽

時，敦煌本、神田本、內野本、足利本、上圖本（影）、上圖八行本並作「旹」。清華簡作「[illegible]」(〈程寤〉)。「旹」與「時」乃古今字之關係。「時」是今字，「旹」是古字。[1]

爽，敦煌本、神田本、內野本、上圖八行本作「[illegible]」。足利本、上圖（影）本作「[illegible]」。《說文》:「爽，明也，从㸚从大。」「[illegible]」是「爽」的俗字。[2]「[illegible]」疑「[illegible]」之訛變。「爽」金文作「[illegible]」（散盤）或「[illegible]」（令尊）。「'[illegible]' 殆由 '[illegible]'、'[illegible]' 訛變而來，自是此形漸行。」[3]「昧爽」金文作「聖[illegible]」（井人[illegible]鍾），小盂鼎「[illegible]喪」即「昧爽」。[4]1976年陝西臨潼出土的利簋，保存了武王伐紂的珍貴史料。銘文中「朝」，表示「早晨」，與〈牧誓〉「昧爽」相合。

王朝至于商郊牧野，乃誓

于，內野本作「亐」，足利本、上圖（影）本、上圖八行本作「亐」。甲骨文

---

1 黃征，《敦煌俗字典》（上海：上海教育出版社，2005），頁365。

2 黃征，《敦煌俗字典》，（上海：上海教育出版社，2005），頁379。

3 張世超等編，《金文形義通解》（東京：中文出版社，1996），頁801。

4 張政烺著，朱鳳瀚等整理，《張政烺批註〈兩周金文辭大系考釋〉》下冊（北京：中華書局，2011），頁102。

作「」，金文作「」， 上博簡作「」，清華簡作「」，嶧山碑作「」，《說文》小篆作「」，《書古文訓》多作「」。傑按，各版本《尚書》中的「于」的寫法大都是來源於《說文》小篆的，只是出現了不同程度的小篆訛變。《說文》以「於」釋「于」，「蓋用後世假借義，字形作『亏』」。[5]

牧，敦煌本、神田本、內野本、上圖八行本均作「⿰牛每」。段玉裁《古文尚書撰異》：「〈書序〉注云『牧野，紂南郊，地名，《禮記》及《詩》作⿰牛每野，古字耳。』坶一作⿰牛每，此乃體之小異耳。《古文尚書》作⿰牛每，此則宋陳彭年輩重修之語。」[6]傑按，《說文》「牧野」作「坶野」。《說文解字注》：「坶作⿰牛每者，字之增改也，每亦母聲也。」[7]代夫《商郊牧野辨》：「考《竹書》及《逸周書》亦皆作坶，而石經諸本作牧，篆文牧類土旁母，牧、坶同一字也。」[8]實際上，「坶」通「牧」，與⿰牛每是古今字的關係，⿰牛每也是牧的俗字。[9]《汗簡》「牧」作「」，與坶同，《集韻》「坶，或從每，通作牧」，今本為後人所改[10]。牧、坶、⿰牛每同在之部，傳寫文異。[11]

誓，敦煌本作「」，內野本、上圖八行本作「⿰出斤」。《汗簡》、《古文四聲韻》作「」、「」、「」等形，楷書作𣃔𣂔⿱山⿰𠂇斤𣃈等形。「⿱山⿰𠂇斤」，《篇海》卷一二山部引《龍龕手鑒》：「⿱山⿰𠂇斤，古文，音誓。」張涌泉《漢語俗字叢考》：「此字當即『誓』的訛俗字。《集韻》去聲祭韻『誓，古作𣃔。』⿱山⿰𠂇斤即𣃔的變體。」[12]《字海》「⿱山⿰𠂇斤」同「誓」。「⿰出斤」字，內野本、上圖八行本从「出」，「篆文或体『折』字从手实为从屮之讹。」[13]《金文編》把折與𣃔歸為一字，「折」字金文作或（洹子孟姜壺），由「折」孳乳為「誓」。[14]清華簡中有一字作「」（《皇門》）或「」（《楚居》），[15]原整理者把此字隸定為「折」，通「哲」，《清華簡・皇門》：「二有國之哲王」，《清華簡・楚居》：「至悼哲王猷居郢。」（「哲王」指「賢德

5 李旭昇，《說文新證》（福州：福建人民出版社，2010），頁404。
6 清・段玉裁，〈古文尚書撰異〉卷十二（北京：中華書局，1998，《四部要籍注疏叢刊・尚書》本），頁1925上。
7 清・段玉裁，《說文解字注》（上海：上海古籍出版社，1988），頁688上。
8 代夫，〈商郊牧野辨〉，《史學月刊》，第5期（1981.5）。
9 黃征，《敦煌俗字典》（上海：上海教育出版社，2005），頁282。
10 清・孫星衍，《尚書今古文注疏》（北京：中華書局，2004），頁283。
11 程元敏，《尚書學史》（臺北：五南圖書出版公司，2008），頁242。
12 張涌泉，《漢語俗字叢考》（北京：中華書局，2000），頁351。
13 董蓮池，《說文解字考正》（北京：作家出版社，2005），頁34。
14 容庚，《金文編》（北京：中華書局，1985），頁38。
15 李學勤主編，《清華大學藏戰國竹簡》（壹）（上海：中西書局，2010），頁202。

的君主」),《逸周書・商誓》:「在商先誓(哲)王明祀上帝。」「折」與「哲」通,都是「誓」的初文。學界還有一種主張,即把「誓」改為「哲」,[16]此說待考。

逷矣

逷,神田本、足利本、上圖(影)本、唐石經本並作「逖」。《說文》:「逖,古文作逷。」段玉裁《古文尚書撰異》:「唐初本尚作『逷』,衛包據《說文》逖為今字,逷為古字改之,而開寶間又改《釋文》也,今更正。」傑按,「逷」通「逖」,《詩經・大雅・抑》:「用逷蠻方。」《潛夫論・勸將》引逷作逖。[17]

亞旅

旅,敦煌本、神田本並作「」,內野本、上圖八行本並作「」。傑按,「旅」字,《說文》古文作「」,《玉篇》:「,古文旅。」「」乃「旅」之俗字,《篇海》卷一二山部引《川篇》:「,音旅。」俗書「止」、「山」二旁混用不分。故「」俗書混用偏旁作「」。[18]林志強指出「山」、「止」實際上是「」之訛,下部之「衣」、「」則是「」之訛。[19]另外,陳劍先生在博士論文〈殷墟卜辭的分期分類對甲骨文字考釋的重要性〉中認為「旅」字从二人,未見省作一人的。[20]亞旅,偽孔傳云:亞為次卿,旅為大夫。日本學者赤塚忠引《殷墟書契前編》:「甲骨文、商金文などによれば、亞、または族長名と推定される者に加えて亞某。」[21]

千夫長

長,內野本、上圖八行本作「」或「」。「長」,《汗簡》作「」或「」,《古文四聲韻》作「」、「」、「」等形。傑按,「長」金文作「」、「」、

[16] 杜正勝,〈牧誓反映的歷史情境〉,《古代社會與國家》(臺北:臺北允晨文化事業股份有限公司出版,1992),頁 329。

[17] 高亨、董治安,《古字通假會典》(濟南:齊魯書社,1989),頁 468。

[18] 張涌泉,《漢語俗字叢考》(北京:中華書局,2000),頁 338。

[19] 林志強,《古本《尚書》文字研究》(廣州:中山大學出版社,2009),頁 35。「旅」字異構表見同書 124 頁。

[20] 陳劍,《甲骨金文考釋論集》,(北京:线裝書局,2007),頁 412。

[21] 日・赤塚忠,《中國古典文學大系 1・書經》(東京:平凡社,1972),頁 174 下。

「□」等形，「□」乃「□」之訛變。金文「□」（長鼎）其上形變作「正」，下形「人」形隸古定變作「八」。這種訛變在出土簡帛中也是常常出現的，如包山簡「長」就訛作「□」形，郭店簡訛作「□」形，[22]清華簡作「□」或「□」。「長」實際上是从「丨」（杖）的，最後訛為「匕」形。[23]

稱爾戈

稱，敦煌本、唐石經本、神田本、內野本作「□」，足利本、上圖（影）本、上圖八行本作「称」，清華簡作「□」。屈萬里《尚書異文彙錄》引《爾雅・釋言》郭注作「偁」。[24]《說文解字》：「稱，銓也。」段玉裁《說文解字注》：「銓者，衡也。聲類曰：『銓所以稱物也。』稱，俗作秤。按爾，并舉也。偁，揚也。今皆用稱。稱行而爯、偁廢矣。」張涌泉《敦煌俗字研究》：「爯、稱古今字。」[25]由是可知，爯、偁都是稱的異體字，如今已廢除不用。

不愆于

《史記・周本紀》作「不過于」。愆，敦煌本作「□」，其他本均作「□」。《汗簡》作「□」，《古文四聲韻》作「□」，魏三體石經作「□」。張涌泉《敦煌俗字研究》：「□，即愆字別構。《說文》載，愆字籀文『□』，□是□的俗訛字。」[26]《說文解字》：「愆，過也。」曾運乾《尚書正讀》、周秉鈞《尚書易解》均沿襲此說。此說可從。

齊焉

齊，敦煌本、內野本、上圖八行本作「□」，上圖（影）本作「□」，足利本作「□」。《汗簡》、《古文四聲韻》作「□」，金文作「□」（十四年陳侯午敦），包山簡作「□」，郭店簡作「□」。清華簡《系年》作「□」。「□」是「齊」的簡俗字，上面的「文」在楚文字中是常見的減省符號，同時敦煌卷子中也有此減省。[27]

弗御克奔

---

22 湯余惠，《戰國文字編》（福州：福建人民出版社，2001），頁 638。
23 劉釗，《古文字構形學》（福州：福建人民出版社，2011），頁 107-108。
24 屈萬里，《尚書異文彙錄》（臺北：聯經出版集團，1983），頁 71。
25 張涌泉，《敦煌俗字研究》（上海：上海教育出版社，1996），頁 425。
26 張涌泉，《敦煌俗字研究》（上海：上海教育出版社，1996），頁 381。
27 張涌泉，《敦煌俗字研究》（上海：上海教育出版社，1996），頁 676。

御，敦煌本作「」，內野本、上圖八行本、唐石經作「」，上圖（影）本作「」。顧頡剛、劉起釪《尚書校釋譯論》：「然《周本紀》原作『禦』，《釋文》謂馬融本亦作『禦』。《孔疏》謂王肅讀『御』為『禦』，是王本作『御』，《匡謬正俗》引唐初本亦作『御』；敦煌 P799 及神田本作『卸』，為『御』的省文。是唐以前各本作『御』或『禦』。傑按，甲骨、金文從示之字皆可省『示』。」[28]御，漢石經作「」，金文作「」（御簋）、「」（頌鼎）等形，郭店簡作「」，上博簡作「」，《隸釋・隸續》作「」等形。孫星衍《尚書今古文注疏》作「迓」。[29]俞樾《群經平議》：「迓字宜從《史記》作『禦』。《廣雅・釋詁》：『禦，止也』。」[30]王鳴盛《尚書後案》：「以『迓』為正，餘皆假借。蓋訝、迓借从牙，牙古音吾，故通『御』。」[31]楊筠如《尚書覈詁》：「御，今本作『迓』。」[32]日本《漢文大系・尚書》作「迓」。[33]迓、御乃因今古文之別，今文「迓」作「御」。「其作『迓』者衛包改之。」[34] 上圖（影）本「」當是形近而誤，非借字。[35]

御，王鳴盛認為「考『御』止可訓『迎』，不可訓『擊』。」[36]曾運乾認為「迎敵也。」[37]顧頡剛認為指「御車」，[38]屈萬里《尚書釋義》：「禦、御通，抵制也。」[39]黃懷信認為「『御』作『迓』，擊。」[40]傑按，《釋言》：「御，禁也。」《史記・周本紀》意為「不禁殺其奔降者。」《集解》引鄭云：「禦，強禦。」《說文》：「訝，相迎也，」或作「迓」。「迓」、「御」古韻同屬疑母魚部，可通。本句中「弗御」與「克奔」是對舉的兩種舞蹈動作，「御」當指「御車」（文前有「武王戎車三百兩」）。克，殺也（《釋詁》「殺，克也。」《公羊傳》：「克之者何？殺之也。」）。奔，「奔來投降的人。」[41]句意為：不要殺戮那些奔來投降

---

28 顧頡剛、劉起釪，《尚書校釋譯論》（北京：中華書局，2005），頁 1104。
29 清・孫星衍，《尚書今古文注疏》（北京：中華書局，2004），頁 289。
30 清・俞樾，《群經平議・尚書》（上海：上海書店出版社，1988，《清經解續編》本），卷 1366，頁 1048。
31 清・王鳴盛，《尚書後案》（北京：中華書局，2010，《嘉定王鳴盛全集》本），頁 533-534。
32 楊筠如著，黃懷信標點，《尚書覈詁》（西安：陝西人民出版社，2005），頁 203。
33 日・星野恒校訂，《漢文大系・尚書〉卷六(東京：富山房編輯部出版，1982)，頁 12。
34 清・王先謙，《尚書孔傳參正》（北京：中華書局，1998，《四部要籍注疏叢刊・尚書》本），頁 2674 上。
35 林志強，《古本《尚書》文字研究》（廣州：中山大學出版社，2009），頁 87。
36 清・王鳴盛，《尚書後案》（北京：中華書局，2010，《嘉定王鳴盛全集》本），頁 533-534。
37 曾運乾，《尚書正讀》（上海：華東師範大學出版社，2011），頁 132。
38 顧頡剛、劉起釪，《尚書校釋譯論》（北京：中華書局，2005），頁 1104。
39 屈萬里，《尚書釋義》（臺北：中國文化大學出版部，1984），頁 92。
40 黃懷信，《尚書注訓》（濟南：齊魯書社，2002），頁 212。
41 顧寶田，《尚書譯注》（長春：吉林文史出版社，1995），頁 87。

的人。顧頡剛先生在《驅獸作戰》[42]中即主張這種看法。

商周時期人們是非常講究「禮」的。五禮中的軍禮就是不可忽視的一種。〈牧誓〉篇就是武王伐紂前夕，臨戰誓師的訓話，與〈甘誓〉、〈湯誓〉不同的是，〈牧誓〉宣佈了「弗御克奔，以役西土。」「弗御克奔」是軍禮的內容中較為重要的一條。[43]至於本文出現的「六步、七步」、「四伐、五伐」都是軍隊誓師前的舞蹈動作，關於這一點《尚書校釋譯論》（2005）已有詳細敘述。但是這一看法仍未被學界採納，羅琨在《商代戰爭與軍事》（2010）中引〈牧誓〉原文總結道：「可見通過田獵進行軍事教育訓練的一個基本內容是進行軍事紀律教育，根據號令操練左右進退等隊列動作。」[44]顯然，這種說法是脫離了當時禮制的。傑按，《太平御覽》八十四「皇王部」引《樂・稽耀嘉》：「武王承命興師，誅于商，萬國咸喜。軍渡盟津，前歌後舞，克殷之後，民乃大安。」[45]實際上，這種舞蹈是殷商時期作戰的一種方法，《華陽國志・巴志》：「巴師勇銳，歌舞以淩。」「歌舞以淩」中「淩」指的是「進逼敵人」，「這是先頭部隊的一種衝鋒陷陣的方法，並不是真正的歌舞，而且直到西漢初年，巴賽之民還曾以這種方法助漢作戰。」[46]汪寧生先生通過對我國古民族的考察認為，這種舞就是先鋒或先頭部隊作出衝殺和刺擊的恐嚇性動作，「歌舞以淩」原是古代戰爭中的普遍習俗。楊華在〈《尚書・牧誓》篇章新考〉認為這些舞蹈動作實際上是〈大武〉舞蹈的一部分，即〈大武〉的前奏曲。[47]

以役西土

役，敦煌本作「伇」，上圖（影）本作「役」。役、伇都是「役」的俗字[48]。[49]諸家訓釋此字差異甚大。如唐孔穎達《尚書正義》：「役，謂使用也。」[50]（《廣雅・釋詁》：「役，使也。」）宋代蔡沈《書經集傳》認為「以勞役我西土之人。」

[42] 顧頡剛，〈驅獸作戰〉，《史林雜識》（北京：中華書局，1963），頁 168。

[43] 陳戍國，《中國禮制史・先秦卷》（長沙：湖南教育出版社，2011），第 238 頁。〈牧誓〉中體現的軍禮內容還出現在《逸周書・克殷》、《逸周書・世俘》、《禮記・大傳》等篇章中。

[44] 羅琨，《商代戰爭與軍事》（北京：中國社會科學出版社，2010），頁 547。

[45] 清・馬驌撰，王利器整理《繹史》（北京：中華書局，2002），頁 267-322。

[46] 汪寧生，〈釋「武王伐紂前歌後舞」〉，《歷史研究》，第 4 期(1981.8)，後收入《民族考古學論集》（北京：文物出版社，1989），頁 158。

[47] 楊華，〈《尚書・牧誓》篇章新考〉，《貴州社會科學》，第 5 期（1996）。

[48] 黃征，《敦煌俗字典》（上海：上海教育出版社，2005），頁 496。

[49] 前引黃征，《敦煌俗字典》，頁 496。

[50] 唐・孔穎達，黃懷信整理，《尚書正義》（上海：上海古籍出版社，2007），頁 426。

[51]清孫星衍《尚書今古文注疏》:「役者,謂使為兵。」屈萬里《尚書集釋》:「役,使也,此義習見。」[52]曾運乾《尚書正讀》:「役,助也。」周秉鈞《尚書易解》:「役,助也。」楊筠如《尚書覈詁》:「役,疑為『投』。」傑按,王夫之《尚書稗疏》:「役,服役也。以,用也,以歸也。言降者勿殺,當以之而歸,使服役于西土也。」[53]實際上,「服役」是「役」的本義,《國語‧晉語》:「棄政而役。」韋昭注:「役,服戎役也。」但在這裡用作使動,表示「使……服役。」

最後談一下「西土之人」及「西土意識」。因周族在今陝西一帶,王所率領進攻商王朝的各族,對東方的商來說都是西部的,所以稱之為「西土之人」。這個名詞大概以周族為核心,包括今關中、隴東,甚至漢中、四川的邦國或部族。「西土意識」則是擺脫天命束縛的所形成的以別於東方氏族的意識形態,臺灣學者杜正勝在《古代社會與國家》(1992)中提及:「大抵來說,周人建國並不是靠著什麼天命的聖德,也不一定是萬民所歸的仁政。周人是一個紀律嚴明,講究效率的民族,在以宗族為社會主體結構的時代,揭舉協和宗族的口號打擊敵人,並且成功地領導西土邦國對抗東方部族。」[54]

夫子

「夫子」(東漢鄭玄《注》:夫子,丈夫之稱。《偽孔傳》:夫子即將士。這兩種說法都有一定局限,姑且不論)一詞最早出現在《書‧牧誓》中,凡三見。《辭源》解釋為「對古代男子的尊稱」,[55]辭例即本篇之「勖哉夫子」,我們認為,這種說法不夠具體,而且不能反映《尚書》之時代特點。

首先,由〈牧誓〉「夫子」一詞的用法和先秦典籍中的「夫子」對比可知,該篇當是戰國時或稍後才形成,見下表。

---

51 宋‧蔡沈,《書經集傳》(上海:上海古籍出版社,1987),頁 70。
52 屈萬里,《尚書集释》(臺北:臺北聯經出版事業公司,1983),頁 113。
53 清‧王夫之,《尚書稗疏‧尚書引義》(長沙:岳麓書社,2011),頁 124。
54 杜正勝,〈牧誓反映的歷史情境〉,《大陸雜誌》,81 卷 3 期(1990.9),後收入《古代社會與國家》(臺北:臺北允晨文化事業股份有限公司出版,1992),頁 329。
55 《辭源》(北京:商務印書館,1979),頁 699。

書名	用為第三人稱次數	用為第二人稱次數	說明
左傳	41	0	楊伯峻《春秋左傳詞典》：夫，猶那；子，男子之敬稱。此第三人稱之敬稱代詞。 李宗侗《論夫子與子》：凡四十一見，皆用作第三人稱稱謂，無一處面語做第二人稱者。
國語	10	0	李宗侗《論夫子與子》：共十條，皆作第三人稱用，無一條作第二位用的。
論語	8	30[56]	李宗侗《論夫子與子》認為《論語》前十篇「夫子」用法與《左傳》、《國語》同，皆用第三人稱；其他篇章用法不同。
孟子	2	13	李宗侗《論夫子與子》：夫子用作第二人稱和第三人稱的不同代表了兩個不同時代。
禮記・檀弓	2	32	李宗侗《續論夫子與子》：到這時代，已經由第三位到第二位，與《孟子》書中相同。
晏子春秋	1	56	李宗侗《續論夫子與子》：《晏子》書寫成絕對不能下至《孟子》時。

對「夫子」稱謂問題的關注，最早是清崔述（1740-1816），他在《洙泗考信錄》中說：「凡云夫子者，稱甲於乙之詞也。《春秋傳》皆然。至孟子時，始稱甲於甲而亦曰夫子，故子禽子貢相與稱孔子曰夫子。顏淵子貢自稱孔子，亦曰夫子，蓋亦與他人言之也。稱於孔子之前則曰子，不曰夫子。稱與孔子之前而亦曰夫子，惟侍坐武城兩章及此章，蓋皆戰國時人所偽撰，非門人弟子所記。」[57]這段記載為我們基本梳理清楚了「夫子」一詞的歷史脈絡。

欒調甫（1889-1972）〈釋夫子〉（1929）一文，通過分析先秦時期典籍，認為春秋時期為第三人稱，即他稱；戰國時期為第二人稱，即面稱。「而〈牧誓〉夫子之稱，則不能不疑其在戰國之世。」[58]李宗侗（1895-1974）〈論夫子與子〉（1958）：「三言夫子，明是當面第二人稱謂，並且是多數，這與春秋史料中夫子為第三位單數稱謂不同。若非西周初與春秋時夫子的用法不同，則〈牧

56 王玨，〈論語中的子、夫子、吾子行文體例分析〉，《蘭州學刊》，第 3 期（2008），認為《論語》中「夫子」出現 39 次，其中特指孔子 31 次。
57 錢穆，《孔子傳》（上海：三聯書店出版社，2005），頁 129。
58 欒調甫，〈釋夫子〉，《國學叢刊》，第 1 卷 1 期（1929）。該文詳細闡述「夫子」一詞的發展脈絡，本文不贅。

誓〉中文字雜有較後的改定。」[59]楊伯峻（1909-1992）在《論語譯注·前言》（1958）中也有相似的看法：「在較早的年代一般指第三者，直到戰國才普遍用為第二人稱的表敬代詞。」[60]

張覺（1949—）《古漢語中的尊稱》（1989）引清汪中（1744-1794）《述學別錄·釋夫子》：「古者孤卿大夫皆稱子，稱子而不成詞，則曰夫子。夫者，人之所指名也。以夫配子，所謂取足以成詞爾」，「夫是遠指代詞，所以夫子在開始時常常用做他稱。」[61]王鳳陽（1929-2002）《古辭辨》（1993）：「夫子原是對第三者的尊稱。如《左傳·襄公二十六年》：上其手曰：夫子王子圍，寡君之貴介弟也；下其手曰：此子為穿封戌，方城外之縣尹也。夫子與此子相對，夫還有指事性質。」[62]關於「夫子」一詞的歷史演變原因，夏先培（1951—）認為：「夫子由第三人稱的尊稱演變為第二人稱的尊稱，也反映了人們在實際交際中的一種普遍心理，為了避免直接指稱對方，而用第三人稱來代替第二人稱。」[63]也有學者把「夫子」分開闡述。清黃以周（1828-1899）《儆季雜著·禮說》卷四「先生夫子」：「夫即千夫長、百夫長之夫，夫子者，千夫百夫以上尊者稱也。」[64]（日）赤塚忠（1913—？）《書經》：「『夫』は大、ひいて勇健の意、『子』はわかものの意である。（夫有勇敢之意，子是尊稱）」[65]

其次，「夫子」指向問題，我們認為「夫子」指軍官，不含普通士兵，〈牧誓〉應為將領間之內部會議的誓師詞。較早關注這個問題的是楊寬（1914-2005），他在〈我國古代大學的特點及其起源——兼論教師稱師和夫子的來歷〉（1962）說：「很清楚，這個誓師的報告對象，上至友邦冢君，下至師氏、千夫長、百夫長，旁及庸、蜀等八族的長官，無非是當時在前线統率大軍，指揮作戰的各級軍官……夫子還相沿為統率軍隊的卿大夫的稱謂。千夫長、百夫長以上的軍官通稱為夫子。」[66]後來楊寬先生在《西周史》（2003）中補充為：「春秋以前，貴族對話中，習慣上當面稱子，背後稱夫子。子比較有親切之感

---

59 李宗侗，〈論夫子與子〉，《李宗侗文史論集》（北京：中華書局，2011），頁 51。亦可參考氏著〈續論夫子與子〉，同上書。

60 楊伯峻，《論語譯注》（北京：中華書局，1980），頁 28。

61 張覺，〈古漢語中的尊稱〉，《貴州文史叢刊》，第 2 期（1989）。

62 王鳳陽，《古辭辨》（北京：中華書局，2011），頁 399。

63 夏先培，〈《左傳》的吾子、夫子和數詞+子的結構〉，《長沙電力學院社會科學學報》，第 1 期（1997）。

64 顧頡剛、劉起釪，《尚書校釋譯論》（北京：中華書局，2005），頁 1103，引黃文按語：千夫長、百夫長為武職的官名，夫子則為對他們禮貌的稱呼。

65 日·赤塚忠，《中國古典文學大系 1·書經》（東京：平凡社，1972），頁 176 上。

66 楊寬，〈我國古代大學的特點及其起源——兼論教師稱師和夫子的來歷〉，《學術月刊》，第 8 期（1962.8）。

但是誓辭與對話不同，比較莊嚴，不適宜當面稱子，故在〈牧誓〉中，當面對軍官訓戒稱夫子。」[67]

有戮

有，敦煌本、神田本、內野本、書古文訓並作「𠂇」。這種寫法大概是來源於「又」的。甲骨中「有」、「又」同作「[illegible]」，二者古文字中常常通用。「有」在這裡表達一種委婉的語氣，蒙李二年師指教，古漢語中常常出現這種「有+動詞」的句法，如吳其昌《王觀堂先生尚書講授筆記・多士》：「朕不敢有後，無我怨，惟爾知惟爾先人有冊有典，殷革夏命。」《三體石經》作「朕不敢後」，「王曰：繇（告爾多士，無我怨，惟爾知，惟殷先人有冊有典），殷革夏命，於此差甚遠。」《觀堂學書記・多士》：「朕不敢有後。」師云：《隸釋》所載《三體石經》作「朕不敢後，下有王曰繇。」下闕則與今本大有歧義。于省吾《雙劍誃尚書新證》也提到這個問題：朕不敢有後。王靜安謂《三體石經》作「朕不敢後」，是也。傑按：〈召誥〉「今休王不敢後」可證。這種句式出現的「有」常常是沒有實義，只是表達一種委婉語氣的助詞。[68]〈牧誓〉中的「有」也是表達了這種含義，本句大意是指，如果戰士們不努力，就會對你們進行懲罰。

戮，敦煌本作「[illegible]」，神田本作「[illegible]」，內野本、書古文訓本作「[illegible]」（〈金縢〉島田本「瘳」作「[illegible]」）。實際上，从「[illegible]」到「翏」的變化是有來源的，《古璽文編》「翏」作「[illegible]」（3040）、「[illegible]」（3041）、「[illegible]」（2839）。吳振武先生《〈古璽文編〉校訂》（1984）認為3040、3041這兩個字都不是「翏」。[69]「翏」字金文作「[illegible]」，古陶文作「[illegible]」，古璽作「[illegible]」，漢印作「[illegible]」，望山楚簡作「[illegible]」，睡虎地秦簡作「[illegible]」，《集篆古文韻海》作「[illegible]」等形。「翏」字的直接來源應該是漢印文字。

《說文》：「戮，殺也。从戈翏聲。」《說文》：「翏，高飛也。从羽从[illegible]。」《說文解字》釋此字為「高飛」，傳世文獻中未見此義項。《說文解字注》引《匡謬正俗》云：[illegible]，古文戮。《湯誓》云：予則孥[illegible]女。傑按，[illegible]正翏之偽，假借字。[70]其實，段氏的說法也是不確切的，此字應當就是一個形聲字，「翏」从「戈」省，當為「戮」。甲骨文未見此字，楊樹達認為金文从羴从人。何琳儀先生認

67　楊寬，《西周史》（上海：上海人民出版社，2003），頁683。
68　李二年師，〈王力〈古代漢語〉商榷兩則〉（待刊）。
69　吳振武，《〈古璽文編〉校訂》（北京：人民美術出版社，2011），頁45—46。
70　段玉裁，《說文解字注》（上海：上海古籍出版社，1988），頁139下。

為，「翏」从羽勹聲，勹下加彡、彡，均為飾筆，「戰國文字承襲金文。繁簡各異，或於羽下加「一」為飾，或於羽下加「二」為飾；或於勹側加「八」為飾，或於勹側加「仌」為飾，或省勹作翌、翌（多見晉、楚系文字），小篆誤合勹與彡，遂似㐱旁。」[71]由是可知，許慎的說法是有問題的，「翏」下方不是㐱，於是《說文解字注》的說法也就不攻自破了。

「戮」字从翏从戈，可見翏為聲符。《說文》：「翏，从羽从㐱。」《說文·几部》：「新生羽而飛也，从几从彡。」馬敘倫《說文解字六書疏證》：「蓋㐱下奪聲字。」「㐱」當為「㐱」。金文作「翏」，上面是「羽」，就是甲骨文中的「彗」。下方的「二」形是古文字中常見的飾筆，戰國文字陶文有作「翏」形的，到秦系文字才演變為「㐱」形，實際上，這也是來源於金文的，玄翏戈作「翏」形，其下方就是「鳥」形，這應當是此字最早形態，現在所見「㐱」（㐱）形，應當就是由「隹」（隹）訛變而來。何琳儀先生認為，「翏」的異體「翏」或釋「翟」之省文。此說甚佳。這也證明了我所說的「㐱」是由「隹」演化而來。許慎說這個字的含義是高飛，傳世文獻確實未見例證，可見許慎所承襲的秦系文字系統是有問題的（小篆多來源於秦系文字，即西土文字）。

《尚書·湯誓》的「予則孥𦏧女」，「𦏧」字，九條本作「𦏧」，內野本作「𦏧」，足利本作「𦏧」，上圖（影）本作「𦏧」。《古文四聲韻》作「𦏧」，《玉篇·羽部》「𦏧」今作「戮」。《史記·殷本紀》作「僇」，《漢書·王莽傳》引作「戮」，《尚書校釋譯論》（2005）云「𦏧」是「戮」的隸古奇字。下面从「刅」乃「刀」之隸變，「㓠」訛作「刅」。[72]「翏」是幽部來母，「戮」是覺部來母，幽覺陰入對轉，可通。[73]睡虎地秦簡《法律答問》：「翏者何如？生翏，翏之已乃斬之之謂也。」整理小組認為「翏」讀為「戮」。

楊樹達《文字形義學概論》認為金文中的「翏」从「彗」从人，「彗」有「除」的意思，於是認為「翏」也有此意。王力《同源字典·幽部》認爲「樛」、「丩」都表示「糾纏」義，屬於同源字。[74]張世超先生在《金文形義通解》中這樣闡述：「甲骨文『帚』字作「帚」翏則象將二帚扭絞為一之形，帚為天然之帚，『翏』為人工製作之帚，帚、翏古韻皆在幽部，聲亦相近，當語出同源。『翏』

---

[71] 何琳儀，《戰國古文字典》（北京：中華書局，1998），頁 238。

[72] 許學仁，〈古文四聲韻古文研究〉，轉引自許舒絜〈傳抄古文《尚書》文字之研究〉，臺北：臺灣師範大學，未刊本博士學位論文，2011，頁 832。

[73] 王輝，《古文字通假字典》（北京：中華書局，2008），頁 332。

[74] 王力，《王力文集·同源字典》第八卷（濟南：山東教育出版社，1992），頁 290。

金文从丩，古翏、丩音義俱近。」[75]李學勤先生徵引各家觀點，認為「帚」字上部釋為「彗」。[76]這些同屬於幽部來母的字大都是有「糾纏」意思的。季旭昇先生沿襲楊樹達的說法認為，「翏」有「除」的意思，「除」可以引申為「殺戮」。[77]這種說法是值得商榷的。

從音韻上說，翏從屬的幽部來母的字大都是有「糾纏」意思的，但引申到「除」似乎有點牽強。甲骨文中有「」字，于省吾先生認為即小篆之「勹」，「伏」之初文。[78]裘錫圭先人認為此字是「俯」字的初文。[79]甲骨文中還有「」字，吳振武先生隸定為「」。[80]劉釗先生認為甲骨文中的「」「」「」等形旁，皆可隸定為「勹」，[81]表示「包圍」，引申為「倒下」、「降服」，我們認為「翏」，从羽勹聲。

《戰國古文字典》中收錄的「劉、僇、（古文字中「戈」、「攴」通用，也可作「戮」）、」等字均含有「報復、懲罰、殺戮」等含義。以至於周秉鈞《白話尚書》翻譯這句話的時候這樣闡述：「你們如果不努力，就會對你們自身有所懲罰。」[82]

綜上，「戮」是「翏」的省形，「翏」从羽勹聲，勹，幽部幫母字，表「懲罰」義，後世不明此義，加義符「戈」，後引申為「殺戮」。

---

75 張世超等編，《金文形義通解》（東京：中文出版社，1996），頁 859。
76 李學勤，〈釋郭店簡祭公之顧命〉，《文物》，第 7 期（1998）。
77 季旭昇，《說文新證》（福州：福建人民出版社，2010），頁 286。
78 于省吾，《甲骨文字釋林》（北京：商務印書館，2010），頁 374。
79 裘錫圭，〈甲骨文字考釋（八篇）〉，《古文字研究》第四輯（北京：中華書局，1980），頁 160。
80 吳振武，〈說「苞」、「鬱」〉，《中原文物》，第 3 期（1990）。
81 劉釗，《古文字構形學》（修訂本）（福州：福建人民出版社，2011），頁 160。
82 周秉鈞，《白話尚書》（長沙：岳麓書社，1990），頁 91。

二、今文《尚書・金縢》異文校釋
——兼論《清華簡・金縢》篇有關問題*

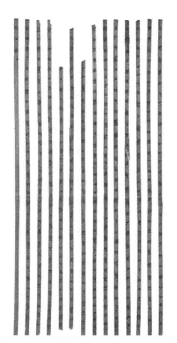

既克商二年

二年，《清華簡・金縢》篇作「武王既克殷三年。」《史記・魯世家》作「武王克殷二年」。《尚書正義》孔穎達疏云：「武王以文王受命十三年伐紂，既殺紂當稱元年。克紂即元年，知此二年是伐紂之明年也。」[83]王先謙《尚書孔傳參正》：「既克商二年，克殷明年也，與偽傳伐紂明年同誤。既克商二年者，克商後之二年也。」[84]皮錫瑞《今文尚書考證》：「史公以為十一年伐紂，則克商二年為十三年，即王訪箕子之歲也。」[85]武王克商年代據夏商周斷代工程（2000）推斷為公元前1046年，武王在位四年。[86]張聞玉（2010）等編《西周紀年研究》認為「武王克商為公元前1106年，實際天象是子月朔五十七558分，武王在位兩年」[87]杜勇（2012）在《清華簡〈金縢〉有關歷史問題考論》中結合傳世文獻與清華簡〈金縢〉篇認為武王開國在位三年之說是可信的，「清華簡改『二年』為『三年』只代表對『既克商二年』這種紀年方式在理解上的差異，而對其內涵的把握上並無實質性的不同。」[88]

實際上，杜氏的說法是有問題的，夏、商、周三代的曆法是不同的，由於曆法的不同，解讀方式自然不同，這不是改「二年」為「三年」的簡單問題，《尚書大傳》：「夏以十三月為正，殷以十二月為正，周以十一月為正。」由於

* 本節主要參考彭裕商，〈《尚書・金縢》新研〉，《歷史研究》，第6期（2012）；程元敏，〈清華楚簡本《尚書・金縢》篇評判〉，《傳統中國研究集刊》（上海：上海人民出版社，2012）；扈曉冰，〈清華簡〈金縢〉篇研究〉，天津：天津師範大學，未刊本碩士論文，2012。

83 漢・孔安國傳、唐・孔穎達正義、黃懷信整理，《尚書正義》（上海：上海古籍出版社，2007），頁494。

84 清・王先謙，《尚書孔傳參正》（北京：中華書局，1998，《四部要籍注疏叢刊・尚書》本），頁2691上。

85 清・皮錫瑞，盛冬鈴、陳抗點校，《今文尚書考證》（北京：中華書局，1989），頁290。

86 夏商周斷代工程專家組，《夏商周断代工程 1996-2000 年阶段成果报告》（簡本）（北京：世界圖書出版公司，2000），頁88。

87 張聞玉、饒尚寬、王輝，《西周紀年研究》（貴陽：貴州大學出版社，2010），頁114。

88 杜勇，〈清華簡〈金縢〉有關歷史問題考論〉，《古籍整理研究學刊》，第2期（2012.3）。

不同時期有不同的曆法，於是人們總是要用當時的曆法來記載文獻，這樣就產生了紀年的不同。我們可以這樣推測，清華簡遵循的是戰國時期楚國之曆法，「楚曆以相當於夏正十月的亥月為正月」，[89]而《尚書・金縢》篇的成書時代是戰國時期，今所見本為「非秦火前之底本，乃經過漢人之整理。」[90]我們現在無法確定〈金縢〉篇所使用的到底是哪種曆法，但有一點是確定的，清華簡與今本〈金縢〉所使用的曆法是不同的。

王有疾，弗豫

本句《清華簡・金縢》篇作「王不[illegible]，又[illegible]。」「不[illegible]」又見《清華簡・保訓》篇。

「弗」，《史記・魯世家》、《論衡》、《禮記・曲禮》疏引《白虎通》、《漢書・韋元成傳》、《後漢書・儀禮志》均作「不」。皮錫瑞《今文尚書考證》引蔡邕《和熹鄧后諡議》作「遭疾，不豫。」[91]上古漢語中「弗」、「不」的使用是不同的，雖然都用於動詞之上，但是「弗」只與外動詞（及物動詞）連用而「不」與內動詞（不及物動詞）連用，而且外動詞上加「弗」字下面都省略了賓語，[92]即弗+及物動詞。丁聲樹先生認為：「賓語的必須省去倒不是真正的省去，而是含在『弗』字本身之內。『弗』字是一個含有代名詞性的賓語的否定詞，『不』字只是一個單純的否定詞。」

豫，內野本作「悆」。金文作「[illegible]」（季悆鼎）、「[illegible]」（悆母盤），《汗簡》、《古文四聲韻》引《古尚書》作「[illegible]」，《釋文》「豫，本作忬」，《史記》「豫作悆」，《說文》作「悆」，《尚書・顧命》作「懌」，《玉篇》「悆，豫也。」段玉裁《古文尚書撰異》「悆，蓋即忬字。」王項齡《欽定書經傳說匯纂》：「弗豫猶言不懌。」[93]楊筠如《尚書覈詁》：「悆，乃壁中古文。」「豫」，《說文》：「悆，喜也。」《釋詁》：「豫，安也。」《玉篇》：「悆，豫也，悅也。」朱季海《王仲任尚書說》：「然豫讀曰舒。」[94]「弗豫，即身體不安。」[95]《尚書正義》唐孔穎達疏：

89　王勝利，〈試論楚國曆法的創新工作〉，《江漢論壇》，第 8 期（2007）。

90　李民，〈《尚書・金縢》的製作時代及其史料價值〉，《中國史研究》，第 3 期（1995）。李民先生指出：「〈金縢〉的製作情況大體與〈堯典〉、〈禹貢〉相同，皆是原本有一些歷史素材，又雜廁了一些傳聞資料，流傳至於戰國，則逐步形成了一篇文字。」

91　清・皮錫瑞，盛冬鈴、陳抗點校，《今文尚書考證》（北京：中華書局，1989），頁 290。

92　丁聲樹，〈釋否定詞「弗」「不」〉，《慶祝蔡元培先生六十五歲論文集》（北平，1933），頁 967-996。

93　清・王項齡，《欽定書經傳說匯纂》（北京：中華書局，1998，《四部要籍注疏叢刊・尚書》），頁 850 下。

94　朱季海，〈王仲任尚書說〉，《初照樓文集》（北京：中華書局，2011）。

95　顧頡剛、劉起釪，《尚書校釋譯論》（北京：中華書局，2005），頁 1224。

「《顧命》云：王有疾，不懌。懌，悅也。故不豫為不悅豫也。何休因此為例，云：天子曰不豫，諸侯曰負茲，大夫曰犬馬，士曰負薪。」

疾，《說文》：「疾，病也。，古文疾。」內野本作「」，「失」字訛變。甲骨文作「」（《合》36766）、「」（《合》21053），金文作「」，《古璽彙編》作「」（1481）、「」（3726），《汗簡》作「」，清華簡作「」，从尸从二。包山楚簡作「」，睡虎地秦簡作「」，定縣竹簡作「」，《集篆古文韻海》作「」、「」，東漢趙君碑作「」。尸、夷、尼、遲、疾，古音相近，可通。「疾」在《尚書》中出現18次，「病」出現2次（〈顧命〉、〈呂刑〉）；《詩經》中只有「疾」沒有「病」（甲骨金文中有「疾」無「病」）。「疾」與「病」都可表示病情嚴重，「疾」有急速、敏捷等意義，「病」沒有此義。[96]歷來訓詁學家都認為「病」要比「疾」的程度更甚，如《說文解字》：「病，疾加也。」《儀禮・既夕禮》注：「疾甚曰病。」實際上，這種說法是一種誤解，最早關注這個問題的是張俊文先生，他在《「疾」「病」故訓質疑》中引用大量實例證明上古漢語中「疾」「病」並無表示輕重病的分工。十三經中「疾」字出現一四九次，五十四次用於重病，一般病九十五次。「病」字出現三十七次，用於一般病二十三次，用於重病十四次。「『疾』『病』在一般語言環境裡，彼此互用。」[97]由此可見，上古漢語中使用「疾」的頻率很高，既可以表示一般病，又可以表示重病，與「病」並無差別。

清華簡中的「𡰥」，原整理者認為，「𡰥」，「遲」字或體「𡰥」所從（《集韻》「遲或作𡰥」），《廣韻》「久也。」[98]廖名春認為，「𡰥」通「犀」，「犀」亦作「」，讀為「」。[99]蕭旭認為：「𡰥，《玉篇》『古文夷』，讀為痍，痍，《說文》『傷也』，即創傷，據此簡知王疾為外傷。」[100]（姚孝遂、肖丁《小屯南地甲骨考釋》稱：「古文字中『尸』均用作『夷』，典籍多作『夷』」[101]）黃懷信認為：「遲，當借為『疾』，二字古皆為舌上音，『遲』在脂母，『疾』在質母，陰入對轉。」[102]

傑按，「遲」字應在定母脂部，「疾」應在從母質部[103]，何琳儀《戰國古文

---

[96] 王力主編，《王力古漢語字典》（北京：中華書局，2000），頁753。

[97] 張俊文，〈「疾」「病」故訓質疑〉，《河北大學學報》，第2期（1983）。

[98] 李學勤主編，《清華大學藏戰國竹簡》（上海：中西書局，2010），頁159。

[99] 廖名春，〈清華簡〈金縢〉篇補釋〉，《清華大學學報》（哲學社會科學版），第4期（2011）。

[100] 蕭旭，《清華竹簡〈金縢〉校補》，復旦大學出土文獻與古文字研究中心網站論文，（2011.1）。

[101] 姚孝遂、肖丁，《小屯南地甲骨考釋》（北京：中華書局，1985），頁102。

[102] 黃懷信，〈清華簡〈金縢〉校讀〉，《古籍整理研究學刊》，第3期（2011），頁25。

[103] 郭錫良，《漢字古音手冊》（北京：商務印書館，2010），頁85，頁109。

字典》認為：「應讀『遲』為『肆』，『肆』心母質部，與遲脂質陰入對轉。」[104]「𡰥」，侯馬盟書作「」，《古璽彙編》作「」（969），中山王鼎作「」，王輝《古文字通假字典》：「𡰥，審母脂部。」[105]「𡰥」，文獻作『鳲』，上博簡《孔子詩論》有「《》吾信之。」《》毛詩作《鳲鳩》，即今本《詩經・曹風・鳲鳩》。《經典釋文》：「𡰥，音尸，本亦作尸。」鳲、尸諧聲可通。[106]另外，「𡰥」字也可視作古「尼」字。郭沫若《兩周金文辭大系考釋》：「《孝經》仲尼居釋文『尼本作𡰥，古夷字』，𡰥，《說文》重文作『』，漢碑多作『迡』。」[107]關於此字本義當依蕭旭先生意見，另補充一則材料，包山簡 197 有「」字，隸定為「𡰪」讀為「夷」，是也。清華簡中的「𡰥」與包山簡當為一字的不同寫法，讀為「夷」假借為「痍」，傷也。

穆卜

穆，足利本作「」。甲骨文作「」（《合》28400），金文作「」（遹簋），包山簡作「」，清華簡作「」，亦見清華簡《楚居》、《耆夜》。《汗簡》作「」「」，《古文四聲韻》作「」「」，《史記・魯世家》作「繆」，《史記・周本紀》仍作「穆」，音同通假。段玉裁《古文尚書撰異》：「舊本蓋作『睦卜』，釋玄應《大唐眾經音義》卷十引作『睦』引孔安國曰『睦，敬也。』古穆、睦相通假。……此字蓋亦衛包拘於俗用，睦訓和，穆訓敬所改。」[108]于省吾《釋穆》：「金文『穆』字皆从『彡』，甲骨文字穆不从『彡』，乃『穆』之初文。」[109]董蓮池《說文解字考正》認為：「穆，當是一種花類植物的象形文，有枝干，花朵從上下垂，金文於花朵下加『彡』可能有強調其花華美有文采之意，引申有美好等義。又，字非从㣎聲，所謂㣎聲乃『』部分由主幹上割裂下來的，即由作（詛楚文）、（中山王壺），許慎以形聲字為釋不確。」[110]

宋蔡沈《書集傳》：「古者國有大事卜，則公卿、百執事皆在。誠一而和同，

104 何琳儀，《戰國古文字典》（北京：中華書局，1998），頁 1228。
105 王輝，《古文字通假字典》（北京：中華書局，2008），頁 527。
106 程燕，《詩經異文輯考》（合肥：安徽大學出版社，2010），頁 189。
107 張政烺著，朱鳳瀚等整理，《張政烺批註〈兩周金文辭大系考釋〉》上冊（北京：中華書局，2011），頁 53。
108 段玉裁，《古文尚書撰異》卷十二（北京：中華書局，1998，《四部要籍注疏叢刊・尚書》本），頁 1953 上。王先謙《尚書孔傳參正》引文與段氏同，不錄，見頁 2691。
109 于省吾，《甲骨文字釋林・釋穆》（北京：商務印書館，2010），頁 145。
110 董蓮池，《說文解字考正》（北京：作家出版社，2005），頁 277。

以聽卜筮，故名其卜曰：穆卜。」[111]《尚書校釋譯論》引王鳴盛《尚書後案》認為：「『穆卜』為當時統治者占卜的專用術語，使用『穆』字顯然仍是取其『敬肅』、『肅穆』的意義，反映他們對於這種占卜的敬重程度。」[112]

清華大學姚蘇傑在〈論《尚書‧金縢》中的「穆卜」〉一文中，對「穆卜」一詞的含義做出了如下解釋，可備一說：

> 首先，「以身代死」當為「穆卜」的核心內容。其次，將卜祝時所用的策書藏於特殊的「金縢之匱」，且其事必須秘而不宣（除參與者外），這當是穆卜應驗的必要條件。第三，穆卜的靈驗程度，同占卜者的個人才能及其與被占卜者的血緣關係有關聯。第四，穆卜有一套特殊的儀式流程，與普通的占卜不同。[113]

由於「穆卜」一詞僅出現在〈金滕〉中，目前還沒有一個確切的解釋，我們只能說「穆卜」是一種特殊的占卜形式，具體情形還是要等待新的材料。

未可以戚我先王

戚，清華簡作「」（慼），詛楚文作「」，《書古文訓》作「」，《汗簡》作「」，《古文四聲韻》作「」，《楚系簡帛文字編》「慽」作「」（郭店簡）、「」（上博簡）、「」（新蔡葛陵楚簡），[114]《集篆古文韻海》作「」、「」。[115]清華簡三見「慼」字，其來源當是詛楚文。原整理者認為，慼，憂也，今本作「戚」。《說文》引『慼』作『戚』，唐石經亦作「慼」，《古文尚書撰異》謂衛包改作「慼」。關於詞義，原整理者認為「戚，近也。」[116]廖名春認為：「戚當為『俶』之假借，與『動』同義，打動。」[117]陳民鎮則認為「戚讀為蹙，迫也。」[118]（蹙，清母覺部；戚，清母覺部）。包山楚簡有「慼」字，當與清華簡對讀。包山楚簡「少有於□（慼）躳身」，原簡作「」，原整理者讀為「憂」，陳劍先

---

111 宋‧蔡沈，《書集傳》（南京：江蘇鳳凰出版社，2010），頁 152。
112 顧頡剛、劉起釪，《尚書校釋譯論》（北京：中華書局，2005），頁 1225。
113 姚蘇傑，〈論《尚書‧金縢》中的「穆卜」〉，《安徽大學學報》（哲學社會科學版），第 1 期（2013）。
114 滕壬生，《楚系簡帛文字編》（增訂本）（武漢：湖北教育出版社，2008），頁 922。
115 徐在國，《傳抄古文字編》（北京：线裝書局，2006），頁 1268。
116 李學勤主編，《清華大學藏戰國竹簡》（壹）（上海：中西書局，2010），頁 159。日‧星野恒校訂，《漢文大系‧尚書》卷七：「戚，近也。」（東京：富山房編輯部，1982），頁 15。
117 廖名春，《清華簡〈金縢〉篇補釋》，《清華大學學報》（哲學社會科學版），第 4 期（2011）。
118 陳民鎮，〈清華簡〈金縢〉集釋〉按語，復旦大學出土文獻與古文字研究中心網站論文，（2011.9），頁 15。

生認為此字可釋為「[illegible]」，讀為「慽」[119]。施謝捷先生認為此字為「悚」之異體，簡文中有「惶恐之意。」[120]此說繆矣，施氏未明文意，「先王」當指已故三王，文意乃指武王未亡，不能上天侍奉三王，三王不要因為武王沒有上天侍奉先王而憂慮戚戚，本字讀為「憂」為妥（宋蔡沈《書集傳》:「戚，憂惱之意。未可以武王之疾而憂惱我先王也。」此說甚佳）。

傑按，清華簡與包山簡同屬於楚文字體系，其寫法風格大略相同，「[illegible]」、「[illegible]」二字或可隸定為「[illegible]」，清華簡「从人从襾从心」與包山簡同，僅偏旁位置有所差別，乃「慽」異體字，仍讀為「憂」。

為壇於南方北面周公立焉

壇，足利本作「[illegible]」，上圖（影）本作「[illegible]」。清華簡作「[illegible]」，劉雲認為可讀為「墠」。「壇」古音屬定母元部，「墠」古音屬禪母元部，兩字聲母同屬舌音，韻部相同，古音相近。徐在國《傳抄古文字編》中所收古文「墠」字常寫作「[illegible]」(《集篆古文韵海》)。[121]傳世文獻中「壇」與「墠」也多有相通之例，《詩・東門之墠》「東門之墠」，陸德明《釋文》作「東門之壇」，《左傳・宣公十八年》「壇帷」《公羊傳》作「墠帷」。[122]關於本句，日本學者赤塚忠（1972）解釋說：「三つの壇の南方の壇の上に周公が立つのは、まさしく祭壇上に自分を供え物とした形である。」[123]（周公立於祭壇之上，以己為祭品）。王夫之《尚書稗疏》對立壇方位有所懷疑：「事先之禮，以西向為尊，蓋無往而不然。南，陽也。北，陰也。人鬼以幽為尚，其異於天神者也。今三壇南面，而周公北面，亂陰陽，淆人神，此其可疑者五也。」[124]

植璧秉珪

清華簡作「秉璧戴珪」。秉，足利本作「[illegible]」，上圖（影）本作「[illegible]」，上圖八行本作「[illegible]」，清華簡作「[illegible]」。魏三體石經「秉」字古文作「[illegible]」，《郭店簡・唐虞之道》有「[illegible]」字，整理者釋為「秉」，李家浩、李零、張光裕均認為此字

---

119 朱曉雪，〈包山楚墓文書簡、卜筮祭禱簡集釋及相關問題研究〉，長春：吉林大學，未刊本博士學位論文，2011，頁496。
120 施謝捷，〈楚簡文字中的「悚」字〉，《古文字研究》第二十四輯（北京：中華書局，2002），頁379。
121 徐在國，《傳抄古文字編》(北京：线裝書局，2006年，頁1366。
122 劉雲，《清華簡文字考釋四則》，復旦大學出土文獻與古文字研究中心網站論文，（2011.6）。
123 日・赤塚忠，《中國古典文學大系1・書經》(東京：平凡社出版，1972)，頁206下。
124 明・王夫之，《尚書稗疏》(長沙：岳麓書社，2011)，頁152。

應為古文「及」非「秉」。[125]《古文尚書撰異》:「秉古以為柄字。」《史記‧魯世家》「植」作「戴」，段玉裁云《魯世家》、《王莽傳》、《太玄》作「戴」，《易林》作「載」，戴、載通用。[126]

史乃冊祝

冊，內野本作「」，足利本作「」，上圖（影）本作「」，上圖八行本作「」。「冊」甲骨文作「」，金文作「」（師酉簋），包山楚簡作「」，睡虎地秦簡作「」等形，內野本、上圖八行本加形符「竹」表義。「史官」金文多稱「作冊」，「冊祝」與「策命」同義，赤塚忠云「冊祝は策命と同形の成語である。史官が周公に代わつて周公の作つた文書をみあげた。」[127]（冊祝與策命乃同形之成語，史官代替周公宣讀由周公撰作之文書）。

有丕子之責于天

丕，上圖八行本作「」，清華簡作「」（備）。《史記》、《白虎通》、《後漢書》「丕」作「負」。「丕」「負」一聲之轉。清華簡的這個字讀為「備」，古韻屬並母職部字，「丕」屬滂母之部字，職、之二部關係密切。

漢代今文經學家如班固、何休認為「負子」指諸侯抱病，背負子民，不能愛護，這是典型的曲解。東漢古文經學家馬融釋「丕」為「大」，釋「子」為「慈」，此說承襲至宋，宋儒朱熹《書經傳說匯纂》釋為「侍子」，言上帝之旁有如侍子者常服事之，宋晁以道「侍子，武王也」。宋蔡沈《書集傳》釋為「元子」，自宋迄清，幾成定說。清儒牟庭《同文尚書》認為「負子之責謂有責怒於王而降之疾也。」孫星衍《尚書今古文注疏》釋「子，猶愛也。丕子即大愛，言天與三王以大慈愛其子孫之責任也。」俞樾《群經平議》曰「負子」本作「不子」，王國維認為「不慈」，楊筠如認為「不茲」，[128]曾運乾讀為「布茲」，解為「布席」，指助祭之事。《尚書正讀》:「布茲為弟子助祭以事鬼神者之一役。本文意言三王在帝左右，如需執賤役，奉事鬼神，旦猶能舉其職。」《史記‧周本紀》:「武王立於社南，毛叔奉明水，衛康叔封布茲。」《集解》:「茲，籍席之名。」于省吾《尚書新證》:「段玉裁謂馬融訓丕子為大子，王先謙謂武王有

---

125 劉傳賓，〈郭店竹簡研究總論‧文本研究篇〉下冊，長春：吉林大學，未刊本博士學位論文，2010，頁99。

126 李學勤主編，《清華大學藏戰國竹簡》（壹）（上海：中西書局，2010），頁159。

127 日‧赤塚忠，《中國古典文學大系1‧書經》（東京：平凡社，1972），頁207上。

128 曾運乾，《尚書正讀》（上海：華東師範大學出版社，2011），頁150。

背棄之子民之咎，鄭康成曰丕讀為不，愛子孫曰子，元孫遇疾，若汝不救是將有不愛子孫之過為天所責，若如王說以負茲訓疾病，不知周初文字，非如後世駢文家以一二字代一故事有使用暗典之例也，且上句明言遘厲虐疾，下即言疾，亦絕無以負茲代訓之，理以上諸家之說。以鄭康成訓不愛子孫為近是……《大學》是作寔，丕《尚書》多訓為斯，子讀如字。若爾三王是有丕子之責於天者，言爾三王寔有斯子之責任于上天也。」[129]劉起釪先生認為「丕子」為「祖先」，[130]米雁認為「丕子」即裘錫圭先生所言的「首子」，[131]黃懷信認為「丕子」為太子。日本學者赤塚忠引《真古文尚書集釋》云：「丕は負の仮字，子は茲（草の席）の仮字と解すべきである。」[132]（即負茲，與負薪同）。按，周人本立命於天，對天有一種強烈的敬畏心理，[133]「丕子」當為「天子」，不應刻意求新。

乃命於帝庭

庭，島田本作「」，上圖八行本作「」，清華簡作「」。金文作「」，《石刻篆文編》作「」，《汗簡》作「」。甲骨文有「」字，隸定為𠁩字，于省吾認為此字為廷、庭之初文，金文廷作「」，乃𠁩之借字。[134]「庭」之異體字《漢語大字典》作「」、「」等形。金文「庭」从从，廷在定母耕部，在章母文部，「古文字中从人形的字常在人形下加上一横，一横與人組合又常常變為土字，土字又與人組成『壬』字。金文廷字又作等形，加土為意符，後土與人重合變為从壬，又將所从的『彡』省去。」[135]

庭，當為「祭祀之場所，廟庭之意」，[136]《甲骨文合集》383：小乙於庭。《甲骨文合集》721 正：伐於庭。《甲骨文合集》30386：在庭。《小屯南地甲骨》2470：王饗於庭。《小屯南地甲骨》675：大宜於庭。《史記・孝武本紀》：「鼎宜見於祖禰，藏於帝庭。」

129 于省吾，《雙劍誃尚書新證》（上海：上海書店出版社，1999），頁 79。
130 劉起釪，〈釋丕子〉，《古史續辨》（北京：中國社會科學出版社，1991），頁 373。
131 米雁，〈清華簡〈耆夜〉、〈金縢〉研讀四則〉，武漢大學簡帛研究中心，（2011.1）。裘錫圭，〈殺首子解〉，《中國文化》，第 1 期（1994）。
132 日・赤塚忠，《中國古典文學大系 1・書經》（東京：平凡社，1972），頁 207 下。
133 許倬云，《西周史・周人的天命》（增補二版）（上海：三聯書店出版社，2012），頁 114。
134 于省吾，《甲骨文字釋林》（北京：商務印書館，2010），頁 83。
135 劉釗，《古文字構形學》（修訂本）（福州：福建人民出版社，2011），頁 91。
136 常玉芝，《商代宗教祭祀》（北京：中國社會科學出版社，2010），頁 504。

無墜天之降寶命

寶，島田本作「」，內野本作「」，上圖八行本作「珤」。《史記・魯世家》作「葆」，楊筠如《尚書覈詁》：「吉金文『寶』與『保』通，『葆』當為『寶』的假借字。」寶，甲骨文作「」、「」，金文作「」、「」等形，古幣文作「」，包山楚簡或作「」與《尚書》內野本類似。《汗簡》作「」或「」，《古文四聲韻》作「」或「」。關於本字字形，黃錫全先生在〈利用〈汗簡〉考釋古文字〉中這樣論述：「檢《汗簡》玉部錄古尚書『寶』字省宀作，與日本收藏的古寫本隸古定本《尚書》九條本、嚴崎本、小島影本寶作珤同，由此，方可證明，寶字古有省宀作者。」[137]寶命即天命，唐孔穎達《春秋正義序》：「三才協其寶命昌於下。」宋蔡沈《書集傳》：「寶命，即帝庭之命也。謂之寶者，重其事也。」王鳴盛《尚書後案》：「寶，猶主也。有所依歸，為宗廟之主也。《周易・系辭》『聖人之大寶曰位』，天命武王居天子位，為天下主，是『寶命』也。」[138]

予仁若考

若考，《史記・魯世家》作「旦巧」，《清華簡・金縢》作「是年若丂能。」「丂」古文「巧」（從江聲、曾運乾說）。俞樾《群經平議》：「王氏念孫曰：考巧古字通，若而語之轉。予仁若考者，予仁而巧也……段玉裁曰予佞而巧也。佞與巧義相近。」[139]于省吾《尚書新證》：「偽傳訓若考為順父，《史記》以旦巧代詁。《書古文訓》考作『丂』，蓋本於《說文》，丂古文又以為巧字也。按，金文尚未發現巧字。惟懷石磐銘有巧字，作，土彝同毀及鎛考不从老省並作丂，史公誤以為巧也。金文考孝通用。予仁若考者，予仁而孝也，或曰周公自言仁孝，豈非彰武王之不仁不孝乎？曰非也。觀下文乃元孫不若旦多材多藝不能事鬼神，而無不若旦仁若考之語。尤可徵非言武王之不仁不孝。」[140]日本學者赤塚忠引俞樾《群經平議》：「仁は佞の意、若は而と同じ、考は巧の仮字と解する。」[141]俞說甚佳。

近年，學者在探索「予仁若考」時，提出新說。石聲淮（1985）〈〈金縢〉

---

137 黃錫全，〈利用〈汗簡〉考釋古文字〉，《古文字研究》十五輯（北京：中華書局，1986），頁139。

138 清・王鳴盛著、陳文和主編，《嘉定王鳴盛全集》（北京：中華書局，2010），頁640。

139 清・俞樾，《群經平議》（上海：上海書店出版社，1988，《清經解續編》本）卷1366，頁1049。

140 于省吾，《雙劍誃尚書新證》（上海：上海書店，1999），頁79。

141 日・赤塚忠，《中國古典文學大系1・書經》（東京：平凡社，1972），頁207下。

「予仁若考」解〉[142]認為西周時沒有「仁」之觀念，「仁」應當為「信」之誤，表「誠實」。辛怡華（2006）〈「若」字初意試探〉認為「若，最初之意是為了探聽神意進行祈禱的活動或者儀式。」[143]石、辛的考述主觀成分很濃，還需要再加考察。由此可見，「予仁若考」也許有其他含義，姑且存疑。

乃卜三龜，一習吉

龜，島田本作「」，內野本作「」，足利本、上圖（影）本作「」。甲骨文作「」、金文作「」，郭店簡作「」，上博簡作「」等形。

習，漢偽《孔傳》：「習，因也。以三王之龜卜，一相因而吉。」唐孔穎達疏：「我小子新受命三王，謂卜得吉也。」宋蔡沈《書集傳》：「習，重也。謂三龜之兆一同。」[144]段玉裁《古文尚書撰異》：「正義亦以襲訓習。」葉程義《文選李善注引尚書考》：「古人習亦訓重訓因，周易習坎是也。集證云：習之古文做褶，故與習通。」[145]

本文主要探討上古卜法「習卜」。主要有三種解釋，「第一種為每卜用三龜或三骨，是為一習；第二種，認為習卜指兆象，或非吉或連吉；第三種主張用不同方法習卜一事。」[146]宋鎮豪（1994）《夏商周社會生活史》：「所謂習卜，大都出現在命辭中，習者，襲也，重也，因也，習卜是後因前的占卜，文獻亦見，《尚書・金縢》云：乃卜三龜，一曰吉。習卜無非是因襲前事的重卜，總有其特殊原因，殷商王朝於所卜事情不必即日實施，有可能卜而得吉，但臨時又發生一些變故，於行事不利，乃不得不再度占卜。」[147]甲骨文言「習一卜」是續前一卜的重卜。商代占卜手續極其繁雜，最基本的就是「三卜制」，以王占為核心，右、左各卜一次，形式是卜用三骨，每一卜由一人貫徹始終。《周禮・太卜》：「掌三兆之法，一曰玉兆，二曰瓦兆，三曰原兆。」《尚書正義》疏：「〈洪範〉卜筮之法，三人占，則從二人之言，是必三代之法並用之矣。故知三龜，三王之龜。每龜一人占之，其後君與大夫等總占三代之龜，定其吉凶。」

---

142 石聲淮，〈〈金縢〉「予仁若考」解〉，《湖北師範學院學報》，第2期（1985）。

143 辛怡華，〈「若」字初意試探〉，《華夏文化》，第3期（2006）。

144 宋・蔡沈，《書集傳》（南京：江蘇鳳凰出版社，2010），頁153。

145 葉程義，《文選李善注引尚書考》（臺北：中正書局，1975），頁309。

146 宋鎮豪，〈再論殷商王朝甲骨占卜制度〉，《中國歷史博物館館刊》，第1期（1999）。

147 宋鎮豪，〈論古代甲骨占卜的「三卜制」〉，《殷墟博物苑苑刊》，（1989）；〈殷代「习卜」和有關占卜制度的研究〉，《中国史研究》，第4期（1987），後收入《夏商周社會生活史》（北京：中國社會科學出版社，1994），頁884。

公曰體

《史記·魯世家》無「體」字。偽《孔傳》解為「兆體」，孔穎達疏云：「如此兆體指卜之所得兆也。」這種說法是符合實際的，前文提過「乃卜三龜」，〈金縢〉篇出現的很多術語都是與占卜、祭祀相關的，如「穆卜」、「三龜」、「帝庭」等詞。王鳴盛《尚書後案》：「體，兆象，謂金木水火土五種之兆。」曾運乾、孫星衍均沿襲此說。另一種說法是清俞樾《群經平議》：「體字，以一言為句，乃發語之辭，慶倖之意也。」楊筠如、顧頡剛贊同俞說。綜合考慮，「體」仍解釋為「兆象」，附帶說明，甲骨文中是未見「體」的，宋華強（2011）〈釋甲骨文的「戾」「體」〉認為甲骨文中的（《合》35701）（《合》35706）（《合》36484）可能就是後來的「戾」字，「『戾』字應該分析爲從『犬』、『□』聲，『□』象肩胛骨上有卜兆之形，可能就是兆體之『體』的表義初文。」[148]宋說可從。「戾」《尚書》共出現六次，偽古文兩次（〈湯誥〉、〈太甲〉）、今文〈大誥〉「今天降戾於周邦」、〈康誥〉「未戾厥心」、〈洛誥〉「無遠用戾」、〈多士〉「予亦念天即於殷大戾」。《書古文訓》作「」，从雇从犬，徐在國《隸定古文疏證》中的「戾」，《六書統》或作「」，「陳世輝師指出所从雇乃涉戶而誤。」[149]上古「戾」屬來母質部，「體」屬透母脂部，「體」之聲旁「豊」為來母字，宋華強先生認為「戾從體得聲是有可能的。」

予沖人

「予」為「余」之假借。「予」在今文《尚書》出現一百四十次，用於表示同位者的有三十七次，如予小子、予一人、予沖子等。屈萬里先生指出〈金縢〉篇「予一人」乃周公自稱。予一人一辭雖為天子所專用，但仍有例外，如〈秦誓〉穆公自稱「一人」。[150]

沖，清華簡作「」，隸定為「」，从沈聲。「沈」古韻屬定母侵部，「沖」古韻屬定母冬部，侵冬二部關係密切，可旁轉。[151]《尚書大傳》、《史記·魯世家》「沖人」作「幼人」，《大誥》成王自稱「沖人」。王國維《古史新證》認為

---

148 宋華強，〈釋甲骨文的「戾」「體」〉，《語言學論叢》第 43 輯（北京：商務印書館，2011），又發表於武漢大學簡帛網，(2012.3)。

149 徐在國，《隸定古文疏證》(合肥：安徽大學出版社，2002)，頁 209。

150 周法高，〈明保予沖子辨〉，彰化：彰化師範大學國文研究所，碩士學位論文，2009，頁 110，轉引自許書齊〈屈萬里先生〈尚書〉學研究〉。

151 李學勤，〈清華簡九篇綜述〉，《文物》，第 5 期 (2010)。

「沖人，意謂童子，沖童聲相近。」[152]蔣玉斌、周忠兵謂金文中的「沈」也可以讀為「沖」,「沈子」即「沖子」。[153]「沖人」是古代君主的自稱。

三、今文《尚書・大誥》異文校釋

今蠢，今翼日

「蠢」字,《大誥》三見：茲蠢、今蠢、允蠢。內野本作「」，上圖八行本作「」。上圖八行本或為內野本之訛形。卜辭中有「今春王勿黍」(《合集》9518)。《說文》「蠢」字古文作「」，魏三體石經隸體作「」。《汗簡》作「」,《古文四聲韻》作「」。本字當从𢦏春聲。段玉裁《說文解字注》:「𢧢，古文蠢，从𢦏。𢦏之言才也，始也……《大誥》『越茲蠢』𢧢為壁中古文真本。」按：《別雅》卷三：「𢧢，蠢也。」《廣雅・釋詁》:「𢧢，古文蠢字。」《玉篇・戈部》:「𢧢，亦蠢字。」蠢、春典籍中可通。《周禮・考工記》:「則春以功」，注云：「春讀為蠢」。《爾雅・釋詁》郝懿行疏：「蠢，通作春」。

「翼」內野本、足利本、上圖影天正本、上圖八行本均作「翌」。《說文・飛部》:「翼，篆文𩙺」,「𩙺，翄也。」《汗簡》作「」,《古文四聲韻》作「」。隸定為「翊」，甲骨文「翊」作「」(京津 4969)。翼、翊同音通假。《爾雅・釋詁》王念孫疏：「翼，通作翊。」《爾雅・釋言》郝懿行疏：「書：王翼日乃瘳。郭引翼作翌。越翼日癸巳。《漢書・律曆志》作若翌日癸巳。」《釋地》:「南方有比翼鳥焉，陸德明釋文：本或作翌。」《群經平議》「今翼日」，俞樾按：翼，本作翌，衛包改作「翼」。

「今蠢，今翼日」一句在傳世文獻中也有不同的理解。《偽孔傳》:「今天下蠢動，今之明日。」《書集傳》同。孫星衍《尚書今古文注疏》:「今武庚蠢動之日及明日也。」皮錫瑞《今文尚書考證》:「今蠢今翌日，五字難通。」段玉裁《古文尚書撰異》:「𢧢字，初出時安國讀為蠢，既以今字改之矣，而許叔重存其故書所作于《說文》，俾學者有稽焉……翌唐石經及各本作『翼』，衛包所改也。說見上篇。翌訓明，下午翼訓佐訓敬，天寶以前字形本自分別。」俞樾《群經平議》:「按今之明日，義不可通，疑今蠢今翼兩義相對。」曾運乾

152　王國維，《古史新證》(北京：清華大學出版社，1994)，頁 238。

153　蔣玉斌、周忠兵，〈據清華簡釋讀西周金文一例——說「沈子」、「沈孫」〉，復旦大學出土文獻與古文字研究中心網站，(2010.6)，後收入李學勤主編《出土文獻》(第二輯)(上海：中西書局，2011)。

《尚書正讀》:「今蠢，祿父畔。今翌日之今讀為『及』，及，急辭，猶汲汲也。翌日，蠢動之明日也。」楊筠如《尚書覈詁》:「蠢以蟲喻，翊以鳥喻……『日』疑為『曰』之誤。」周秉鈞《尚書易解》:「『今蠢今翼』絕句。翼，猶驅也，見《多士》。翼，古與翌通，翌即翊字。『今蠢今翼』謂今發動今驅馳也，形容形勢十分危急。」顧頡剛、劉起釪《尚書校釋譯論》:「『今蠢今翼』是說武庚他們現在像害蟲的蠢動和惡鳥的飛撲一樣。」《尚書校釋譯論》也肯定了于省吾先生把此句看作時間名詞的說法。

綜上，本句大致有三種理解方式：一、釋為天下蠢動，今之明日。這種說法很難理解；二、釋為像害蟲的蠢動和惡鳥的飛撲一樣，「日」字屬下，或釋為「曰」，這種看法可備為一說；三、于省吾先生的說法，即春、翌日都是表示時間的名詞。現代學者大多傾向於第三種說法。

如果要解釋清楚這個問題恐怕還要下一番功夫。

首先是「蠢」字的釋讀。前文引段玉裁的說法，我們可以知道「蠢」字壁中書為「𢦔」，孔氏安國讀作「蠢」，本字《尚書》中出現三次，即〈大誥〉中「越茲蠢、今蠢、允蠢。」歷來註釋者注為「騷動、蠢動」，無人提出異議。

先秦典籍中的蠢也都理解為「蠢動」，如《小戴禮記》:「東方者春，春之為言蠢也。」《墨子·兼愛》:「蠢茲有苗。」我們是否可以假設，《尚書》中的「蠢」都可以讀作「春」？

解決這一問題必須得考察〈大誥〉的思想內容以及討伐武庚叛亂的相關情況。〈大誥〉的背景是武庚叛亂，周公動員周人出兵征討叛亂而做的誥命。恰好這一事實被記錄在〈大保簋〉上，〈大保簋〉有「彔子聑叛亂」，彔子聑即爲王子祿父，或曰武庚、武庚祿父。（相關記載也可參看《清華大學藏戰國竹簡·系年》「武王陟，商邑興反，殺三監而立錄子聑。成王踐伐商邑，殺錄子聑，飛廉東逃于商蓋氏。」）

附〈大保簋〉銘文：

王伐彔子聑，𠭯（徂）厥反，王

降征令於大保，大保克
敬，亡譴，王侃，太保錫休
余（集）土，用茲彝对命。

《今本竹書紀年》記載了武庚叛亂以及被剿滅的有關事實：「秋（公元前1042年），王加元服。武庚以叛亂。二年，奄人、徐人及淮夷入于邶以叛。遂伐殷（〈尚書序〉：周公相成王，將黜殷，作〈大誥〉）。三年，王師滅殷，殺武庚祿父。」[154]

李學勤〈清華簡〈系年〉及有關古史問題〉（2011）：「銘文里的大保就是召公奭，但祿子⿰耳口是什麼人，學者意見不一。」[155]李先生還引日本學者白川靜的意見認為祿子⿰耳口便是紂子祿父，祿父是他的名，武庚是他的廟號。路懿菡〈「彔子聖」與「王子祿父」〉（2012）：「〈系年〉簡文的出現證實了大保簋銘文所載的正是成王征伐『祿父之亂』這一西周早期的重要史事，而『彔子聖』則是傳世文獻所失載的『王子祿父』、『武庚』的生稱。」[156]周公平定武庚叛亂期間，還征伐了響應武庚叛亂的東夷豐、奄等國，如〈塱方鼎〉：「惟周公于征伐東夷豐伯、蒲姑……戊辰，飲秦飲。」[157]總之，周公經過三年的鬥爭平定了這場叛亂，因周初只有春秋二時制（詳下文），按《竹書紀年》元年秋叛亂，二年秋伐殷，三年秋殺武庚，〈大誥〉中的「今蠢」就當是「今春」，因伐殷為秋季，誥文舉上一年事以茲說明。

于省吾先生經過考證認為，因為商代甲骨文中沒有用作冬季之冬的詞語，也沒有以冬與其他任何時間上的名詞作為彼此對貞的辭例，所以商代只有春秋二時制，宋鎮豪《夏商社會生活史》（1994）：「從甲骨文中有關季候的知識看，當人們是把一年分為春秋兩季，如辭云：叀今秋。于春。《粹》1151。」[158]宋氏還引常玉芝的統計結果，認為殷人的春季相當於殷曆的十月到三月，即夏曆法的二月到七月，秋季相當於殷曆的四月到九月，即夏曆的一月到八月（《殷商曆法研究》）。于氏也指出今文《尚書》中，除了東周以來的撰述外，並無冬夏之名，且通過早期詩篇推測，周初也僅有春秋二時。

---

[154] 王國維，《今本竹書紀年疏證》（杭州：浙江教育出版社、廣州：廣東教育出版社，2011，《王國維全集》第五卷），頁258-259。
[155] 李學勤，〈清華簡〈系年〉及有關古史問題〉，《文物》，第3期（2011）。
[156] 路懿菡，〈「彔子聖」與「王子祿父」〉，復旦大學出土文獻與古文字研究網站，（2012.5）。
[157] 尹盛平，《西周史征》（西安：陝西師範大學出版社，2004），頁87。
[158] 宋鎮豪，《夏商社會生活史》（北京：中國社會科學出版社，1994），頁134。

其次，再來說說「今翼日」，「今翼日」是表示時間的名詞。

于省吾《歲時起源初考》（1961）認為春、翌日都是表示時間的名詞。這種說法是正確的。裘錫圭〈談談地下材料在先秦秦漢古籍整理工作中的作用〉（1981）：「于先生還據甲骨卜辭讀〈大誥〉的『今蠢今翼日』為『今春今翌日』（〈歲時起源初考〉，《歷史研究》，第4期（1961）），這大概也是正確的。卜辭常用『今翼』為記時之詞。有一條卜辭說：『自今春至今翼，人方不大出』（《吉林大學所藏甲骨選釋》第3片，見《吉林大學社會科學學報》第4期（1963）），〈大誥〉的『今春今翼日』可能與『自今春至今翼』意近。『今翼（翌）』的確切含義尚待研究。」[159]

「翌」甲骨文中習見，常作「翌于某」，一為時間之名，一為祭祀之名。姚孝遂、肖丁《小屯南地甲骨考釋》（1985）「翌亦是表示未來之時間概念，翌與來的區別在於：翌是表示距今較短的，一般是一二日。來則更遠一些的未來。」[160]朱歧祥《殷墟甲骨文字通釋稿》（1989）：「翌又用為祭名，持羽而舞祭，與舞字持牛尾舞祭相類，或即春秋時獻羽而舞之佾，見《左傳·隱公五年》」。[161]

卜辭中「今翼（翌）」的辭例有如下幾條：

（1）丙辰卜，尹貞今日至于翌，丁巳雨。	《合集》24759
（2）辛未貞，今翌禦王。	《合集》33299
（3）戊子卜，子貞今翌啓因。	《合集》21579
（4）□□卜，王，今翌受禾。	《合集》20656
（5）貞：今翌受□□？	《合集》9615
（6）今日至翌日丙延啓。	《屯》2600
（7）己亥貞，今來翌受禾。	《屯》2106
（8）癸未卜，今翌受□？	《屯》214

《小屯南地甲骨考釋》（1985）對「今翌」有了如下解釋：「今翌顯然是表示時間概念……就干支日來說，當日成今，次日以後的十日之內稱翌。『今來翌受禾』難以理解。」

丁驌〈今來翌之疑〉（1994）：「即使說今指本旬，翌指旬內各日，來是旬

---

159 裘錫圭，〈談談地下材料在先秦秦漢古籍整理工作中的作用〉，《古代文史研究新探》（南京：江蘇古籍出版社，1992），頁53。又收入《裘錫圭學術文集·語言文字與古文獻卷》（上海：復旦大學出版社，2012），頁383。

160 姚孝遂、肖丁，《小屯南地甲骨考釋》（北京：中華書局，1985），頁141。

161 朱歧祥，《殷墟甲骨文字通釋稿》（臺北：臺灣文史哲出版社，1989），頁247。

外之日，也應說今翌來，除非『翌』是一個專名，為人為地點。或者當時契寫的人寫了偽字。既然只此一見，不如存疑。」[162]

常玉芝《殷商曆法研究》(1998)：「『翌』主要用來指九天以內（指七天的只有賓組一例，算例外）的日期，尤以指五天以內的居多，特別是指第二天的最多；只有少數幾條指十天以上的：但不見一條指第十日的，可見殷人多數時候是以『旬』指稱第十日的……『來』所指的日期多數是四日至二十四日，每天都有，出現的次數差別不大。」[163]

王娟〈甲骨文時間範疇研究〉(2004)：「『今翌』表示不久的將來，『今翌啓』指將來的一天天晴了，『今翌受禾』表示下一年收穫莊稼，『今來翌受禾』只出現了一次，意為不久的將來收穫莊稼。」[164]

苗利娟〈略論甲骨卜辭中「翌」與「來」的時間差異〉(2012)：「『翌』主要指旬內日辰（2-9 日），特別是次日、再次日的數量已占到 83.3%」。[165]

「翌」所指日數及組類表

辞数 日数 / 組类	1占日	2	3	4	5	6	7	8	9	10	11	12	21	22	33	34	42	57	61	总计
自组	—	12	6	1	1				1											21
宾组	—	256	66	36	25	12	2	8	7			1	1		1	1			1	417
历组	—	11	6	1	3				1											22
子组	—	2		2			1													5
午组	—	1		1															1	3
无名组	—	39	33						1								1			74
出组	—	181	20	7	2	2		3	1	1								1		218
何组	—	20	5		1									1						27
黄组	—	4	2			3					1									10
总计	—	526	138	48	32	17	3	11	11	1	1	1	1	1	1	1	1	1	2	797

苗氏進一步指出：「卜問『今翌』即未來能否有好的收成。眾所周知，甲骨占卜結果只能用是或否來回答，而不能給出類似選擇性的回答。所以諸辭中的今翌必定是一定特定的時間概念，與今來的用法相同，表示的是自今至將來『翌』或『來』的時間段。」除了指出「今翌」的含義，苗氏還對原拓片

162 丁驌，〈今來翌之疑〉，《殷都學刊》，第 2 期（1994）。

163 常玉芝，《殷商曆法研究》，（長春：吉林文史出版社，1998），頁 239-247；頁 424-425。

164 王娟，〈甲骨文時間範疇研究〉，重慶：西南師範大學，未刊本碩士學位論文，2004，頁 13-14。

165 苗利娟，〈略論甲骨卜辭中「翌」與「來」的時間差異〉，《中國語文》，第 3 期（2012）。

進行了審讀，這是我們值得思考的，她認為，《屯》2106 的字形與其他不同，為地名無疑：

《屯》2290《合集》541《合集》3770《花》335《合集》22669《屯》136《屯》2106

金文中的「翌」常作如下諸形：[166]

《集成》5413　《集成》5414　《集成》9105

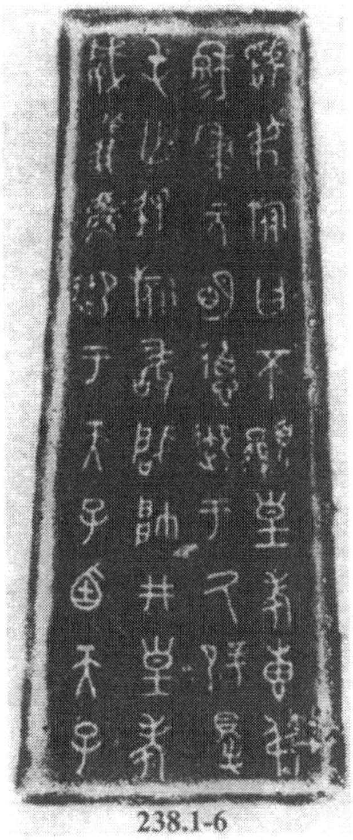

238.1-6

顯而易見，甲骨、金文中的「翌」似羽毛之形，甲骨文「羽」字像翼部羽毛，「蓋鳥毛主要長在翼部上，因而甲骨文此字可有羽、翼而讀。甲骨文都假借為『昱日（翊日、翼日）』，但字形相當于後世的『羽』字。」[167]《小屯南地甲骨》2106 很可能是一個新字，苗氏的說法很有道理。

綜上，「今春今翼日」可讀為「今春今翌日」，是表示時間範疇的名詞。

四、今文《尚書‧康誥》異文校釋

克明德慎罰

《左傳‧成公二年》引作「《周書》曰：明德罰慎，文王所以造周也。」省「克」字。「明」，甲骨字形作「」、「」、「」、「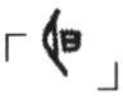」等，金文字形作「」、「」、「」、「」等。「明」在卜辭中的用例有「貞乎雷耤於明」（《合集》14）、「貞丁未疾目不喪明」（《合集》21037）；在金文中的用例有「穆穆秉元明

166 董蓮池，《新金文編》（北京：作家出版社，2011），頁 1564。

167 季旭昇，《說文新證》（福州：福建人民出版社，2010），頁 285。

德」(《虢叔旅鐘》)、「天子明德，孝於神」(《大克鼎》)、「經雍明德」(《晉姜鼎》)等，可見「明」字在上古時期出現頻率較高，「明」可以表示「地名」還可以表示「明亮」，引申出來還有「美好」的意思。

《說文・明部》:「朙，照也。從月，從囧。明，古文朙從日。」《說文系傳》:「明，昭也。」《說文解字注》:「照，明也；昭，明也。明明猶昭昭也。」由《說文》可知，明有「照耀」、「光明」之義，董作賓《殷曆譜》:「明取義於夜間，室內黑暗。惟有窗前月光射入，以會明意。」《廣韻・更韻》:「明，光也。」《新書・道德說》:「光輝謂之明。」「明」還有引申義「顯著」的意思，如《詩・周頌・訪落》:「以保明其身。」朱熹集傳「明，顯也。」《禮記・孔子閒居》:「清明在躬」孔穎達疏「明，謂顯著。」《莊子・天地》:「顯則明」成玄英疏「明，彰也。」

「明」字在《周易》中頻頻出現，除了上述含義外，還有一種神秘的色彩，即「升天能力」。上古時期人們對自然現象還不能清楚的解釋，對一些自然現象本能地認為是上天的某些暗示，如《周易・晉卦》:「明出地上，晉。君子以自昭明德。」「明德」在此即為「一種人們理想的通天之德、受人尊崇之德和天所佑之德。」此外，古人還將祭祀的禮器稱之為「明器」，杜預《春秋左集解》「明器，謂明德之分器」亦可證明「明」有通達上天之意。[168]

「德」，甲骨文字形作「」、「」、「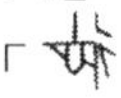」、「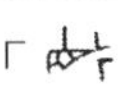」等，金文字形作「」、「」、「」、「」等，「德」在甲骨文中的用例有「王徝出」(《合集》7241)、「王彳直土方」(《合集》559)等；在金文中的用例有「穆穆秉德」(《井人女鍾》)、「惠於政德」(《王孫遺者鍾》)、「德作尊彝」(《德作尊彝殷》)等。

《說文・心部》「悳，外德於人，內德於己也，从直从心。」《說文解字注・心部》:「俗字假德為之，德者升也。內德於己謂身心所自得也，外得于人謂惠澤使人得之也。」徐同柏《從古堂款識學》:「德古作悳」吳大澂《說文古籀補》:「从彳从㐁从心」《廣韻・德韻》:「德，德行，悳，古文。」郭沫若在《青銅時代・先秦天道觀之進展》中認為:「在卜辭和殷人的彝銘中沒有德字，而在周代的彝銘中如成王時的班簋和康王時的大盂鼎都明白地有德字表現著。」[169]劉興隆《新編甲骨文字典》也認為卜辭中沒有德字。實際上，在甲骨文中是有「德」

---

[168] 郭靜雲，〈神明考〉(北京：商務印書館，2007)，頁 427。

[169] 郭沫若，《青銅時代・先秦天道觀之進展》(北京：人民出版社，1982，《郭沫若全集》歷史編 1)，頁 367。

字的，徐中舒《甲骨文字典》:「『徝』是德的初文，此字从彳从直。釋義為循行察視。」羅振玉《增訂殷墟書契考釋》:「德字卜辭皆借為得失字。」上古時期「明德」中的「德」還是指上天賦予人類良好的美德，如《尚書》中的「九德」:寬而栗、柔而立、願而恭、亂而敬、擾而毅、直而溫、簡而廉、剛而塞、強而義等。

(一)出土文獻中的「明德」思想

在《殷周金文集成》中，「明德」一詞共出現了二十幾次。我們按時間順序把這些用例分為四類：

1.西周中期:	「秉明德」《𤼈鍾》	《集成》247
	「秉明德」《𤼈鍾》等	《集成》248
2.西周晚期:	「秉明德」《刅其鐘》	《集成》187
	「穆穆秉元明德」《虢叔旅鐘》	《集成》238
	「恭明德」《叔向父禹𣪘》等	《集成》4242
3.春秋早期:	「翼受明德」《秦公鐘》	《集成》262
	「經雍明德」《晉薑鼎》等	《集成》2826
4.戰國晚期:	「以明其德」《中山王譻鼎》等	《集成》2840

在金文中，「明德」是很常見的詞彙，其語句大多是「秉明德」、「秉元明德」、「恭明德」等，意思是表達子孫歆享祖先在天之靈，可見語句中含有一種對上天崇敬。「上古時代宗教思想以為天是有意志的，是世界的最高主宰。」[170]

在西周中晚期的銅器銘文中依然保留著原始敬天思想，沒有儒家思想的介入，是一種原始的狀態。試比較出土簡帛中的「明德」思想，或許我們可以看到一些細微的變化。

1.〈郭店簡・尊德義〉:「亡(明)德者，且末大乎禮樂。」亡、明為明母雙聲，陽部疊韻。「明德」指「尊崇德行」。[171]

2.〈上博簡・孔子詩論〉:「懷爾明德。曷?誠謂之也。有命自天，命自文王，誠命之也，信矣。」[172]

---

170 張岱年，《中國古典哲學概念範疇要論》(石家莊：河北人民出版社，1999，《張岱年全集》(第四卷))，頁475。

171 陳偉，〈郭店簡書・尊德義校釋〉，《中國哲學史》，第3期(2001)。

172 李銳，〈上海簡「懷爾明德」探析〉，《中國哲學史》，第3期(2001)。

3.〈清華簡・祭公之顧命〉:「惟時皇上帝度其心，卿享其明德」、「求先王之恭明德」。[173]

顯而易見，在出土竹簡中我們看到了很多儒家的思想，如禮樂觀、性命觀等，「雖然到了春秋戰國時期，學者對於古代文獻中的『德』或『明德』專從儒家倫理的角度來探討，但理論化的明德並未失去其能通天的意涵。儒者在禮制觀念下標舉『孝』和『禮』的觀念，亦在強調修明德以保障天人上下之交通。」由此可知，春秋戰國時期人們的思想觀念雖有儒學的成分，歸根結底還是原始的「敬天觀念」，人們還是以一種敬畏的心理面對自然萬物。

《禮記・大學》的開篇就有「大學之道，在明明德，在親民，在止於至善。」宋人朱熹《四書章句集注》:「明德者，人之所得乎天，而虛靈不昧，以具眾理而應萬事者也。但為氣稟所拘，人欲所蔽，則有時而昏；然其本體之明，則有未嘗息者。故學者當因其所發而遂明之，以複其初也。」朱熹強調「德」是上天賦予人的內在力量，它包括了萬事萬物的內在規律。《十三經注疏・禮記注疏》:「明明德，謂顯明其至德」並未說明「至德」的含義。明人朱元弼《禮記通注・大學》:「明德，即天明命性也。明明德，蓋性也。」明人高拱《大學直講》:「明德是天所與我的仁義禮智之性。本自虛靈不昧，但為氣稟所拘，物欲所蔽，則有時而昏。人須下克己的工夫，務要衝開氣稟之拘，去了物欲之蔽，使自家的明德依舊還明瞭。」清人楊亶驊《古本大學輯解・古本大學解》:「德者，人之於天之理。見於事，為事理。天理在我，而事物之理，昭融不昧，故『德』謂之『明』。明明德者，去其蔽之謂也。」以上各家注釋的核心都肯定了彰顯美德是人的本性。

綜上，無論是金文還是歷代注疏都肯定了「明德」的本義是順應人性，進一步說就是人類與生俱來的真善美的本性，而「明明德」則是把人類固有的美德彰顯出來。

（二）傳世文獻中的「明德」思想

1、儒家的明德思想

（1)、《詩經》中出現了兩次「明德」。

①帝遷明德。　　　　　《詩經・大雅・皇矣》

②予懷明德。　　　　　《詩經・大雅・皇矣》

---

173 李學勤主編,《清華大學藏戰國竹簡（壹)》(上海：中西書局，2010)，頁 173—178。

以上用例表示「德才兼備之人」(朱熹集傳:「明德,謂明德之君,即太王也。」)

此外《詩經》中還有「克明其德」、「敬明其德」(《詩經・泮水》),均表示「彰顯美德」。[174]

(2)、《尚書》中出現了八次「明德」。

③保受王威命明德。　〈召誥〉

④嗣前人恭明德。　〈君奭〉

以上用例表示「美德,光輝品德」。

⑤克明德慎罰。　〈康誥〉

⑥先王既勤用明德。　〈梓材〉

⑦亦既用明德。　〈梓材〉

⑧罔不明德恤祀。　〈多士〉

⑨罔不明德慎罰。　〈多方〉

⑩克慎明德。　〈文侯之命〉

以上用例表示「勉力于德政、德教」。

此外,《尚書》中還有「克明俊德」(〈堯典〉)、「罔不秉德明恤」(〈君奭〉)、「德明惟明」(〈呂刑〉)、「惟公德明光於上下」(〈洛誥〉)等句,分析句義,含義也都是「彰顯光輝的品德」。[175]

(3)、《禮記》中出現了八次「明德」。

⑪道者,所以明德也。　《大戴禮記・主言》

⑫非道邇也,及其明德也。　《大戴禮記・主言》

⑬桀不率先王之明德。　《大戴禮記・少閑》

⑭發厥明德。　《大戴禮記・少閑》

⑮紂不率先王之明德。　《大戴禮記・少閑》

⑯大學之道,在明明德,在親民,在止於至善。

《禮記・大學》

⑰古之欲明明德於天下者,先治其國。《禮記・大學》

⑱《詩》曰「予懷明德,不大聲以色。」《禮記・中庸》

以上均表示「光明的德性」。其中「德是一個人內得於己,外得於人所表

---

174 董治安主編,《詩經詞典》(濟南:山東教育出版社,1989)。

175 周民,《尚書詞典》(成都:四川人民出版社,1993)。

現的性情。」[176]

（4）、《周易》中只出現了一次「明德」。

⑲君子以自昭明德。　《周易・晉卦》

表示「光明之德」或「光輝的道德」[177]

（5）、《左傳》中出現了十七次「明德」。

⑳敢不承受君之明德。　《左傳・隱公八年》

㉑若晉取虞而明德以薦馨香，神其吐之乎？　《左傳・僖公五年》

㉒先王之明德，猶無不難也。　《左傳・僖公二十二年》

㉓言非其地也，且明德也。　《左傳・僖公二十八年》

㉔傲很明德，以亂天常。　《左傳・文公十八年》

㉕天祚明德，有所厎止。　《左傳・宣公三年》

㉖士伯庸中行伯，君信之，亦庸士伯，此之謂明德矣。

《左傳・宣公十五年》

㉗《周書》曰：明德慎罰。明德，務崇之之謂也；慎罰，務去之之謂也。

《左傳・成公二年》

㉘《周書》曰：不敢侮鰥寡。所以明德也。　《左傳・成公八年》

㉙昭明德而懲無禮也。　《左傳・襄公十九年》

㉚恕思以明德，則令名載而行之，是以遠至邇安。《左傳・襄公二十四年》

㉛晉君宣其明德于諸侯。　《左傳・襄公二十六年》

㉜美哉禹功，明德遠矣！　《左傳・昭西元年》

㉝聖人有明德者，若不當世，其後必有達人。　《左傳・昭公七年》

㉞舜重之以明德，置德於遂，遂世守之。　《左傳・昭公八年》

㉟選建明德，以蕃屏周。　《左傳・定公四年》

㊱以昭周公之明德。　《左傳・定公四年》

以上均表示「光明之德」。

（6）、《荀子》中出現了兩次「明德」。

㊲書曰：克明明德。　《荀子・正論》

㊳明德慎罰，國家既治四海平。　《荀子・成相》

---

176 高明，《大戴禮記今譯今注》（臺北：商務印書館，1981）。

177 高亨，《周易大傳今注》（北京：清華大學出版社，2010），頁238。又黃壽祺、張善文，《周易譯注》（上海：上海古籍出版社，2001），頁288。

以上表示「勉力于德政、德教」。

（7）、《逸周書》中出現了七次「明德」。

㊴慎德必躬恕，恕以明德，德當天而慎下。　《逸周書・程典解》

㊵五明德攝官。　《逸周書・酆保解》

㊶和無再失，維明德無佚。　《逸周書・大開武解》

㊷八溫直，是謂明德。　《逸周書・保典解》

㊸明德所則，政教所行。　《逸周書・本典解》

㊹明德以師之，則民讓。　《逸周書・本典解》

㊺度其心，置之明德。　《逸周書・祭公解》

以上表示「光明之德」。

儒家學派中的明德思想含有很強的儒學特色，即在傳統的禮制觀念下標舉「孝」、「仁」、「禮」的觀念。「是故明於明德之義，明明德之功有所措，尊德性而道問學，道並進而功不偏，物愈格而善益明，業日修而德日著，自身修、家齊，而天下平矣。」[178]「以仁為體，以義為用，仁義合一，申之則可以經綸國家之大業，收之則退藏於密。」[179]修身、齊家、治國、平天下或許就是儒家「明德」思想的最好詮釋。

2、其他學派的明德思想

（1）、《國語》中出現了七次「明德」。

㊻而為之昭明德而廢幽昏焉。　《國語・楚語上》

㊼教之《語》，使明其德，而知先王之務用明德於民也。《國語・楚語上》

㊽叔父其懋昭明德。　《國語・周語中》

㊾膺保明德，以佐王室。　《國語・周語下》

㊿明德以昭之。　《國語・楚語下》

以上表示「光明之德」。

(51)神是以能有明德，民神異業。　《國語・楚語下》

以上表示「謂降福祥，不為災孽。」

(52)利器明德，以厚民性。　《國語・晉語》

---

[178] 王志淵，〈「明德」釋〉，《心遠週刊》，第 4 期（1922）。

[179] 徐照，〈釋明明德〉，《黃埔》，第 11-12 期（1939）。

以上表示「明德教。」

（2）、《戰國策》中只出現了一次「明德」。

53故明德在於論賤，行政在於信貴。　　　《戰國策・趙策》

以上表示「彰明德行」。

（3）、《竹書紀年》中只出現了一次「明德」。

54三年之後，遠方慕明德。　　　《今本竹書紀年》[180]

《莊子》、《墨子》、《老子》、《韓非子》、《呂氏春秋》、《管子》、《論語》、《孟子》等典籍均未提及「明德」二字。

綜上可知，「明德」在先秦時期可分四個義項（1）光明之德；（2）德才兼備之人；（3）勉力于德政、以德教人；（4）彰顯美德。其中「光明之德」為其原始義。

越小臣諸節

「諸」，內野本、足利本、上圖影天正本皆作「□」，《舜典》「將使嗣位歷試諸難作舜典」，敦煌本作「□」，《經典釋文》「諸」字下云：「本又作□，古諸字。」《禹貢》「三百里諸侯」，敦煌本作「□」。《秦簡牘文字彙編》作「□」（《嶽麓秦簡》1252・30）或「□」（《龍崗秦簡》103・1）。[181]

「諸」，《汗簡》卷四作「□」，黃錫全《汗簡註釋》：「三體石經『諸』字古文作□，古寫本《尚書》作□、□等，乃其隸變形。石經假『者』為『諸』，形由□（喬君鉦）、□（中山王鼎）、□（仲都戈都旁）等形譌變，所从之□乃由□變，彡當是□形周圍筆劃演變，與《說文》旅字古文□形近而字實別（參見古研1・116）。鄭珍誤以為左从古文旅，右从古言。」[182]《古文四聲韻》作「□（古孝經）、□（古尚書）、隸定為□□□□諸形。」徐在國《隸定古文疏證》：

「1、□□□：並《三石・僖公》34上諸字古文□形之譌變。《汗簡》4・48下引尚書字作□，當源於郭店簡□、□、□（者，《郭編》66頁）等形。□□□均是者字，此假者為諸。2、□：古璽都字所从之者或作□（《古璽文編》144頁『都』），□即上引三形之譌變，此假者為諸。3、□□：此二字乃□□

180 王國維，〈今本竹書紀年疏證〉、方詩銘、王修齡，《古本竹書紀年輯證》附錄（上海：上海古籍出版社，1981），頁220。

181 方勇，〈秦簡牘文字彙編〉，長春：吉林大學，未刊本博士學位論文，2010，頁48。

182 黃錫全，《汗簡註釋》（武漢：武漢大學出版社，1990），頁322。

等形的進一步譌變，亦假者為諸。」[183]

「諸節」注疏家都釋為小臣持有符節，《史記·周本紀》:「乃告司馬、司徒、司空、諸節。」(《集解》馬融曰:「諸受符節有司也」)。陸德明《經典釋文》引馬融注《太誓》:「諸受符節有司也。」江聲《尚書集注音疏》:「小臣傳命於外或受節以出。」孫星衍《尚書今古文注疏》:「小臣之受節治民者。」楊筠如《尚書覈詁》:「節，古文作，夷，古文作，兩形相似。『諸節』即『諸夷』也。逸〈大誓〉『乃告司徒、司馬、司空諸節』，〈牧誓〉亦云司徒、司馬、司空，而未有庸蜀羌諸夷，是諸節與諸夷相當。」這種說法顧頡剛、劉起釪的《尚書校釋譯論》是不贊成的。[184]周秉鈞《尚書易解》認為諸節是諸掌符節之官。

綜上，大致有兩種意見，一是主張「諸節」是小臣的符節；一是主張「諸節」與外庶子、訓人、小臣等一樣是官名。

〈康誥〉「矧惟外庶子、訓人，惟厥正人越小臣諸節」一句中，「外庶子」、「訓人」、「小臣」、「諸節」都應為官名。孫星衍《尚書今古文注疏》:「《燕義》云:『古者周天子之官，有庶子官。庶子官職諸侯、卿、大夫、士之庶子之卒，掌其戒令，與其教治。』鄭氏注《周禮·敘官》云:『諸子，主公、卿、大夫、士之子者，或曰庶子』是也。訓人，師長。若《天官·太宰》注云:師，諸侯師氏。」[185]李民、王健《尚書譯注》認為，外庶子、訓人都是古代長官教化的官員。外庶子專名負責貴族子弟的教育。

甲骨、金文中屢次出現「小臣」，通過考證認為「小臣」是一種職官或者是地位較高的奴隸，[186]《周禮·夏官司馬·小臣》「小臣掌王之小命，詔相王之小法儀。掌三公及孤卿之複逆，正王之燕服位。王之燕出入，則前驅。大祭祀、朝覲，沃王盥。小祭祀、賓客、饗食、賓射掌事，如大仆之法。掌士大夫之吊勞。致禮同名為吊。凡大事，佐大仆。」正人，某項官職之長(《釋詁》:正，長也)。「諸節」,《太誓》馬注:「諸節，諸受符節有司也。」

由此可見，上述幾種官職除「正人」外都是與教化類相關的，另外，通過閱讀文獻發現，《周禮》中也有「諸子」一官，值得注意。《周禮·夏官》:「諸

183 徐在國，《隸定古文疏證》(合肥:安徽大學出版社，2002)，頁 54。
184 顧頡剛、劉起釪，《尚書校釋譯論》(北京:中華書局，2005)，頁 1343。
185 清·孫星衍，《尚書今古文注疏》(北京:中華書局，2004)，頁 368。
186 周言，〈釋「小臣」〉,《華夏考古》，第 3 期(2000);汪寧生，〈「小臣」之稱謂由來及身份〉,《華夏考古》，第 1 期(2002)。

子：掌國子之倅，章丘戒令與其教治，辨其等，正其位。國有大事，則帥國子而致於大子，惟所用之。若有兵甲之事，則授之車甲，合其卒伍，置其有司，以軍法治之。司馬弗正。凡國正，弗及。大祭祀，正六牲之體。凡樂事，正舞位，授舞器。大喪，正群子之服位。會同、賓客，作群子從。凡國之政事，國子存遊倅，使之修德學道；春合諸學，秋合諸射，以考其藝而進退之。」

〈康誥〉中「諸節」當與官職「諸子」相類，同是掌握教化的官職。王煥鑣〈《墨子》校釋商兌〉「先庶國節窺戎」引洪頤煊云：「庶節即諸節」。庶、諸為同源字，都有「眾多」的意思，見《同源字典再補》。

肆、今文《尚書・周書》文字定本

一、〈牧誓〉

時甲子昧爽，王朝至于商郊牧野，乃誓。王左杖黃鉞，右秉白旄以麾，曰：「逖矣，西土之人！」王曰：「嗟！我友邦冢君御事，司徒、司馬、司空，亞旅、師氏，千夫長、百夫長，及庸，蜀、羌、髳、微、盧、彭、濮人。稱爾戈，比爾干，立爾矛，予其誓。」

王曰：「古人有言曰：『牝雞無晨；牝雞之晨，惟家之索。』今商王受惟婦言是用，昏棄厥肆祀弗答，昏棄厥遺王父母弟不迪，乃惟四方之多罪逋逃，是崇是長，是信是使，是以為大夫卿士。俾暴虐于百姓，以姦宄于商邑。今予發惟恭行天之罰。今日之事，不愆于六步、七步，乃止齊焉。勖哉夫子！不愆于四伐、五伐、六伐、七伐，乃止齊焉。勖哉夫子！尚桓桓如虎、如貔、如熊、如羆，于商郊弗迓克奔，以役西土，勖哉夫子！」「爾所弗勖，其于爾躬有戮！」

二、〈洪範〉

惟十有三祀，王訪于箕子。王乃言曰：「嗚呼！箕子。惟天陰騭下民，相協厥居，我不知其彝倫攸敘。」箕子乃言曰：「我聞在昔，鯀陻洪水，汩陳其五行。帝乃震怒，不畀『洪範』九疇，彝倫攸斁。鯀則殛死，禹乃嗣興，天乃錫禹『洪範』九疇，彝倫攸敘。」

初一曰五行，次二曰敬用五事，次三曰農用八政，次四曰協用五紀，次五曰建用皇極，次六曰乂用三德，次七曰明用稽疑，次八曰念用庶徵，次九曰嚮用五福，威用六極。

一、五行：一曰水，二曰火，三曰木，四曰金，五曰土。水曰潤下，火曰炎上，木曰曲直，金曰從革，土爰稼穡。潤下作鹹，炎上作苦，曲直作酸，從革作辛，稼穡作甘。

二、五事：一曰貌，二曰言，三曰視，四曰聽，五曰思。貌曰恭，言曰從，視曰明，聽曰聰，思曰睿。恭作肅，從作乂，明作哲，聰作謀，睿作聖。

三、八政：一曰食，二曰貨，三曰祀，四曰司空，五曰司徒，六曰司寇，七曰賓，八曰師。

四、五祀：一曰歲，二曰月，三曰日，四曰星辰，五曰曆數。

五、皇極：皇建其有極。斂時五福，用敷錫厥庶民。惟時厥庶民于汝極。錫汝保極：凡厥庶民，無有淫朋，人無有比德，惟皇作極。凡厥庶民，有猷有為有守，汝則念之。不協于極，不罹于咎，皇則受之。而康而色，曰：『予攸好德。』汝則錫之福。時人斯其惟皇之極。無虐煢獨而畏高明，人之有能有為，使羞其行，而邦其昌。凡厥正人，既富方穀，汝弗能使有好于而家，時人斯其辜。于其無好德，汝雖錫之福，其作汝用咎。無偏無陂，遵王之義；無有作好，遵王之道；無有作惡，遵王之路。無偏無黨，王道蕩蕩；無黨無偏，王道平平；無反無側，王道正直。會其有極，歸其有極。曰：皇極之敷言，是彝是訓，于帝其訓，凡厥庶民極之敷言，是訓是行，以近天子之光。曰：天子作民父母，以為天下王。

六、三德：一曰正直，二曰剛克，三曰柔克。平康，正直；彊弗友，剛克；燮友，柔克。沈潛，剛克；高明，柔克。惟辟作福，惟辟作威，惟辟玉食。臣無有作福、作威、玉食。臣之有作福、作威、玉食，其害于而家，凶于而國。人用側頗僻，民用僭忒。

七、稽疑：擇建立卜筮人，乃命卜筮。曰雨，曰霽，曰蒙，曰驛，曰克，曰貞，曰悔，凡七。卜五，佔用二，衍忒。立時人作卜筮，三人占，則從二人之言。汝則有大疑，謀及乃心，謀及卿士，謀及庶人，謀及卜筮。汝則從，龜從，筮從，卿士從，庶民從，是之謂大同。身其康彊，子孫其逢，吉。汝則從，龜從，筮從，卿士逆，庶民逆，吉。卿士從，龜從，筮從，汝則逆，庶民逆，吉。庶民從，龜從，筮從，汝則逆，卿士逆，吉。汝則從，龜從，筮逆，卿士逆，庶民逆，作內吉，作外凶。龜筮共違于人，用靜吉，用作凶。

八、庶徵：曰雨，曰暘，曰燠，曰寒，曰風。曰時五者來備，各以其敘，庶草蕃廡。一極備，凶；一極無，凶。曰休徵；曰肅、時寒（雨）若；曰乂，時暘若；曰晢（晣），時燠若；曰謀，時寒若；曰聖，時風若。曰咎徵：曰狂，恒雨若；曰僭，恒暘若；曰豫，恒燠若；曰急，恒寒若；曰蒙，恒風若。曰王省惟歲，卿士惟月，師尹惟日。歲月日時無易，百穀用成，乂用民，俊民用章，家用平康。日月歲時既易，百穀用不成，乂用昏不明，俊民用微，家用不寧。

庶民惟星，星有好風，星有好雨。日月之行，則有冬有夏。月之從星，則以風雨。

九、五福：一曰壽，二曰富，三曰康寧，四曰攸好德，五曰考終命。六極：一曰凶、短、折，二曰疾，三曰憂，四曰貧，五曰惡，六曰弱。

三、〈金縢〉

既克商二年，王有疾，弗豫。二公曰：「我其為王穆卜。」

周公曰：「未可以戚我先王？」公乃自以為功，為三壇同墠。為壇於南方，北面，周公立焉。植璧秉珪，乃告太王、王季、文王。

史乃冊，祝曰：「惟爾元孫某，遘厲虐疾。若爾三王是有丕子之責于天，以旦代某之身。予仁若考，能多材多藝，能事鬼神。乃元孫不若旦多材多藝，不能事鬼神。乃命于帝庭，敷佑四方，用能定爾子孫于下地。四方之民罔不祗畏。嗚呼！無墜天之降寶命，我先王亦永有依歸。今我即命于元龜，爾之許我，我其以璧与珪歸俟爾命；爾不許我，我乃屏璧與珪。」

乃卜三龜，一習吉。啟籥見書，乃並是吉。公曰：「體！王其罔害。予小子新命于三王，惟永終是圖；茲道俟，能念予一人。」

公歸，乃納冊于金縢之匱中。王翌日乃瘳。

武王既喪，管叔及其群弟乃流言於國，曰：「公將不利於孺子。」周公乃告二公曰：「我之弗辟，我無以告我先王。」周公居東三年，則罪人斯得。于後，公乃為詩以貽王，名之曰《鴟鴞》。王亦未敢誚公。

秋，大熟，未獲，天大雷電以風，禾盡偃，大木斯拔，邦人大恐。王與大夫盡弁以啟金縢之書，乃得周公所自以為功代武王之說。二公及王乃問諸史與百執事。對曰：「信。噫！公命我勿敢言。」

王執書以泣，曰：「其勿穆卜！昔公勤勞王家，惟予沖人弗及知。今天動威以彰周公之德，惟朕小子其新逆，我邦家禮亦宜之。」王出郊，天乃雨，反風，禾則盡起。二公命邦人凡大木所偃，盡起而築之。歲則大熟。

四、〈大誥〉

王若曰：「猷大誥爾多邦，越爾御事，弗弔，天降割于我家，不少延。洪惟我幼沖人，嗣無疆大歷服。弗造哲，迪民康，矧曰其有能格知天命！已！予惟小子，若涉淵水，予惟往求朕攸濟。敷賁敷前人受命，茲不忘大功。予不敢閉于天降威，用甯王遺我大寶龜，紹天明。即命曰：『有大艱于西土，西土人亦不靜，越茲蠢。殷小腆誕敢紀其敘。天降威，知我國有疵，民不康，曰：予復！反鄙我周邦。今蠢，今翼日。民獻有十夫，予翼以于敉甯、武圖功。我有大事，休？』朕卜並吉。」

「肆予告我友邦君，越尹氏、庶士、御事、曰：『予得吉卜，予惟以爾庶邦，于伐殷逋播臣。』爾庶邦君越庶士、御事罔不反曰：『艱大，民不靜，亦惟在王宮邦君室。越予小子，考翼不可征，王害不違卜？』」

「肆予沖人永思艱，曰：嗚呼！允蠢，鰥寡哀哉！予造天役，遺大投艱于朕身，越予沖人，不卬自恤。義爾邦君，越爾多士、尹氏、御事綏予曰：『無毖于恤，不可不成乃寧考圖功！』」

「已！予惟小子，不敢僭上帝命。天休于寧（文）王，興我小邦周，寧（文）王惟卜用，克綏受茲命。今天其相民，矧亦惟卜用。嗚呼！天明畏，弼我丕丕基！」

王曰：「爾惟舊人，爾丕克遠省，爾知文王若勤哉！天閟毖我成功所，予不敢不極卒文王圖事。肆予大化誘我友邦君，天棐忱辭，其考我民，予曷其不于前寧人圖功攸終？天亦惟用勤毖我民，若有疾，予曷敢不于前文人攸受休畢！」

王曰：「若昔朕其逝，朕言艱日思。若考作室，既厎法，厥子乃弗肯堂，矧肯構？厥父菑，厥子乃弗肯播，矧肯穫（獲）？厥考翼其肯曰：予有後，弗棄基？肆予曷敢不越卬敉文王大命？若兄考，乃有友伐厥子，民養其勸弗救？」

王曰：「嗚呼！肆哉。爾庶邦君，越爾御事。爽邦由哲，亦惟十人迪知上帝命，越天棐忱，爾時罔敢易法，矧今天降戾于周邦？惟大艱人，誕鄰胥伐于厥室，爾亦不知天命不易？予永念曰：天惟喪殷，若穡夫，予曷敢不終朕畝？天亦惟休于前寧人，予曷其極卜？敢弗于從率文人有指疆土？矧今卜並吉？肆朕誕以爾東征。天命不僭，卜陳惟若茲。」

五、〈康誥〉

惟三月哉生魄，周公初基作新大邑于東國洛，四方民大和會。侯、甸、男邦、采、衛、百工播民和，見士于周。周公咸勤，乃洪大誥治。

王若曰：「孟侯，朕其弟，小子封。惟乃丕顯考文王，克明德慎罰；不敢侮鰥寡，庸庸，祗祗，威威，顯民，用肇造我區夏，越我一、二邦，以修我西土。惟時怙冒，聞于上帝，帝休，天乃大命文王。殪戎殷，誕受厥命，越厥邦厥民，惟時敘，乃寡兄勖。肆汝小子封，在茲東土。」

王曰：「嗚呼！封，汝念哉！今民將在祗遹乃文考，紹聞衣德言。往敷求于殷先哲王用保乂民，汝丕遠惟商者成人，宅心知訓。別求聞由古先哲王，用康保民。弘于天，若德裕乃身，不廢在王命！」

王曰：「嗚呼！小子封，恫瘝乃身，敬哉！天畏棐忱；民情大可見，小人難保。往盡乃心，無康好逸豫，乃其乂民。我聞曰：『怨不在大，亦不在小；惠不惠，懋不懋。』已！汝惟小子，乃服惟弘王應保殷民，亦惟助王宅天命，作新民。」

王曰：「嗚呼！封，敬明乃罰。人有小罪，非眚，乃惟終自作不典；式爾，有厥罪小，乃不可不殺。乃有大罪，非終，乃惟眚災：適爾，既道極厥辜，時乃不可殺。」

王曰：「嗚呼！封，有敘時，乃大明服，惟民其勑懋和。若有疾，惟民其畢棄咎。若保赤子，惟民其康乂。

「非汝封刑人殺人，無或刑人殺人。非汝封又曰劓刵人，無或劓刵人。」

王曰：「外事，汝陳時臬司，師茲殷罰有倫。」又曰：「要囚，服念五、六日至于旬時，丕蔽要囚。」

王曰：「汝陳時臬，事罰。蔽殷彝，用其義刑義殺，勿庸以次汝封。乃汝盡遜曰時敘，惟曰未有遜事。已！汝惟小子，未其有若汝封之心。朕心朕德，惟乃知。」

「凡民自得罪：寇攘姦宄，殺越人于貨，暋不畏死，罔弗憝。」

王曰：「封，元惡大憝，矧惟不孝不友。子弗祗服厥父事，大傷厥考心；于父不能字厥子，乃疾厥子。于弟弗念天顯，乃弗克恭厥兄；兄亦不念鞠子哀，大不友于弟。惟弔茲，不于我政人得罪，天惟與我民彝大泯亂，曰：乃其速由文王作罰，刑茲無赦。」不率大戛，矧惟外庶子、訓人，惟厥正人，越小臣、諸節。乃別播敷，造民大譽，弗念弗庸，瘝厥君時，乃引惡惟朕憝。已！汝乃其速由茲義率殺。

「亦惟君惟長，不能厥家人，越厥小臣、外正；惟威惟虐，大放王命；乃非德用乂。」

汝亦罔不克敬典，乃由裕民，惟文王之敬忌；乃裕民曰：「我惟有及。」則予一人以懌。

王曰：「封，爽惟民迪吉康，我時其惟殷先哲王德，用康乂民作求。矧今民罔迪，不適；不迪，則罔政在厥邦。」

王曰：「封，予惟不可不監，告汝德之說，于罰之行。今惟民不靜，未戾厥心，迪屢未同，爽惟天其罰殛我，我其不怨。惟厥罪無在大，亦無在多，矧曰其尚顯聞于天。」

王曰：「嗚呼！封，敬哉！無作怨，勿用非謀非彝，蔽時忱。丕則敏德，用康乃心，顧乃德，遠乃猷，裕乃以；民寧，不汝瑕殄。」

王曰：「嗚呼！肆汝小子封。惟命不于常，汝念哉！無我殄享，明乃服命，高乃聽，用康乂民。」

王若曰：「往哉！封，勿替敬，典聽朕告，汝乃以殷民世享。」

六、〈酒誥〉

王若曰：「明大于妹邦。乃穆考文王肇國在西土。厥誥毖庶邦庶士越少正、御事，朝夕曰：「祀茲酒。惟天降命，肇我民，惟元祀。天降威，我民用大亂喪德，亦罔非酒惟行；越小大邦用喪，亦罔非酒惟辜。」

「文王誥教小子，有正有事；無彝酒。越庶國；飲惟祀，德將無醉。惟曰我民迪小子，惟土物愛，厥心臧。聰聽祖考之彝訓，越小大德，小子惟一。

「妹土嗣爾股肱，純其藝黍稷，奔走事厥考厥長。肇牽車牛，遠服賈用。孝養厥父母，厥父母慶，自洗腆，致用酒。」

「庶士有正越庶伯君子，其爾典聽朕教！爾大克羞耇惟君，爾乃飲食醉飽。丕惟曰：爾克永觀省，作稽中德。爾尚克羞饋祀。爾乃自介用逸，茲乃允惟王正事之臣。茲亦惟天若元德，永不忘在王家。」

王曰：「封，我西土棐徂，邦君御事小子尚克用文王教，不腆于酒，故我至于今，克受殷之命。」

王曰：「封，我聞惟曰：『在昔殷先哲王迪畏天顯小民，經德秉哲。自成湯咸至于帝乙，成王畏相。惟御事厥棐有恭，不敢自暇自逸，矧曰其敢崇飲？越在外服，侯甸男衛邦伯，越在內服，百僚庶尹，惟亞惟服宗工，越百姓里居，罔敢湎于酒。不惟不敢，亦不暇。惟助成王德顯，越尹人祗辟。』」

「我聞亦惟曰：『在今後嗣王，酣身，厥命罔顯，于民祗保越怨不易。誕惟厥縱淫泆于非彝，用燕喪威儀，民罔不衋傷心。惟荒腆于酒，不惟自息乃逸，厥心疾很，不克畏死。辜在商邑，越殷國滅，無罹。弗惟德馨香祀，登聞于天；誕惟民怨，庶羣自酒，腥聞在上。故天降喪于殷，罔愛于殷，惟逸。天非虐人，惟民自速辜。』」

王曰：「封，予不惟若茲多誥。古人有言曰：『人無于水監，當于民監。』今惟殷墜厥命，我其可不大監撫于時！予惟曰：『汝劼毖殷獻臣、侯、甸、男、衛，矧太史友、內史友、越獻臣百宗工，矧惟爾事，服休，服采，矧惟若疇，圻父薄違，農父若保，宏父定辟，矧汝剛制于酒。』」

「厥或誥曰：『羣飲。』汝勿佚。盡執拘以歸于周，予其殺。又惟殷之迪諸臣惟工，乃湎于酒，勿庸殺之，姑惟教之。有斯明享。乃不用我教辭，惟我一人弗恤，弗蠲乃事，時同于殺。」

王曰：「封，汝典聽朕毖，勿辯乃司民湎于酒。」

七、〈梓材〉

王曰：「封，以厥庶民暨厥臣，達大家，以厥臣達王惟邦君，汝若恒，越曰：『我有師師、司徒、司馬、司空、尹、旅。』曰：『予罔厲殺人。』亦厥君先敬勞，肆徂厥敬勞。」

「肆往，姦宄、殺人、歷人，宥；肆亦見厥君事、戕敗人，宥。」

「王啟監，厥亂為民。曰：『無胥戕，無胥虐，至于敬寡，至于屬婦，合由以容。』王其效邦君越御事，厥命曷以？引養引恬。自古王若茲，監罔攸辟！」

「惟曰：若稽田，既勤敷菑，惟其陳修，為厥疆畎。若作室家，既勤垣墉，惟其涂塈茨。若作梓材，既勤樸斲，惟其涂丹雘。」

「今王惟曰：先王既勤用明德，懷為夾，庶邦享作，兄弟方來。亦既用明德，後式典集，庶邦丕享。皇天既付中國民越厥疆土于先王；肆王惟德用，和懌先後迷民，用懌先王受命。已！若茲監，惟曰：欲至于萬年，惟王子子孫孫永保民。」

八、〈召誥〉

惟二月既望，越六日乙未，王朝步自周，則至于豐。

惟太保先周公相宅；越若來三月，惟丙午朏。越三日戊申，太保朝至于洛，卜宅。厥既得卜，則經營。越三日庚戌，太保乃以庶殷攻位于洛汭。越五日甲寅，位成。

若翼日乙卯，周公朝至于洛，則達觀于新邑營。越三日丁巳，用牲于郊，牛二。越翼日戊午，乃社于新邑，牛一、羊一、豕一。

越七日甲子，周公乃朝用書命庶殷侯甸男邦伯。厥既命殷庶，庶殷丕作。

太保乃以庶邦冢君出取幣，乃復入錫周公。曰：「拜手稽首，旅王若公。」誥告庶殷越自乃御事：「嗚呼！皇天上帝，改厥元子茲大國殷之命。惟王受命，無疆惟休，亦無疆惟恤。嗚呼！曷其奈何弗敬？」

「天既遐終大邦殷之命。茲殷多先哲王在天，越厥後王後民，茲服厥命。厥終，智藏瘝在。夫知保抱攜持厥婦子，以哀籲（吁）天，徂厥亡，出執。嗚呼！天亦哀于四方民，其眷命用懋。王其疾敬德！」

「相古先民有夏，天迪從子保，面稽天若；今時既墜厥命。今相有殷，天迪格保，面稽天若；今時既墜厥命。今沖子嗣，則無遺壽耇，曰其稽我古人之德，矧曰其有能稽謀自天？」

「嗚呼！有王雖小，元子哉。其丕能諴于小民。今休：王不敢後，用顧畏于民碞；王來紹上帝，自服于土中。」

「旦曰：『其作大邑，其自時配皇天，毖祀于上下，其自時中乂；王厥有成命治民今休。』王先服殷御事，比介于我有周御事，節性惟日其邁。」

「王敬作所，不可不敬德。」

「我不可不監于有夏，亦不可不監于有殷。我不敢知曰，有夏服天命，惟有歷年；我不敢知曰，不其延。惟不敬厥德，乃早墜厥命。」

「我不敢知曰，有殷受天命，惟有歷年；我不敢知曰，不其延。惟不敬厥德，乃早墜厥命。今王嗣受厥命，我亦惟茲二國命，嗣若功。」

「王乃初服。嗚呼！若生子，罔不在厥初生，自貽哲命。今天其命哲，命吉凶，命歷年；知今我初服，宅新邑。肆惟王其疾敬德？王其德之用，祈天永命。」

「其惟王勿以小民淫用非彝，亦敢殄戮。用乂民，若有功。其惟王位在德元，小民乃惟刑用于天下，越王顯。上下勤恤，其曰：我受天命，丕若有夏歷年，式勿替有殷歷年。欲王以小民受天永命。」

拜手稽首，曰：「予小臣，敢以王之讎民百君子，越友民，保受王威命明德。王末有成命，王亦顯。我非敢勤，惟恭奉幣、用供王能祈天永命。」

九、〈洛誥〉

周公拜手稽首曰：「朕復子明辟。王如弗敢及天基命定命，予乃胤保大相東土，其基作民明辟。」

「予惟乙卯，朝至于洛師。我卜河朔黎水，我乃卜澗水東、瀍水西，惟洛食；我又卜瀍水東，亦惟洛食。伻來以圖，及獻卜。」

王拜手稽首曰：「公不敢不敬天之休，來相宅，其作周匹休！公既定宅，伻來、來視予卜，休恒吉。我二人共貞。公其以予萬億年敬天之休。拜手稽首誨言。」

周公曰：「王肇稱殷禮，祀于新邑，咸秩無文。予齊百工，伻從王于周，予惟曰：『庶有事。』今王即命曰：『記功，宗以功，作元祀。』惟命曰：『汝受命篤弼；丕視功載，乃汝其悉自教工。』」

「孺子其朋，孺子其朋，其往！無若火始燄燄（焰）；厥攸灼敘，弗其絕。厥若彝及撫事如予，惟以在周工往新邑。伻嚮即有僚，明作有功，惇大成裕，汝永有辭。」

公曰：「已！汝惟沖子，惟終。汝其敬識百辟享，亦識其有不享。享多儀；儀不及物，惟曰不享。惟不役志于享。凡民惟曰不享，惟事其爽侮。乃惟孺子，頒朕不暇，聽朕教汝于棐民彝。」

「汝乃是不蘉，乃時惟不永哉！篤敘乃正父，罔不若予，不敢廢乃命。汝往，敬哉！茲予其明農哉！彼裕我民，無遠用戾。」

王若曰：「公！明保予沖子。公稱丕顯德，以予小子，揚文武烈。奉答天命，和恒四方民，居師；惇宗將禮，稱秩元祀，咸秩無文。惟公德明光于上下，勤施于四方，旁作穆穆，迓衡不迷。文武勤教，予沖子夙夜毖祀。」

王曰：「公功棐迪篤，罔不若時。」王曰：「公！予小子其退，即辟于周，命公後。四方迪亂未定，于宗禮亦未克敉，公功，迪將其後，監我士師工，誕保文武受民，亂為四輔。」

王曰：「公定，予往已。公功肅將祗歡，公無困哉！我惟無斁，其康事，公勿替刑，四方其世享。」

周公拜手稽首曰：「王命予來，承保乃文祖受命民，越乃光烈考武王，弘朕恭。孺子來相宅，其大惇典殷獻民，亂為四方新辟，作周恭先。曰其自時中乂，萬邦咸休，惟王有成績。予旦以多子，越御事，篤前人成烈，答其師，作周孚先。考朕昭子刑，乃單文祖德。」

「伻來毖殷，乃命寧予以秬鬯二卣。曰明禋，拜手稽首休享。予不敢宿，則禋于文王、武王。惠篤敘，無有遘自疾，萬年猒（厭）于乃德，殷乃引考。王伻殷乃承敘萬年，其永觀朕子懷德。」

戊辰，王在新邑烝，祭歲，文王騂牛一，武王騂牛一。王命作冊逸祝冊，惟告周公其後。

王賓殺禋咸格，王入太室，祼。王命周公後，作冊逸誥，在十有二月，惟周公誕保文武受命，惟七年。

十、〈多士〉

惟三月，周公初于新邑洛，用告商王士。

王若曰：「爾殷遺多士，弗弔旻天，大降喪于殷，我有周佑命，將天明威，致王罰，勑殷命終于帝。肆爾多士！非我小國敢弋殷命。惟天不畀允罔固亂，弼我，我其敢求位？惟帝不畀，惟我下民秉為，惟天明畏。」

「我聞曰：上帝引逸，有夏不適逸；則惟帝降格，嚮于時夏。弗克庸帝，大淫泆有辭。惟時天罔念聞，厥惟廢元命，降致罰；乃命爾先祖成湯革夏，俊民甸四方。」

「自成湯至于帝乙，罔不明德恤祀。亦惟天丕建，保乂有殷，殷王亦罔敢失帝，罔不配天其澤。在今後嗣王，誕罔顯于天，矧曰其有聽念于先王勤家？誕淫厥泆，罔顧于天顯民祗。惟時上帝不保，降若茲大喪。」

「惟天不畀不明厥德，凡四方小大邦喪，罔非有辭于罰。」

王若曰：「爾殷多士，今惟我周王丕靈承帝事，有命曰：『割殷！』告勑于帝。惟我事不貳適，惟爾王家我適。予其曰：惟爾洪無度，我不爾動，自乃邑。予亦念天，即于殷大戾，肆不正。」

王曰：「猷！告爾多士，予惟時其遷居西爾。非我一人奉德不康寧，時惟天命。無違，朕不敢有後，無我怨。」

「惟爾知，惟殷先人有冊有典，殷革夏命。今爾又曰：『夏迪簡在王庭，有服在百僚。』予一人惟聽用德，肆予敢求爾于天邑商，予惟率肆矜爾。非予罪，時惟天命。」

王曰：「多士，昔朕來自奄，予大降爾四國民命。我乃明致天罰，移爾遐逖；比事臣我宗多遜。」

王曰：「告爾殷多士，今予惟不爾殺，予惟時命有申。今朕作大邑于茲洛，予惟四方罔攸賓，亦惟多士攸服奔走臣我多遜。」

「爾乃尚有爾土，爾乃尚寧幹止。爾克敬，天惟畀矜爾；爾不克敬，爾不啻不有爾土，予亦致天之罰于爾躬！」

「今爾惟時宅爾邑，繼爾居，爾厥有幹有年于茲洛。爾小子乃興，從爾遷。」

王曰：「又日時予，乃或言爾攸居。」

十一、〈無逸〉

周公曰：「嗚呼！君子所其無逸。先知稼穡之艱難，乃逸，則知小人之依相小人，厥父母勤勞稼穡，厥子乃不知稼穡之艱難，乃逸乃諺。既誕，否則侮厥父母曰：『昔之人，無聞知！』」

周公曰：「嗚呼！我聞曰：昔在殷王中宗，嚴恭寅畏，天命自度，治民祇懼，不敢荒寧。肆中宗之享國七十有五年。其在高宗，時舊勞于外，爰暨小人。作其即位，乃或亮陰，三年不言。其惟不言，言乃雍。不敢荒寧，嘉靖殷邦。至于小大，無時或怨。肆高宗之享國五十有九年。其在祖甲，不義惟王，舊為小人。作其即位，爰知小人之依，能保惠于庶民，不敢侮鰥寡。肆祖甲之享國三十有三年。」

「自時厥後立王，生則逸；生則逸，不知稼穡之艱難，不聞小人之勞，惟耽樂之從。自時厥後，亦罔或克壽。或十年，或七八年，或五六年，或四三年。」

周公曰：「嗚呼！厥亦惟我周太王、王季，克自抑畏。文王卑服，即康功田功。徽柔懿恭，懷保小民，惠鮮鰥寡。自朝至于日中昃，不遑暇食，用咸和萬民。文王不敢盤于遊田，以庶邦惟正之供。文王受命惟中身，厥享國五十年。」

周公曰：「嗚呼！繼自今嗣王，則其無淫于觀、于逸、于遊、于田，以萬民惟正之供。無皇曰：『今日耽樂。』乃非民攸訓，非天攸若，時人丕則有愆。無若殷王受之迷亂，酗于酒德哉！」

周公曰：「嗚呼！我聞曰：『古之人猶胥訓告，胥保惠，胥教誨，民無或胥譸張為幻。』此厥不聽，人乃訓之，乃變亂先王之正刑，至于小大。民否則厥心違怨，否則厥口詛祝。」

周公曰：「嗚呼！自殷王中宗及高宗及祖甲及我周文王，茲四人迪哲。厥或告之曰：『小人怨汝詈汝。』則皇自敬德。厥愆，曰：『朕之愆。』允若時，不啻不敢含怒。此厥不聽，人乃或譸張為幻，曰小人怨汝詈汝，則信之，則若時，不永念厥辟，不寬綽厥心。亂罰無罪，殺無辜。怨有同，是叢于厥身。」

周公曰:「嗚呼!嗣王其監于茲!」

十二、〈君奭〉

周公若曰:「君奭!弗弔,天降喪于殷,殷既墜厥命,我有周既受。」

我不敢知曰,厥基永孚于休。若天棐忱,我亦不敢知曰,其終出于不祥。「嗚呼!君已曰時我,我亦不敢寧于上帝命,弗永遠念天威,越我民罔尤違。惟人在我後嗣子孫,大弗克恭上下,遏佚前人光在家,不知天命不易。天難諶,乃其墜命,弗克經歷。嗣前人,恭明德,在今予小子旦非克有正,迪惟前人光,施于我沖子。」又曰:「天不可信,我道惟寧王德延,天不庸釋于文王受命。」

公曰:「君奭!我聞在昔成湯既受命,時則有若伊尹,格于皇天。在太甲,時則有若保衡。在太戊,時則有若伊陟、臣扈,格于上帝;巫咸乂王家。在祖乙,時則有若巫賢。在武丁,時則有若甘盤。」

「率惟茲有陳,保乂有殷,故殷禮陟配天,多歷年所。天惟純佑命,則商實百姓王人。罔不秉德明恤,小臣屏侯甸,矧咸奔走。惟茲惟德稱,用乂厥辟,故一人有事于四方,若卜筮,罔不是孚。」

公曰:「君奭!天壽平格,保乂有殷,有殷嗣,天滅威。
今汝永念,則有固命,厥亂明我新造邦。」
公曰:「君奭!在昔上帝割申勸寧王之德,其集大命于厥躬?惟文王尚克修和我有夏;亦惟有若虢叔,有若閎夭,有若散宜生,有若泰顛,有若南宮括。」
又曰:「無能往來,茲迪彝教,文王蔑德降于國人。亦惟純佑秉德,迪知天威,乃惟時昭文王迪見冒,聞于上帝。惟時受有殷命哉。」
「武王惟茲四人,尚迪有祿。後暨武王誕將天威,咸劉厥敵。惟茲四人昭武王惟冒,丕單稱德。」

「今在予小子旦,若游大川,予往暨汝奭其濟。小子同未在位,誕無我責。收罔勗不及。耇造德不降,我則鳴鳥不聞,矧曰其有能格?」

公曰:「嗚呼!君!肆其監于茲!我受命無疆惟休,亦大惟艱。告君,乃猷裕,我不以後人迷。」

公曰：「前人敷乃心，乃悉命汝，作汝民極。曰：『汝明勗偶王，在亶乘茲大命，惟文王德丕承，無疆之恤！』」

公曰：「君！告汝朕允保奭。其汝克敬以予監于殷喪大否，肆念我天威。予不允惟若茲誥，予惟曰：『襄我二人。汝有合哉？』言曰：『在時二人。』天休滋至，惟時二人弗戡。其汝克敬德，明我俊民，在讓後人于丕時。「嗚呼！篤棐時二人，我式克至于今日休？我咸成文王功于不怠，丕冒海隅出日，罔不率俾。」

公曰：「君！予不惠若茲多誥。予惟用閔于天越民。」

公曰：「嗚呼！君！惟乃知民德，亦罔不能厥初，惟其終。祗若茲。往，敬用治！」

十三、〈多方〉

惟五月丁亥，王來自奄，至于宗周。

周公曰：「王若曰：猷，告爾四國多方，惟爾殷侯尹民，我惟大降爾命，爾罔不知。洪惟圖天之命，弗永寅念于祀。惟帝降格于夏。有夏誕厥逸，不肯慼言于民，乃大淫昏，不克終日勸于帝之迪，乃爾攸聞。厥圖帝之命，不克開于民之麗；乃大降罰，崇亂有夏。因甲于內亂，不克靈承于旅；罔丕惟進之恭，洪舒于民。亦惟有夏之民叨懫日欽，劓割夏邑。天惟時求民主，乃大降顯休命于成湯，刑殄有夏。」

「惟天不畀純，乃惟以爾多方之義民不克永于多享；惟夏之恭多士大不克明保享于民，乃胥惟虐于民，至于百為，大不克開。乃惟成湯，克以爾多方，簡代夏作民主。慎厥麗，乃勸；厥民刑，用勸；以至于帝乙，罔不明德慎罰，亦克用勸。要囚殄戮多罪，亦克用勸；開釋無辜，亦克用勸。」

「今至于爾辟，弗克以爾多方享天之命。嗚呼！」

王若曰：「誥告爾多方，非天庸釋有夏，非天庸釋有殷。乃惟爾辟，以爾多方大淫，圖天之命，屑有辭。乃惟有夏圖厥政，不集于享，天降時喪。有邦閒之。乃惟爾商後王，逸厥逸，圖厥政，不蠲烝；天惟降時喪。」「惟聖罔念，作狂；惟狂克念，作聖。天惟五年須暇之子孫，誕作民主，罔可念聽。天惟求爾多方，大動以威，開厥顧天；惟爾多方（士），罔堪顧之。惟我周王靈承于旅，克堪用德，惟典神天。天惟式教我用休，簡畀殷命，尹爾多方。」

「今我曷敢多誥？我惟大降爾四國民命。爾曷不忱裕之于爾多方？爾曷不夾介乂我周王，享天之命？今爾尚宅爾宅，畋爾田，爾曷不惠王熙天之命？」

「爾乃迪屢不靜，爾心未愛。爾乃不大宅天命，爾乃屑播天命，爾乃自作不典，圖忱于正。我惟時其教告之，我惟時其戰要囚之，至于再，至于三。乃有不用我降爾命，我乃其大罰殛之！非我有周秉德不康寧，乃惟爾自速辜！」

王曰：「嗚呼！猷告爾有方多士，暨殷多士。今爾奔走臣我監五祀，越惟有胥伯小大多正，爾罔不克臬。」

「自作不和，爾惟和哉；爾室不睦，爾惟和哉；爾邑克明，爾惟克勤乃事。爾尚不忌于凶德，亦則以穆穆在乃位，克閱于乃邑謀介。」

「爾乃自時洛邑，尚永力畋爾田，天惟畀矜爾。我有周惟其大介賚爾，迪簡在王庭，尚爾事，有服在大僚。」

王曰：「嗚呼！多士，爾不克勸忱我命，爾亦則惟不克享，凡民惟曰不享。爾乃惟逸惟頗，大遠王命，則惟爾多方探天之威，我則致天之罰，離逖爾土。」

王曰：「我不惟多誥，我惟祗告爾命。」

又曰：「時惟爾初；不克敬于和，則無我怨。」

十四、〈立政〉

周公若曰：「拜手稽首，告嗣天子王矣。」用咸戒于王曰：「王左右常伯、常任、準人、綴衣、虎賁。」

周公曰：「嗚呼！休茲知恤，鮮哉！古之人迪惟有夏，乃有室大競，籲俊尊上帝，迪知忱恂于九德之行。乃敢告教厥后曰：『拜手稽首后矣！』曰：『宅乃事，宅乃牧，宅乃準，茲惟后矣。謀面，用丕訓德，則乃宅人，茲乃三宅無義民。』」

「桀德惟乃弗作往任，是惟暴德罔後。亦越成湯，陟丕釐上帝之耿命，乃用三有宅，克即宅；曰三有俊，克即俊。嚴惟丕式，克用三宅三俊，其在商邑，用協于厥邑；其在四方，用丕式見德。」

「嗚呼！其在受德暋（昏）惟羞刑暴德之人，同于厥邦；乃惟庶習逸德之人，同于厥政。帝欽罰之，乃伻我有夏，式商受命，奄甸萬姓。」

「亦越文王、武王，克知三有宅心，灼見三有俊心；以敬事上帝，立民長伯。立政：任人、準夫、牧、作三事，虎賁、綴衣、趣馬、小尹、左右攜僕，百司庶府。大都小伯、藝人、表臣百司、太史、尹伯，庶常吉士。司徒、司馬、司空、亞、旅。夷、微、盧烝。三亳阪尹。」

「文王惟克厥宅心，乃克立茲常事司牧人，以克俊有德。文王罔攸兼于庶言、庶獄、庶慎，惟有司之牧夫是訓用違；庶獄庶慎，文王罔敢知于茲。亦越武王，率惟敉功，不敢替厥義德；率惟謀從容德，以並受此丕丕基。」

「嗚呼！孺子王矣！繼自今我其立政：立事、準人、牧夫，我其克灼知厥若，丕乃俾亂；相我受民，和我庶獄庶慎。時則勿有間之，自一話一言。我則末惟成德之彥，以乂我受民。

「嗚呼！予旦已受人之徽言，咸告孺子王矣。繼自今文子文孫，其勿誤于庶獄庶慎，惟正是乂之。」

「自古商人，亦越我周文王立政，立事、牧夫、準人，則克宅之，克由繹之，茲乃俾乂。國則罔有立政用憸人，不訓于德，是罔顯在厥世。繼自今立政，其勿以憸人，其惟吉士，用勱相我國家。」

「今文子文孫孺子王矣！其勿誤于庶獄，惟有司之牧夫。其克詰爾戎兵以陟禹之迹，方行天下，至于海表，罔有不服。以覲文王之耿光，以揚武王之大烈。嗚呼！繼自今後王立政，其惟克用常人。」

周公若曰：「太史！司寇蘇公，式敬爾由獄，以長我王國。茲式有慎，以列用中罰。」

十五、〈顧命〉

惟四月，哉生魄，王不懌。甲子，王乃洮頮水。相被冕服，憑玉几。

乃同召太保奭、芮伯、彤伯、畢公、衛侯、毛公、師氏、虎臣、百尹、御事。

王曰：「嗚呼！疾大漸，惟幾，病日臻。既彌留，恐不獲誓言嗣，茲予審訓命汝。昔君文王、武王宣重光，奠麗陳教則肄肄不違，用克達殷，集大命。」

「在後之侗，敬迓天威，嗣守文、武大訓，無敢昏逾。今天降疾，殆弗興弗悟。爾尚明時朕言，用敬保元子釗，弘濟于艱難，柔遠能邇，安勸小大庶邦。思夫人自亂于威儀，爾無以釗冒貢于非幾。」

茲既受命還，出綴衣于庭。越翼日乙丑，王崩。

太保命仲桓、南宮毛俾爰齊侯呂伋，以二干戈、虎賁百人逆子釗于南門之外。延入翼室，恤宅宗。丁卯，命作冊度。越七日癸酉，伯相命士須材。

狄設黼扆、綴衣。牖間南嚮，敷重篾席，黼純，華玉，仍几。西序東嚮，敷重厎席、綴純，文貝，仍几。東序西嚮，敷重豐席，畫純，雕玉，仍几。西夾南嚮，敷重筍席、玄紛純，漆仍几。

越玉五重，陳寶、赤刀，大訓、弘璧、琬琰，在西序。大玉、夷玉、天球、河圖，在東序。胤之舞衣、大貝、鼖鼓，在西房；兌之戈、和之弓、垂之竹矢，在東房。

大輅在賓階面，綴輅在阼階面，先輅在左塾之前，次輅在右塾之前。

二人雀弁，執惠，立于畢門之內。四人綦弁，執戈上刃，夾兩階戺。一人冕，執劉，立于東堂。一人冕，執鉞，立于西堂；一人冕，執戣，立于東垂。一人冕，執瞿，立于西垂；一人冕，執銳，立于側階。

王麻冕黼裳，由賓階隮。卿士邦君麻冕蟻裳，入即位。太保、太史、太宗皆麻冕彤裳。太保承介圭，上宗奉同瑁，由阼階隮。太史秉書，由賓階隮，御王冊命。曰：「皇后憑玉几，道揚末命，命汝嗣訓，臨君周邦，率循大卞，燮和天下，用答揚文武之光訓。」王再拜，興，答曰：「眇眇予末小子，其能而亂四方以敬忌天威？」

乃受同、瑁，王三宿，三祭，三咤。上宗曰：「饗。」太保受同，降。盥以異同，秉璋以酢。授宗人同，拜。王答拜。太保受同，祭、嚌、宅。授宗人同，拜。王答拜。太保降，收。諸侯出廟門俟。

十六、〈呂刑〉

惟呂命，王享國百年，耄，荒度作刑，以詰四方。

王曰：「若古有訓，蚩尤惟始作亂。延及于平民，罔不寇賊，鴟義，姦宄，奪攘，矯虔。苗民弗用靈，制以刑，惟作五虐之刑曰法。殺戮無辜，爰始淫為劓、刵、椓、黥。越茲麗刑并制，罔差有辭。民興胥漸，泯泯棼棼，罔中于信，以覆詛盟。虐威庶戮，方告無辜于上。上帝監民，罔有馨香德，刑發聞惟腥。皇帝哀矜庶戮之不辜，報虐以威，遏絕苗民，無世在下。乃命重黎，絕地天通，罔有降格。羣后之逮在下，明明棐常，鰥寡無蓋。」

「皇帝清問下民，鰥寡有辭于苗。德威惟畏，德明惟明。乃命三后，恤功于民。伯夷降典，折民惟刑；禹平水土，主名山川；稷降播種，農殖嘉穀。三后成功，惟殷于民。爰制百姓于刑之中，以教祗德。穆穆在上，明明在下，灼于四方，罔不惟德之勤。故乃明于刑之中，率乂于民棐彝。典獄非訖于威，惟訖于富。敬忌，罔有擇言在身。惟克天德，自作元命，配享在下。」

王曰：「嗟！四方司政典獄，非爾惟作天牧？今爾何監？
非時伯夷播刑之迪？其今爾何懲？惟時苗民匪察于獄之麗，罔擇吉人，觀于五刑之中；惟時庶威奪貨，斷制五刑，以亂無辜。上帝不蠲，降咎于苗，苗民無辭于罰，乃絕厥世。」

王曰：「嗚呼！念之哉。伯父、伯兄、仲叔、季弟、幼子、童孫，皆聽朕言，庶有格命。今爾罔不由慰日勤，爾罔或戒不勤。天齊于民，俾我一日，非終惟終，在人。爾尚敬逆天命，以奉我一人！雖畏勿畏，雖休勿休。惟敬五刑，以成三德。一人有慶，兆民賴之，其寧惟永。」

王曰：「吁！來，有邦有土，告爾祥刑。在今爾安百姓，何擇，非人？何敬，非刑？何度，非及？兩造具備，師聽五辭。五辭簡孚，正于五刑。五刑于簡，正于五罰；五罰不服，正于五過。五過之疵：惟官，惟反，惟內，惟貨，惟來。其罪惟鈞，其審克之！」

「五刑之疑有赦，五罰之疑有赦，其審克之！簡孚有眾，惟貌有稽。無簡不聽，具嚴天威。墨辟疑赦，其罰百鍰，閱實其罪。劓辟疑赦，其罰惟倍，閱實其罪。剕辟疑赦，其罰倍差，閱實其罪。宮辟疑赦，其罰六百鍰，閱實其罪。大辟疑赦，其罰千鍰，閱實其罪。墨罰之屬千。劓罰之屬千，剕罰之屬五百，宮罰之屬三百，大辟之罰其屬二百。五刑之屬三千。」

「上下比罪，無僭亂辭，勿用不行，惟察惟法，其審克之！上刑適輕，下服；下刑適重，上服。輕重諸罰有權。刑罰世輕世重，惟齊非齊，有倫有要。罰懲非死，人極于病。非佞折獄，惟良折獄，罔非在中。察辭于差，非從惟從。哀敬折獄，明啟刑書胥占，咸庶中正。其刑其罰，其審克之。獄成而孚，輸而孚。其刑上備，有並兩刑。」

王曰：「嗚呼！敬之哉！官伯族姓，朕言多懼。朕敬于刑，有德惟刑。今天相民，作配在下。明清于單辭，民之亂，罔不中聽獄之兩辭，無或私家于獄之兩辭！獄貨非寶，惟府辜功，報以庶尤。永畏惟罰，非天不中，惟人在命。天罰不極，庶民罔有令政在于天下。」

王曰：「嗚呼！嗣孫，今往何監？非德于民之中，尚明聽之哉！哲人惟刑，無疆之辭，屬于五極，咸中有慶。受王嘉師，監于茲祥刑。」

十七、〈文侯之命〉

王若曰：「父義和！丕顯文、武，克慎明德，昭升于上，敷聞在下；惟時上帝，集厥命于文王。亦惟先正，克左右昭事厥辟，越小大謀猷罔不率從，肆先祖懷在位。嗚呼！閔予小子嗣，造天丕愆。殄資澤于下民，侵戎我國家純。即我御事，罔或耆壽俊在厥服，予則罔克。曰惟祖惟父，其伊恤朕躬！嗚呼！有績予一人永綏在位。父義和！汝克紹乃顯祖，汝肇刑文、武，用會紹乃辟，追孝于前文人。汝多修，扞我于艱，若汝，予嘉。」

王曰：「父義和！其歸視爾師，寧爾邦。用賚爾秬鬯一卣，彤弓一，彤矢百，盧弓一，盧矢百，馬四匹。父往哉！柔遠能邇，惠康小民，無荒寧。簡恤爾都，用成爾顯德。」

十八、〈費誓〉

公曰：「嗟！人無譁，聽命。徂茲淮夷、徐戎並興。善敹乃甲胄，敿乃干，無敢不弔！備乃弓矢，鍛乃戈矛，礪乃鋒刃，無敢不善！今惟淫舍牿牛馬，杜乃擭，敜乃穽，無敢傷牿。牿之傷，汝則有常刑！馬牛其風，臣妾逋逃，勿敢越逐，祗復之，我商賚汝。乃越逐不復，汝則有常刑！無敢寇攘，踰垣牆，竊馬牛，誘臣妾，汝則有常刑！」

甲戌，我惟征徐戎。峙乃糗糧，無敢不逮；汝則有大刑！魯人三郊三遂，峙乃楨幹。甲戌，我惟築，無敢不供；汝則有無餘刑，非殺。魯人三郊三遂，峙乃芻茭，無敢不多；汝則有大刑！

十九、〈秦誓〉

公曰：「嗟！我士，聽無譁！予誓告汝群言之首。古人有言曰：『民訖自若，是多盤。』責人斯無難，惟受責俾如流，是惟艱哉！我心之憂，日月逾邁，若弗云來。惟古之謀人，則曰未就予忌；惟今之謀人，姑將以為親。雖則云然，尚猷詢茲黃髮，則罔所愆。」

「番番良士，旅力既愆，我尚有之；仡仡勇夫，射御不違，我尚不欲。惟截截善諞言，俾君子易辭，我皇多有之！」

「昧昧我思之，如有一介臣，斷斷猗，無他技，其心休休焉，其如有容。人之有技，若己有之；人之彥聖，其心好之，不啻如自其口出。是能容之，以保我子孫黎民，亦職有利哉！人之有技，冒疾以惡之；人之彥聖而違之，俾不達，是不能容，以不能保我子孫黎民，亦曰殆哉！」

邦之杌隉，曰由一人；邦之榮懷，亦尚一人之慶。

伍、《尚書·周書》異文表

說明

一、本表以顧頡剛、劉起釪《尚書校釋譯論》正文文字為底本，參照出土文獻資料（主要為「清華簡」、「郭店簡」）、顧頡剛、顧廷龍《尚書文字合編》[1]、屈萬里《尚書異文彙録》[2]、阮元《十三經注疏校勘記》[3]、黃懷信《尚書正義·校勘記》[4]、馬楠《周秦兩漢書經考》[5]等文本綜合而成。

二、本表共十九節，其文本主要涉及漢石經本、魏三體石經本、敦煌本、日本古寫本（九條本、神田本、島田本、內野本、古梓堂本、足利本、上圖本影天正本、上圖本八行本）、唐石經本等文本，本表不列宋薛季宣《書古文訓》本，該本為隸古定《尚書》刊刻本[6]，此書全文用古文奇字書寫，又以古文筆劃改為宋代通行字體，例證時可供參考，不必單列版本。

三、本表在輯錄異文時，著重抄錄除人名、地名的實詞，對諸如「于」、「之」、「弗」、「乃」等副詞酌情抄錄。本表的註釋主要涉及不同版本的異文和重要語詞的訓詁，部份資料摘自顧頡剛、劉起釪《尚書校釋譯論》[7]。重點詞彙的考察主要體現於《今文尚書異文校釋》。本表主要校勘成果匯成《今文《尚書·周書》文字定本》。

---

[1] 顧頡剛、顧廷龍，《尚書文字合編》（上海：上海古籍出版社，1996）。

[2] 屈萬里，《尚書異文彙錄》（臺灣：聯經出版事業公司，1983）。

[3] （清）阮元校刻，《十三經注疏》（清嘉慶刊本）（北京：中華書局，2009）。

[4] （漢）孔安國傳，（唐）孔穎達正義，黃懷信點校，《尚書正義》（上海：上海古籍出版社，2007）。

[5] 馬楠，《周秦兩漢書經考》（北京：清華大學，未刊本博士學位論文，2012）。

[6] 宋代多次刊刻隸古定本《尚書》，可考者四：呂大防本、晁公武本、金履祥本、薛季宣本。

[7] 顧頡剛、劉起釪，《尚書校釋譯論》（北京：中華書局，2005）。

一、今文《周書・牧誓》異文表

劉起釪本	時[1]	甲	子	昧[2]	爽	王[3]	朝	至	于	商	郊	牧	野	乃	誓[4]	王	左	杖[5]	黃	鉞[6]	右	秉	白	旄[7]	以	麾[8]	曰
敦煌本	旹				爽							坶	埜		断							秉			㠯		
神田本	旹			眛	爽							坶	埜									秉					
內野本	旹				爽				亐			坶	埜	廼	断							秉		旄	㠯		
足利本	旹				爽				亐				埜	廼											㠯		
上圖本影天正本	旹				爽				亐				埜	廼								秉			㠯		
上圖本八行本	旹				爽				亐			坶	埜	廼	断							秉			㠯		
唐石經					爽																						
尙書異文汇录																											

1 《史記‧周本紀》作「二月甲子」。1976年出土西周銅器《利簋》，證明「甲子」日可信。
2 「昧」，明母字，表昏暗義，「昧爽」指早晨天快明的時候。
3 《史記‧周本紀》作「武王」。
4 《尚書校釋譯論》：「軍事行動前申明紀律約戒所屬人員的重要戒辭叫誓。」
5 杖，用作動詞，手拿棍棒。
6 「鉞」，《經典釋文》：「鉞，本又作戉。」《說文》：「戉，斧也。」
7 《周禮‧春官‧序官》鄭玄注：「旄，旄牛尾，舞者所持以指麾。」
8 「指麾」今作「指揮」。

劉起釪本	遏	矣	西	土	之	人	王	曰	嗟	我	有	邦	冢	君[9]	御	事	司	徒[10]	司	馬	司	空	亞	旅	師	氏	千
敦煌本											友				卸			徒						旅	師		
神田本	逖										友	邑			御									旅	師	氏	
內野本					㞢				嗟		友													旅			
足利本	逖										友					叓								旅			
上圖本影天正本	逖								嗟		友													旅	師		
上圖本八行本					㞢				嗟		友					叓								旅		氏	
唐石經	逖										友																
尚書異文汇录	遠[11]										有[12]	國[13]															

劉起釪本	夫	長	百	夫	長	及	庸	蜀	羌	髳	微	盧	彭	濮	人	稱	爾	戈	比	爾	干	立	爾	矛	予	其	誓
敦煌本									羗	髳	微					爯	尒			尒				矛		亓	斵
神田本										髳	微			濮		爯	尔			尒					予	亓	
內野本		兲			兲							盧				爯										亣	断
足利本	夫			夫				蜀								稱											
上圖本	夫			夫												稱											

9 「冢君」相當於首腦，《大誥》作「邦君」。
10 「司徒」，西周金文作「司土」或「司徒」。
11 《史記·周本紀》改「逖」為「遠」。
12 古文字中「有」「友」不分，可通用，是加在名詞前無意義的語詞，見《尚書校釋譯論》，頁1095。
13 《史記·周本紀》改「邦」為「國」，實為避漢高祖劉邦的諱，現改為「邦」。

影天正本																											
上圖本八行本		兂			兂				羗							秭	尒			尒			尒			亣	斲
唐石經																[illegible]											
尚書異文汇录												纑				俻											

劉起釪本	王	曰	古	人	有	言	曰[14]	牝	鷄[15]	無	晨[16]	牝	鷄	之	晨	惟	家	之	索	今	商	王	受	惟	婦	言	是
敦煌本					[illegible]				雞	亡	辰		雞		辰				索								
神田本					ナ						昚				昚				索								
內野本					ナ				雞	亡	昚		雞	㞢	昚			㞢									
足利本			古						雞	亡			雞										受				
上圖本影天正本									雞	亡			雞														
上圖本八行本									雞	亡			雞	㞢				㞢					受				
唐石經									[illegible]		[illegible]		[illegible]		[illegible]												
尚書異文汇录																					殷		紂				

14 《史记·周本纪》「言」下省「曰」字，伯799無「曰」字。

15 「雞」、「鷄」乃形旁換用，在甲骨、金文中，鳥、隹兩個偏旁很難劃分，尤其寫成簡體，完全同形同義，無長尾短尾之分。自秦篆開始，鳥、隹分為兩部，從隸書開始分為「鳥」、「隹」二形。見高明《中國古文字學通論》，北京大學出版社，1996年，頁93—94。

16 于省吾認為：「晨」即「慎」，同聲通用。

劉起釪本	用[17]	昏	棄	厥	肆		祀	弗	荅[18]	昏	棄	厥	遺	王	父	母	弟	不	迪[19]	乃	惟	四	方	之	多	罪	逋
敦煌本			弃	氒					[illegible]		弃	氒										亖				辠	
神田本			弃	氒					荅		弃	氒					[illegible]					亖			夛	辠	
內野本		旦	弃	氒						旦	弃	氒						帍		迺		亖				辠	
足利本			弃						荅		弃									迺							
上圖本影天正本			弃			祭			荅		弃									迺						辠	
上圖本八行本		旦	弃	氒						旦	弃									迺		亖				辠	
唐石經			[illegible]						[illegible]		[illegible]																
尚書異文汇录			弃	其				不			弃	其															
漢石經												厥					弟	不									

劉起釪本	逃	是	崇[20]	是	長	是	信	是	使	是	以	爲	大	夫	卿	士	俾	暴	虐	于	百	姓	以	姦	宄[21]	于	商
敦煌本							㐰		[illegible]		㠯						卑	暴					㠯		宄		
神田本	兆						㐰				㠯						卑	暴					㠯				

17 《史記·周本紀》「惟」作「維」，「婦」下有「人」字。
18 《史記·周本紀》作「自棄其先祖，肆祀不答。」
19 《史記·周本紀》作「昏棄其家國，遺其父母弟不用。」熹平石經作「厥遺任父母弟不迪」，「王」作「任」。古文《尚書》「男」字今文往往改写作「任」。《禹貢》「侯服之采、男邦、諸侯」，《史記·夏本紀》「男邦」作「任國」，本句「遺男」疑为先王所遺之男。
20 《漢書·谷永傳》「崇」作「宗」。
21 《史記·周本紀》「宄」作「軌」，同音通用。

內野本			宝		乐		仰		岑		吕									亐		雅	吕			亐	
足利本											吕			吏					虐	亐							
上圖本影天正本											吕			吏	卿				虐	亐			吕			亐	
上圖本八行本			宝		乐				岑		吕				卿		俾	暴	虐	亐		胜	吕			亐	
唐石經																	俾		虐								
尚書異文汇录																											

劉起釪本	邑	今	予	發	惟[22]	共	行	天[23]	之	罰	今	日	之	事	不	愆	于	六	步	七	步[24]	乃	止	齊	焉	夫	子
敦煌本				發		龔				罸					弗	僁			步		步		止	亝	焉		
神田本						恭				罸					弗	僁			步		步		止		焉		
內野本				發		龔		兲	㞢						弗	僁	亐					迺		亝			
足利本				發		龔				罸				叓		僁	亐					迺		斉	焉	夫	
上圖本影天正本				發		龔				罸				叓		僁						迺		斉	焉	夫	
上圖本八行本				發		龔		兲		罸			㞢	叓		僁	亐					迺		亝	焉		
唐石經						共																		齊			

22 《史記·周本紀》「惟」作「維」。
23 敦煌本伯 799 脫「天」字。
24 熹平石經作「不愆于四伐五伐六伐七伐」。《藝文類聚》引作「弗僁」。

尙書異文汇录	國					龔										過											
漢石經															丕	遹											

劉起釪本	勖[25]	哉	不	愆	于	四	伐	五	伐	六	伐	七	伐	乃	止	齊	焉		哉	夫	子	尙	桓	桓[26]	如	虎	如
敦煌本	勖	才	弗	僁		亖		乄	缺字							亝	焉	勖	才					々		虎	
神田本	勖	才	弗	僁		亖									止			勖	才					々		虎	
內野本	勖	才	弗	僁	亐	亖		乄						廼		亝		勖	才								
足利本	勖			僁	亐									廼		斉	焉	勖		夫				々		虎	
上圖本影天正本	勖			僁												斉	焉	勖		夫				々			
上圖本八行本	勖			僁	亐	亖		乄						廼		亝	焉	勖	戈					々			
唐石經	勖															齊		勖								虎	
尙書異文汇录																											

25 《史記‧周本紀》作「勖」作「勉」。《爾雅》釋「勖」為「勉」。

26 「桓桓」《說文‧犬部》作「狟狟」。《爾雅》「威也。」馬楠《周秦兩漢書經考》：《牧誓》既云「如虎如貔如熊如羆」，則字當從犬作「狟」，狟本犬行貌，引申爲威武。

劉起釪本	貔	如	熊	如	羆		于	商	郊	弗	御	克	奔[27]	以	役	西	土	勖	哉	夫	子	爾	所[28]	弗	勖	其	于
敦煌本	貔										御			㠯	役			勖	才						勖		
神田本	貔					擊			郊		御							勖	才			所	尒	弗		亓	
內野本							亏				迓							勖	才			所	爾	弗	勖	亓	亏
足利本							亏											勖		夫		所	爾				
上圖本 影天正本					羆						迓			㠯			土								勖		亏
上圖本 八行本							亏				迓			㠯	役			勖	戈			所	尒		勖	亓	亏
唐石經											御							勖									
尙書異 文汇录																											

劉起釪本	爾	躬	有	戮
敦煌本	尒		ナ	戮
神田本	尒		ナ	戮
內野本			ナ	戮
足利本				
上圖本 影天正本				

27《史記·周本紀》作「不」,「奔」作「犇」。

28 神田本、內野本、足利本、上圖（影）本「爾所」二字均誤倒，劉起釪說「因在日本境內源於同一古抄本致誤。」《尚書校釋譯論》頁 1105。

上圖本 八行本	尒																									
唐石經																										
尚書異 文汇录																										

二、今文《尚書·洪範》異文表

劉起釪本	惟 [29]	十	有	三	祀	王	訪	于	箕	子	王	乃 [30]	言	曰	嗚	呼 [31]	箕	子	惟	天	陰	騭	下	民 [32]	相	協	厥
漢石經																											
島田本			又												烏	虖					侌	隲					氒
內野本				弎					笄						烏	虖	笄				侌	隲	丅	[illegible]		十	氒
足利本																					隂					叶	
上圖本 影天正本																虖										叶	
上圖本 八行本															烏	呼						隲					
唐石經																								[illegible]			
尚書異 文彙錄																											

29 本篇自此一下共十一「惟」字，《史記·宋微子世家》皆作「維」。本表中「四」作「亖」，「五」作「㐅」，「有」作「ナ」，「無」作「亡」不錄。
30《漢書·五行志》「乃」作「迺」。
31《宋微子世家》「嗚呼」作「於乎」，《漢書·五行志》作「烏嘑」。
32《宋微子世家》「惟天陰騭下民」作「維天陰定下民」。

劉起釪本	居[33]	我	不	知	其	彝	倫	攸[34]	敘[35]	箕	子	乃	言	曰	我	聞	在	昔	鯀	陻[36]	洪[37]	水	汩[38]	陳	其	五	行
漢石經																				伊	鴻		曰			㐅	
島田本	凥				亓			逌								𦖞			鮌				汨		亓		
內野本	凥							逌										㫺	鮌					敶			
足利本																𦖞								敶			
上圖本影天正本																𦖞			鮌				回	敶			
上圖本八行本	居							逌								[illegible]											
唐石經						[illegible]																					
尚書異文彙錄																											

劉起釪本	帝	乃	震	怒	不	畀[39]	洪[40]	範	九	疇[41]	彝	倫	攸	斁[42]	鯀	則	殛[43]	死	禹	乃	嗣	興	天	乃	錫	禹	洪

33《宋微子世家》「相協而居」譯作「相和而居」。
34《漢書·五行志》「攸」引作「逌」。
35《宋微子世家》「我不知其彝倫攸敘」譯作「我不知常倫有序」。
36《漢石經》「陻」作「伊」。
37《漢石經》「洪」作「鴻」。
38《漢石經》「汩」作「曰」。（《漢石經》「曰」皆作「白」）。
39《宋微子世家》「畀」作「從」。
40《尚書大傳》、《宋微子世家》「洪」作「鴻」。
41《宋微子世家》「九疇」譯作「九等」。
42《宋微子世家》「彝倫攸斁」作「常倫所斁」；班固《典引》云：「彝倫斁」。

漢石經																											
島田本					弗								逌		鮌		殛		㝢		孠						
內野本				忞	弗					𠷎			逌						㝢	廼	孠			廼		㝢	
足利本					弗															廼				廼			
上圖本 影天正本					弗										鮌					廼	嗣	舆		廼			
上圖本 八行本					弗										鮌												
唐石經											[illegible]																
尚書異 文彙錄																											

劉起釪本	範	九	疇	彝	倫	攸	敘	初	一	曰	五	行	次	二[44]	曰	敬[45]	用	五	事	次	三	曰	農[46]	用	八	政	次
漢石經																											
島田本			𠷎			逌					㐅																
內野本			𠷎			逌			弌					弍					叓		弎						
足利本																			叓								
上圖本 影天正本																											

[44]《宋微子世家》自「次二」至「次九」的「次」字皆省去。
[45]《漢書‧五行志》、《漢書‧藝文志》、《漢書‧孔光傳》「敬」皆作「羞」。（顏師古注：進也。）段玉裁《古文尚書撰異》以為今文《尚書》作「羞」。
[46]《漢官解詁》引「農用八政」作「勉用八政」（《廣雅‧釋詁》：「農，勉也」）。

上圖本 八行本																							蒇			
唐石經				[illegible]																						
尙書異 文彙錄																										

劉起釪本	四	曰	協[47]	用	五	紀	次	五	曰	建	用	皇	極[48]	次	六	曰	乂[49]	用	三	德	次	七	曰	明	用	稽[50]	疑
漢石經									白								艾										
島田本																											
內野本			叶																弎	悳						乩	
足利本			恊																	𢛳						𣅀	
上圖本 影天正本			恊																							𣅀	
上圖本 八行本													𣏾													𣅀	
唐石經																											
尙書異 文彙錄																											

47《漢書·五行志》「協」作「叶」（顏師古注：「叶，讀曰，和也。」）《說文》、《玉篇》謂「 叶、叶」謂「協」的古文。
48《尚書大傳·洪範五行傳》「建用皇極」作「建立王極」。《宋微子世家》「皇極」作「王極」。「王極」是，「皇極」是漢人據秦漢以後用法改。（《尚書校釋譯論》）。《孔光傳》、《禮器碑》、蔡邕《爲陳留縣上孝子狀》、《膠東令王君碑》作「皇」。
49《漢書·五行志》及《漢石經》「乂」皆作「艾」。
50《說文·卜部》引「稽」作「卟」。

劉起釪本	次	八	曰	念	用	庶	徵	次	九	曰	嚮[51]	用	五	福	威[52]	用	六	極	一[53]	五	行	一	曰	水	二	曰	火
漢石經																											
島田本																											
內野本						庻									威				弌			弌			弍		
足利本																											
上圖本 影天正本															威												
上圖本 八行本																											
唐石經																											
尚書異 文彙錄																											

劉起釪本	三	曰	木	四	曰	金	五	曰	土	水	曰	潤	下	火	曰	炎	上	木	曰	曲	直	金	曰	從	革	土	爰[54]
漢石經																											
島田本																											
內野本	弎																							刅			
足利本																											

[51]《漢書·谷永傳》「嚮」作「饗」。段玉裁以為當作「鄉」。章炳麟據《隸續》、《黃初三年大饗記》、《宋世家》、《魏大饗記》皆作「嚮」，以為此古文饗字，不誤。

[52]《宋微子世家》、《漢書·五行志》、《漢書·谷永傳》「威」皆作「畏」。

[53]《宋微子世家》、《史記》全載本文、《漢志》載此篇「五行」，並無此數目字。（江聲《尚書集注音疏》）

[54]《宋微子世家》、《論衡》「爰」作「曰」。

上圖本 影天正本																										
上圖本 八行本																										
唐石經																										
尙書異 文彙錄																										

劉起釪本	稼	穡	潤	下	作	鹹	炎	上	作	苦	曲	直	作	酸	從	革	作	辛	稼	穡	作	甘	二	五	事	一	曰
漢石經					作				作			直	作				作				作						
島田本																											
內野本		𥡴													刅					𥡴			弍			弌	
足利本																									叓		
上圖本 影天正本																									叓		
上圖本 八行本																									叓		
唐石經																											
尙書異 文彙錄																											

劉起釪本	貌	二	曰	言	三	曰	視	四	曰	聽	五	曰	思[55]	貌	曰	恭	言	曰	從	視	曰	明	聽	曰	聰	思	曰
漢石經																											
島田本														皃		龔			刅	眎							
內野本	皃	弍			弎		眎						息	皃					刅	眎					聦	息	
足利本	貌													貌		龔			従						聦		
上圖本影天正本	貌													貌		龔									聦		
上圖本八行本														皃		龔				眎					聡		
唐石經	貌													貌											聰		
尚書異文彙錄																											

劉起釪本	睿[56]	恭	作	肅	從	作	乂[57]	明	作	哲[58]	聰	作	謀	睿	作	聖	三	八	政	一	曰	食	二	曰	貨	三	曰
漢石經																									偵		
島田本	叡	龔		肃	刅					悊			𢘻	叡											僓		
內野本	睿	龔		肅	刅					悊			𢘻	睿			弎			弌		食	弍				
足利本	睿				従					哲				睿		垩						食					

[55]《尚書大傳·洪範五行傳》「思」作「思心」。《漢書·五行志》引經文作「思」，引傳文作「思心」。

[56]《漢書·五行傳》、《漢紀》、《說苑》、《春秋繁露·五行五事》「睿」作「容」。

[57]《宋微子世家》「乂」作「治」，《尚書大傳》及《五行志》「乂」作「艾」。

[58]《尚書大傳》及《漢書·五行志》「哲」作「悊」，《說文·口部》以為是「哲」的或體。《宋微子世家》作「智」，《孔疏》引鄭玄本古文作「哲」，《唐石經》及各刊本僞古文皆沿古文作「哲」。

上圖本影天正本	睿	龔							晢				睿														
上圖本八行本		龔				乂			晢	聦				聖													
唐石經									晢	聦																	
尚書異文彙錄																											

劉起釪本	祀	四	曰	司	空	五	曰	司	徒	六	曰	司	寇	七	曰	賓	八	曰	師	四	五	紀	一	曰	歲	二	曰
漢石經																											
島田本																									歳		
內野本																賔							弌		歳		
足利本																									嵗		
上圖本影天正本																											
上圖本八行本													寇												嵗		
唐石經																											
尚書異文彙錄																											

劉起釪本	月	三	曰	日	四	曰	星	辰	五	曰	曆[59]	數	五	皇	極	皇	建	其	有	極	斂	時	五	福	用	敷[60]	錫
漢石經																											
島田本											厤	𢿋						亓	𠂇		歛	旹				尃	
內野本		弎					曐														歛	旹		偪		尃	
足利本																					歛						
上圖本 影天正本																											
上圖本 八行本																											
唐石經																											
尙書異 文彙錄																											

劉起釪本	厥	庶	民	惟	時	厥	庶	民	于	汝	極	錫	汝	保	極	凡	厥	庶	民	無[61]	有	淫	朋	人	無	有	比
漢石經																	𠪚	庻				淫	朋				
島田本	氒	㡿			旹	氒	㡿			女			女														
內野本										女			女														
足利本																											
上圖本																											

59 段玉裁《古文尚書撰異》校改「曆」作「厤」，段玉裁說《唐石經》本作歷，改爲曆。《史記》、《漢書》作「歷」。
60《宋微子世家》「敷」作「傅」。
61《宋微子世家》「無」作「毋」。

影天正本																											
上圖本八行本									女			女															
唐石經																											
尙書異文彙錄																											

劉起釪本	德	惟	皇	作	極	凡	厥	庶	民	有	猷	有	爲	有	守	汝[62]	則	念	之	不	協[63]	于	極	不	罹[64]	于	咎
漢石經																											
島田本																				弗				弗			
內野本	悳															女			㞢	弗	叶			弗			
足利本																				弗	叶			弗			
上圖本影天正本																				弗	叶			弗			
上圖本八行本	悳																			弗				弗			
唐石經																											
尙書異文彙錄																											

62《宋微子世家》「汝」作「女」。
63《尚書大傳》「協」作「叶」。
64《尚書大傳》「罹」作「麗」，《宋微子世家》、《史記》皆作「離」。

劉起釪本	皇	則	受	之	而	康[65]	而	色	曰	予	攸[66]	好	德	汝	則	錫	之	福	時	人	斯	其	惟[67]	皇	之	極	無
漢石經																											
島田本				㞢							逌		悳	女			㞢		旹		𣃔	亓				㞢	
內野本				㞢							逌	㚬	悳	女			㞢		旹		𣃔	亓				㞢	
足利本																											
上圖本影天正本													悳						旹								
上圖本八行本											逌			女					旹								
唐石經																											
尙書異文彙錄																											

劉起釪本	虐	煢	獨[68]	而	畏	高	明	人	之	有	能	有	爲	使	羞	其	行	而	邦[69]	其	昌	凡	厥	正	人	既	富
漢石經											能				羞												
島田本		惸							㞢					叓	羞	亓				亓						旡	畗
內野本														叓												旡	畗
足利本			独																								

65《宋微子世家》「康」作「安」。
66《宋微子世家》「攸」作「所」。
67《宋微子世家》「惟」作「維」。
68《宋微子世家》以及《列女傳·楚野辯女篇》「無虐煢獨」作「毋侮鰥寡」。《困學紀聞》引《尚書大傳》「鰥」作「矜」。
69《宋微子世家》「邦」作「國」。

上圖本 影天正本	虐		独																								
上圖本 八行本	虐	悖												岕	为											既	
唐石經																											
尙書異 文彙錄																											

劉起釪本	方	穀	汝	弗[70]	能	使	有	好	于	而	家	時	人	斯	其	辜	于	其	無	好[71]	汝	雖	錫	之	福	其	作
漢石經																											
島田本						岕						旹		所	亓									㞢			
內野本			女	弗		岕		[illegible]				旹		所	亓						女			㞢			
足利本				弗								旹															
上圖本 影天正本				弗																							
上圖本 八行本			女	弗		岕						旹									女						
唐石經																											
尙書異 文彙錄																											

70《宋微子世家》「弗」作「不」。
71《唐石經》與流行刊本及足利本、清原氏手抄本等隸古定本「好」下有「德」字。《宋微子世家》「無」作「毋」，無「德」字。

劉起釪本	汝	用	咎	無	偏	無[72]	頗[73]	遵	王	之	義[74]	無	有[75]	作	好	遵[76]	王	之	道	無	有	作	惡	遵	王	之	路
漢石經																											
島田本											誼												悪			㞢	
內野本	女									㞢									衜								
足利本																											
上圖本影天正本																											
上圖本八行本	女										誼												悪				
唐石經			咎				陂																				
尚書異文彙錄																											

劉起釪本	無	偏	無	黨	王	道	蕩	蕩	無	黨	無	偏	王	道	平	平[77]	無	反	無	側[78]	王	道	正	直	會	其	有
漢石經	毋		毋						毋																		
島田本																											

72《宋微子世家》、《漢石經》「無」作「毋」。
73《唐石經》及流行刊本「頗」作「陂」。
74《匡謬正俗》「義」作「誼」，段玉裁云：義、誼古今字。
75《呂氏春秋·貴公》「無有」作「無或」，《宋微子世家》作「毋有」，《韓非子·有度》「無有」作「毋或」。
76《韓非子·有度》「遵」作「從」。
77《史記·張釋之馮唐傳贊》「無黨無偏，王道平平」作「不黨不偏，王道便便」。徐廣曰：「便一作辨」。《宋微子世家》仍作「平」。
78《宋微子世家》「無反無側」作「毋反毋側」。

內野本						衜								衜						庂		衜			[illegible]		
足利本																				庂							
上圖本 影天正本																											
上圖本 八行本																											
唐石經																											
尙書異 文彙錄																											

劉起釪本	極	歸	其	有	極	曰	皇	極	之	敷	言[79]	是	彝[80]	是	訓	于	帝	其	訓[81]	凡	厥	庶	民	極	之	敷	言
漢石經																											
島田本																											
內野本										[illegible]					[illegible]				[illegible]								
足利本																											
上圖本 影天正本																											
上圖本 八行本		帰																									
唐石經													[illegible]														

79《宋微子世家》「皇極之敷言」作「王極之傳言」，下「敷」亦作「傳」。
80《宋微子世家》「彝」作「夷」。
81《宋微子世家》「訓」作「順」，下「訓」亦同 。

尚書異文彙錄																										

劉起釪本	是	訓	是	行	以	近	天	子	之	光	曰	天	子	作	民	父	母	以	爲	天	下	王	六[82]	三	德	一	曰
漢石經																											
島田本																											
內野本		𧥢			㠯	岓			㞢									㠯	為	兲				弎	悳	弌	
足利本																											
上圖本影天正本																											
上圖本八行本																											
唐石經																											
尚書異文彙錄																											

劉起釪本	正	直	二	曰	剛	克	三	曰	柔	克	平	康	正	直	彊	弗[83]	友	剛	克	燮[84]	友	柔	克	沈	潛[85]	剛	克
漢石經		直																									

82《宋微子世家》及《唐石經》「三」上無「六」字。
83《宋微子世家》「弗」作「不」。
84《宋微子世家》「燮」作「內」。
85《左傳·文公五年》、《宋微子世家》、《劉寬碑》「沈潛」作「沈漸」，《漢書·谷永傳》作「湛漸」。

島田本																											
內野本			式		俘		式											佸								佸	
足利本																											
上圖本 影天正本																											
上圖本 八行本															殭					瘵							
唐石經																											
尚書異 文彙錄																											

劉起釪本	高	明	柔	克	惟[86]	辟	作	福	惟	辟	作	威	惟	辟	玉	食	臣	無[87]	有	作	福	作	威	玉	食	臣	之[88]
漢石經																											
島田本																											
內野本						侵				侵						食									食		
足利本																											
上圖本 影天正本																											
上圖本 八行本																											

86《宋微子世家》「惟」作「維」，下兩處亦同。
87《宋微子世家》「無」作「毋」。
88《宋微子世家》無「之」字。

唐石經																											
尚書異文彙錄																											

劉起釪本	有	作	福	作	威	玉	食[89]	其[90]	害	于	而	家	凶[91]	于	而	國	人	用	側	頗	僻[92]	民	用	僭	忒	七	稽[93]
漢石經																				辟							
島田本																			仄		辟			潛			乩
內野本							飡									或											乩
足利本																											𥡴
上圖本（影天正本）																											𥡴
上圖本（八行本）																			仄								
唐石經																				陂							
尚書異文彙錄																											

89《漢書·王嘉傳》「玉食」上有「亡有」二字。
90《漢書》王嘉、劉向等傳及《後漢書·張衡傳》無「其」字。
91《漢石經》「凶」有「而」字。
92《宋微子世家》「僻」作「辟」。
93《說文·卜部》「稽」作「卟」。

劉起釪本	疑	擇	建	立	卜	筮	人	乃	命	卜	筮	曰	雨	曰	霽[94]	曰	圛[95]	曰	雺[96]	曰	克[97]	曰	貞	曰	悔	凡	七
漢石經																											
島田本																									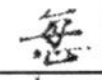		
內野本																											
足利本									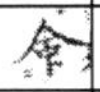																		
上圖本 影天正本																											
上圖本 八行本																											
唐石經																											
尙書異 文彙錄																											

劉起釪本	卜	五	占[98]	用	二	衍	忒[99]	立	時	人	作[100]	卜	筮	三	人	占[101]	則	從	二	人	之	言	汝[102]	則	在	有	大
漢石經																											

94《宋微子世家》「霽」作「濟」。
95《宋微子世家》「圛」作「涕」，鄭玄《古文尚書》「弟」為「圛」。（《尚書校釋譯論》頁 1177）
96《宋微子世家》「雺」作「霧」。
97《周禮‧大卜》鄭玄注引作「尅」，段玉裁云：「尅者剋之訛也。剋，古只作克。」
98《宋微子世家》「占」下有「之」字。
99《宋微子世家》「忒」作「貣」。
100《宋微子世家》「作」作「爲」。
101《公羊傳‧桓公二年》何休《解詁》引「占」作「議」。
102《宋微子世家》「汝」作「女」，下「汝」亦同。

島田本						衎			旹				望						刀刀		㞢		女				
內野本					弍				旹					式						弍	㞢						
足利本						衍			旹																		
上圖本 影天正本																											
上圖本 八行本																											
唐石經																											
尚書異 文彙錄																											

劉起釪本	疑	謀	及	乃	心	謀	及	卿	士	謀	及	庶	人[103]	謀	及	卜	筮	汝	則	從	龜	從	筮	從	卿	士	從
漢石經						謨				謨		庻	民														
島田本		悬				悬				悬				悬						刀刀	亀	刀刀		刀刀			刀刀
內野本	疑	悬	迺			悬				悬		庶		悬						刃刃		刃刃		刃刃			刃刃
足利本			迺																		亀						
上圖本 影天正本			迺					卿													亀				卿		
上圖本 八行本																											
唐石經								卿																	卿		
尚書異 文彙錄																											

103《周禮·鄉大夫》鄭眾注及《漢石經》「庶人」作「庶民」。

劉起釪本	庶	民	從	是	之	謂	大	同	身	其	康	彊[104]	子	孫	其	逢[105]	吉	汝	則	從	龜	從	筮	從	卿	士	逆
漢石經																											
島田本																				[illegible]	[illegible]	[illegible]		[illegible]			
內野本			[illegible]															女		[illegible]		[illegible]					[illegible]
足利本																											
上圖本影天正本																											
上圖本八行本																											
唐石經																									[illegible]		
尚書異文彙錄																											

劉起釪本	庶	民	逆	吉	卿	士	從	龜	從	筮	從	汝	則	逆	庶	民	逆	吉	庶	民	從	龜	從	筮	從	汝	則
漢石經																											
島田本							[illegible]		[illegible]		[illegible]										[illegible]		[illegible]		[illegible]	女	
內野本			[illegible]				[illegible]	[illegible]	[illegible]		[illegible]										[illegible]						
足利本																											
上圖本影天正本																											
上圖本																											

104《宋微子世家》「身其康彊」作「而身其康彊」。
105《宋微子世家》「子孫其逢」作「而子孫其逢」。

八行本																										
唐石經					卿																					
尚書異文彙錄																										

劉起釪本	逆	卿	士	逆	吉	汝	則	從	龜	從	筮	從	卿	士	逆	庶	民	逆	作	內	吉	作	外	凶	龜	筮	共
漢石經																											
島田本																									龜		
內野本	逆			逆											逆			逆									
足利本																											
上圖本影天正本																											
上圖本八行本																											
唐石經		卿											卿														
尚書異文彙錄																											

劉起釪本	違	于	人	用	靜	吉	用	作	凶	八	庶	徵	曰	雨	曰	暘	曰	燠	曰	寒	曰	風	曰	時	五	者	來
漢石經																											
島田本					[illegible]							[illegible]												旹			
內野本																		[illegible]						旹			
足利本																											
上圖本影天正本																											

上圖本 八行本																											
唐石經																											

劉起釪本	備	各	以	其	敍[106]	庶	草	蕃	廡[107]	一	極	備	凶	一	極	無[108]	凶	曰	休	徵	曰	肅	時	雨	若	曰	乂[109]
漢石經																											
島田本																											
內野本																											
足利本																											
上圖本 影天正本																											
上圖本 八行本																											
唐石經																											

劉起釪本	備	各	以	其	敍[110]	庶	草	蕃	廡[111]	一	極	備	凶	一	極	無[112]	凶	曰	休	徵	曰	肅	時	雨	若	曰	乂[113]
漢石經																											

106《宋微子世家》「敍」作「序」。
107《說文·林部》「蕃廡」作「繁無」。
108《宋微子世家》「無」作「亡」。
109《宋微子世家》「乂」作「治」。
110《宋微子世家》「敍」作「序」。
111《說文·林部》「蕃廡」作「繁無」。
112《宋微子世家》「無」作「亡」。
113《宋微子世家》「乂」作「治」。

島田本	僃		亣					畨	㤅			湣										旹				
內野本									庀	亾				亾												
足利本																										
上圖本 影天正本								蓳	㷠																	
上圖本 八行本																				嶶						
唐石經																										

劉起釪本	時	暘	若	曰	哲	時	燠	若[114]	曰	謀	時	寒	若	曰	聖	時	風	若	曰	咎	徵	曰	狂	恒	雨	若	曰
漢石經																											
島田本										惎																	
內野本										惎																	
足利本																											
上圖本 影天正本																											
上圖本 八行本					晢																						
唐石經																				咎				恒			
尚書異																											

114《宋微子世家》「曰哲時燠若」作「曰知時奥若」。《漢書·五行志》作「悊時奥若」，《唐石經》作「悊」。

文彙錄																										
劉起釪本	僭	恒	暘	若	曰	舒[115]	恒	燠	若	曰	急	恒	寒	若	曰	雺[116]	恒	風	若	曰[117]	王	省	惟	歲[118]	卿	士	惟
漢石經																											
島田本						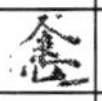																					
內野本																						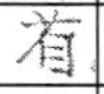					
足利本																											
上圖本影天正本																											
上圖本八行本																											
唐石經																											
尚書異文彙錄																											

劉起釪本	月	師	尹	惟	日	歲	月	日	時	無[119]	易	百	穀	用	成	乂[120]	用	明	俊	民	用	章[121]	家	用	平	康	日
漢石經																											

115《唐石經》及各刊本「舒」作「豫」。
116《宋微子世家》「雺」作「霧」。
117《宋微子世家》無「曰」字。
118《宋微子世家》「王省惟歲」作「王眚維歲」。
119《宋微子世家》「無」作「毋」。
120《宋微子世家》「乂」作「治」。
121《宋微子世家》「俊民用章」作「畯民用章」，《北堂書鈔》引《書》亦作「畯」。《修華岳廟碑》「穡民用章」。

島田本																		畯								
內野本					嵗			旹						𢦩				晙								
足利本					㞢																					
上圖本影天正本					嵗																					
上圖本八行本					嵗																					
唐石經																										
尚書異文彙錄																										

劉起釪本	月	歲	時	既	易	百	穀	用	不	成	乂[122]	用	昏	不	明	俊	民	用	微	家	用	不	寧	庶	民	惟	星
漢石經																											
島田本		𡻕	旹	旡					弗		刈		昬			畯											
內野本		嵗	旹	旡					弗	𢦩						晙											曐
足利本																											
上圖本影天正本		嵗	时						弗																		
上圖本八行本																											
唐石經																											
尚書異文彙錄																											

122《宋微子世家》「乂」作「治」。

劉起釪本	星	有	好	風	星	有	好	雨	日	月	之	行	則	有	冬	有	夏[123]	月	之	從	星	則	以	風	雨	九	五
漢石經																											
島田本											㞢									刅			㠯				
內野本	曐														㚲				㞢	刅	曐		㠯				
足利本																											
上圖本影天正本																											
上圖本八行本																											
唐石經																											
尚書異文彙錄																											

劉起釪本	福	一	曰	壽	二	曰	福	三	曰	康	寧	四	曰	攸	好	德	五	曰	考	終	命	六	極	一	曰	凶	短
漢石經																											
島田本							畐							逌						㚇			極				
內野本	福	弌			弍		畐	弎						逌	㚦	悳				㚇				弌			
足利本																					命						
上圖本影天正本																											
上圖本八行本																											

123 荀悅《漢紀·高帝紀》引本文「有冬有夏」下多「有寒有暑」四字。《開元占經》引《洪範五行傳》則作「而有寒暑」。

唐石經																											
尚書異文彙錄																											
劉起釪本	折	二	曰	疾	三	曰	憂	四	曰	貧	五	曰	惡	六	曰	弱											
漢石經																											
島田本										穷						尪	武	王	旡	勝	殷	𡉚	𢒼	侯	班	宗	彝
內野本		弍		疾	弎					穷							武	王	旡	勝	殷	𡉚	𢒼	侯	班	宗	彝
足利本																	武	王	既	勝	殷	封	諸	侯	班	宗	彝
上圖本影天正本																	武	王	既	勝	殷	封	諸	侯	班	宗	彝
上圖本八行本																	武	王	既	勝	殷	封	諸	侯	班	宗	彝
唐石經																	武	王	既	勝	殷	封	諸	侯	班	宗	彝
尚書異文彙錄																											

劉起釪本																											
漢石經																											
島田本	作	器																									
內野本	作	器																									
足利本	作	分	器																								
上圖本影天正本	作	分	器																								

上圖本八行本	作	分	器																							
唐石經	作	分	器																							
尚書異文彙錄																										

三、今文《周書・金縢》異文表

劉起釪本	既	克	商	二	年[124]	王	有	疾	弗	豫[125]	二	公	曰	我	其[126]	爲	王	穆[127]	卜	周	公	曰	未	可	以	戚	我
清華簡[128]			[illegible]	三				[illegible]		[illegible]																慼	虗
島田本																											
內野本	旡			弍	秊		ナ	疾		悆	弍																
足利本																		穆							以		
上圖本影天正本																											
上圖本八行本																											
唐石經	既									豫								穆									
尚書異文匯錄																											

124 皮錫瑞《今文尚書考證》：「即王訪箕子之歲也。」
125《史記・魯世家》、《論衡》、《禮記·曲禮》疏引《白虎通》、《漢書·韋玄成傳》、《後漢書·儀禮志》均作「不豫」。
126「以」「其」「之」「乃」四字的各本寫法同作「㠯」「亓」「㞢」「迺」，不錄。本表只錄字形有所差異之字。
127《史記・魯世家》「穆」作「繆」，《史記集解》：「徐廣曰：古書『穆』字多作『繆』。」
128 本文所引《清華簡》釋文乃隸定寫法。原圖版見文前《校釋》。李學勤主編《清華大學藏戰國竹簡》（壹），中西書局，2010 年 12 月。

劉起釪本	先	王	公	乃	自	以	爲	功[129]	爲	三	壇[130]	同	墠	爲[131]	壇	於	南	方	北	面	周	公	立	焉	植[132]	璧	秉
清華簡													[illegible]		坦									[illegible]	秉		[illegible]
島田本																											
內野本										弎										靣							
足利本											壇													焉			秉
上圖本 影天正本											壇																秉
上圖本 八行本													墠											焉			康
唐石經																									植		
尚書異 文汇录																											

劉起釪本	珪	乃	告[133]	太	王	王	季	文	王	史	乃	冊	祝	曰[134]	惟	爾	元	孫	某[135]	遘	厲	虐	疾[136]	若	爾[137]	三	王
清華簡																			發	務	遺	盧		爾	母		
島田本																											

129《史記·魯世家》「功」作「質」，孫星衍《尚書今古文注疏》：「功、質，成也。」
130《史記·魯世家》簡作「設三壇」。
131《清華簡》「壇」上衍一「一」字。
132《史記·魯世家》「植」作「戴」。
133《史記·魯世家》「乃告」作「告于」。
134《史記·魯世家》「史乃冊祝曰」作「史策祝曰」。
135《史記·魯世家》「惟爾元孫某」作「惟爾之孫發」。「發」是周武王之名，因避諱改「某」。
136《史記·魯世家》「遘厲瘧疾」作「勤勞阻疾」。
137《清華簡》「若爾」作「爾母（毋）」。

內野本												笧				尒							疾		尒	弍	
足利本												冊				尒									尒		
上圖本影天正本												冊				尒									尒		
上圖本八行本												笧				尒						虐			爾		
唐石經																											
尙書異文汇录																											

劉起釪本	是	有	丕[138]	子[139]	之	責	于	天	以	旦	代	某[140]	之	身	予	仁	若	考[141]	能	多	材	多	藝	能	事	鬼	神
清華簡			備				才																埶			[illegible]	
島田本																											
內野本		ナ					亐													夛		夛				鬼	
足利本							亐																		叓		
上圖本影天正本							亐												能				埶		叓		
上圖本八行本			丕							旦											枝				叓	鬼	
唐石經																										鬼	
尙書異																											

138《清華簡》「備」讀作「服」。
139《史記・魯世家》「丕子」作「負子」。
140《史記・魯世家》「某」作「王發」。
141《史記・魯世家》「若考」作「旦巧」。《清華簡·金縢》作「是年若丂能。」「丂」古文「巧」（從江聲、曾運乾說）。

文汇录																											

劉起釪本	乃	元	孫[142]	不	若	旦	多	材	多	藝	不	能	事	鬼	神	乃	命	于	帝	庭[143]	敷	佑	四	方	用[144]	能	定
清華簡																				縚	尃	又					奠
島田本														鬼					帝	廷		佑	亖				
內野本				弗			夛		夛					鬼				亐			尃	右	亖				
足利本													叓				命										
上圖本影天正本																	命				𢾽	佑					
上圖本八行本								枤					叓	鬼						廷		右					
唐石經																											
尙書異文汇录																											

劉起釪本	爾[145]	子	孫	于	下	地	四	方	之	民	罔	不	祗	畏[146]	嗚	呼[147]	無	墜	天	之	降	寶[148]	命	我	先	王	亦
清華簡						埅																					

142《史記・魯世家》「元孫」作「王發」。
143《史記・魯世家集解》引馬融曰：「武王受命於天帝之庭。」
144《清華簡》「用」作「㠯（以）」，《說文》、《小爾雅》「以，用也。」「定」作「奠」。「定」古韻屬定母耕部，「奠」古韻屬定母真部，二字可通。
145《史記・魯世家》「爾」作「汝」。
146《史記・魯世家》「祗畏」作「敬畏」。
147《史記・魯世家》省「嗚呼」二字。
148《史記・魯世家》「寶」作「葆」。《史記・留侯世家集解》引徐廣曰：「《史記》珍寶字皆作『葆』。」

島田本	尔						亖			[illegible]	[illegible]	[illegible]	[illegible]		[illegible]	[illegible]	[illegible]					[illegible]					
內野本	尒			亐	丁	埊	亖			[illegible]	[illegible]	[illegible]	[illegible]		乌	虖	亾				降	[illegible]					
足利本	尒			亐													亡						余				
上圖本 影天正本																											
上圖本 八行本	爾			亐			亖		㞢								亡					珤					
唐石經										[illegible]																	
尙書異 文汇录																											

劉起釪本	永	有[149]	依	歸	今	我	即	命	于	元	龜	爾	之	許	我	我	其	以[150]	璧	與	珪	歸	俟	爾	命	爾	不
清華簡														[illegible]				[illegible]				[illegible]					
島田本				歸							龜												[151]	尔		尔	弗
內野本		𠂇		歸					亐		龜	尒										歸		尔		尔	弗
足利本								命	亐		亀	尒															
上圖本 影天正本				皈				命																			
上圖本 八行本								命	亐		龜									与			俟				
唐石經																			[illegible]								

149《史記・魯世家》「有」下衍一「所」字。

150《清華簡》「以」作「[illegible]」，原整理者認為，此字从石，[illegible]聲，讀為「晉」或「進」。徐在國先生讀為「厭」。這個字表示「進獻」，與「以」同義，「以」早期甲骨文的含義就是「致、獻」，見裘錫圭《古文字論集》，1992年，頁106。

151島田本「俟」上有「以」。

尚書異文汇录																											

劉起釪本	許	我	我	乃	屏	璧	與	珪	乃	卜	三	龜	一	習	吉[152]	啓	籥	見	書[153]	乃	并	是	吉	公	曰	體[154]	王
清華簡	[illegible]																										
島田本												[illegible]				启											
內野本											弎	[illegible]	弌			启											
足利本							与					亀							[illegible]								
上圖本影天正本							与					亀							言								
上圖本八行本							与									启											
唐石經						[illegible]																					
尚書異文汇录																											

劉起釪本	其	罔	害	予	小	子	新	命	于	三	王[155]	惟	永[156]	終	是	圖	茲	攸	俟	能	念	予	一	人	公	歸	乃
清華簡																											
島田本		[illegible]	[illegible]	[illegible]										[illegible]				逌								[illegible]	

152《史記·魯世家》「一習吉」作「皆曰吉」。
153《史記·魯世家》「啓」作「開」。
154《史記·魯世家》脫「體」字。
155《史記·魯世家》「新命于三王」作「旦新受命三王」。
156《史記·魯世家》「永」作「長」。

內野本		宅							于	弍				臭				迪					弌			歸	
足利本			害													畗											
上圖本影天正本		囯	害													图				乇						歸	
上圖本八行本		宅	害													图		迪									
唐石經																											
尙書異文汇录																											

劉起釪本	納	冊	于	金	滕	之	匱	中	王	翼	日	乃	瘳	武	王	既	喪[157]	管	叔	及	其	群	弟[158]	乃	流	言	於
清華簡					紋													官	弔	返		羣	俤				
島田本	内	笧					匱			翌			瘳			旡											
內野本	內	笧	于														䘮										
足利本		冊																									
上圖本影天正本		冊																							㳅		
上圖本八行本										翌			瘳			旡											
唐石經										翌																	
尙書異文汇录																											

157《清華簡》「武王既喪」作「就後武王力（陟）。」
158《清華簡》「弟」作「兄弟」。

劉起釪本	國	曰	公	將	不	利	於	孺	子	周	公	乃	告	二	公	曰	我	之	弗	辟	我	無	以	告	我	先	王 [159]
清華簡	邦																										
島田本																											
內野本	戜													弍				㞢				亡					
足利本																											
上圖本影天正本								孺																			
上圖本八行本																				辟		亡					
唐石經																											
尙書異文汇录																											

劉起釪本	周	公	居 [160]	東	二	年	則	罪	人	斯	得	于	後	公	乃	爲	詩	以	貽	王	名 [161]	之	曰	鴟 [162]	鴞	王	亦
清華簡			石		三			[illegible]			㝵													周			
島田本																											
內野本			凥		弍			辠		亓		亐															
足利本						秊																					
上圖本																											

159《清華簡》「以告我先王」作「以復見於先王」。
160《清華簡》「居」作「石」。「石」讀為「宅」，「石」禪母鐸部字，「宅」定母鐸部字，可通。
161《史記·魯世家》「名」作「命」。
162「周」當讀為「雕」，幽部字與脂部字旁轉。見《詩經·豳風》。

影天正本																											
上圖本八行本																								[illegible]			
唐石經																											
尙書異文汇录																											

劉起釪本	未	敢	誚[163]	公	秋	大	熟	未	獲	天	大	雷	電	以	風	禾	盡	偃	大	木	斯[164]	拔	邦	人[165]	大	恐	王
清華簡			逆		[illegible]		管		[illegible]			[illegible]					斯	晏				[illegible]					
島田本																											
內野本		[illegible]			秌																[illegible]					[illegible]	
足利本																	尽					抜					
上圖本影天正本																										恐	
上圖本八行本							熟															抜					
唐石經																											
尙書異文汇录																											

163《史記・魯世家》「誚」作「訓」。《清華簡》作「逆」，「逆，迎也。」據此可正傳世文獻之誤。
164《史記・魯世家》「斯」作「盡」。
165《史記・魯世家》「邦人」作「周國」。

劉起釪本	與	大	夫	盡	弁	以	啓[166]	金	縢	之	書	乃[167]	得	周	公	所	自	以	爲	功	代	武	王	之	說	二	公
清華簡				繠[168]	貟		攺		紎											社	弋				敓		
島田本																											
內野本	与						启				𦘠									𢒅							
足利本	与																										
上圖本影天正本			𡗗								𦘠																
上圖本八行本	与						啟													㓛							
唐石經																											
尚書異文汇录																											

劉起釪本	及	王	乃	問	諸	史	與	百	執	事[169]	對	曰	信	噫[170]	公	命	我	勿	敢	言	王	執	書	以	泣	曰	其
清華簡				䎽[171]					[illegible]				訐									捕	箸	吕	湮		

166《史記‧魯世家》「啓」作「開」。
167《史記‧魯世家》「乃」上多一「王」字。
168「綴」之繁體，讀為「端」，屬於月元對轉。見陳劍先生《清華簡〈金縢〉研讀劄記》評論，復旦大學出土文獻與古文字研究中心，2011 年 1 月 5 日。
169《史記‧魯世家》「諸史與百執事」作「史百執事」。
170《史記‧魯世家》無「噫」字。《清華簡》「公」上有「𣪘」字。
171 此字隸定為「聞」，通「問」。張光裕《新見樂從堂尊銘文試釋》，第五屆國際中國古文字學研討會論文；收入張光裕、黃德寬主編《古文字學論稿》，安徽大學出版社，2008 年，頁 5-10。

島田本																								㳄		亣
內野本					𢖍								伩						敎								
足利本										叏	對					佘						執	昬				
上圖本 影天正本										叏	對												昬				
上圖本 八行本					諸		与		執	叏	對																
唐石經																											
尙書異 文汇录																											

劉起釪本	勿	穆	卜	昔	公[172]	勤	勞	王	家	惟	予	沖	人[173]	弗	及	知	今	天[174]	動	威	以	彰	周	公	之	德	惟
清華簡						堇	褮		冡			沓			返	智			適	鬼		章				悳	隹
島田本																			動	畏		彰				悳	
內野本				[illegible]														兲	[illegible]							悳	
足利本																						彰					
上圖本 影天正本																				威							
上圖本 八行本												冲															
唐石經																											

172《史記·魯世家》「昔公」作「昔周公」。
173《尚書大傳》、《史記·魯世家》「沖人」作「幼人」，《大誥》成王自稱「沖人」，
174《清華簡》「天」作「皇天」。

尚書異文汇录																											

劉起釪本	朕	小	子[175]	其	新[176]	逆	我	國	家	禮	亦	宜	之	王	出[177]	郊	天	乃	雨[178]	反	風	禾	則[179]	盡	起	二	公
清華簡	余				親		公	邦	豙	豊						鄗							斯		记		
島田本								㦤				冝															
內野本	𦨶							㦤		礼		宐					兲									弍	
足利本										礼		冝												尽			
上圖本影天正本										礼		冝												尽			
上圖本八行本					新	逆				礼																	
唐石經																											
尚書異文汇录																											

劉起釪本	命	邦	人[180]	凡	大	木	所[181]	偃	盡	起	而	築[182]	之	歲	則	大	熟										

175《清華簡》「小子」作「沖（沖）人」。
176《史記·魯世家》無「新」字。「逆」作「迎」。《清華簡》「新」作「親」。
177《清華簡》「出」前有「乃」字。
178《論衡·感類》「天乃雨」作「天止雨」。《清華簡》作「是夕，天反風。」
179《史記·魯世家》、《論衡·感類》無「則」字。
180《史記·魯世家》「邦人」作「國人」。

清華簡							所	臧	聿	復		笁															
島田本		郭					所	邊				荒		烖			[illegible]										
內野本														災													
足利本									尽					歲													
上圖本影天正本									尽					歲			熟										
上圖本八行本												[illegible]		歲			熟										
唐石經																											
尚書異文汇录																											

四、今文《尚書・大誥》異文表[183]

劉起釪本	王	若	曰	猷[184]	大	誥[185]	爾	多	邦	越[186]	爾[187]	御	事	弗	弔	天	降	割[188]	于	我	家	不	少	延	洪	惟[189]	我
漢石經				猶			爾																			惟	
島田本				繇			尔				尔				予			剄				弗					

181《清華簡》「所」作合文「之所」。

182「築」亦作「筑」。

183 本篇詳細校勘可參考顧頡剛著《顧頡剛古史論文集》卷十上《大誥譯證》，中華書局，2011 年，頁 299-344。本篇詳細字表可參考此書頁 206-254。

184 馬融本「猷」作「繇」。

185 漢馬融本、鄭玄本以及魏王肅本「猷大誥」作「大誥猷」。「猷誥」亦可作「誥猷」。

186《魏石經》作「粵」。

187 漢鄭玄《曲禮》注及《詩經·思齊》引作「乃」，見《尚書校釋譯論》。

188 陸德明《經典釋文》云馬融本作「害」。

189「洪惟」同「弘唯」，發語詞。足利本、上圖本（八行本）「我」前衍一「累」字。

內野本		若					尒	歹		㝵	尒	御			予		降		亐			帇					
足利本							尔				尔		叏					割	亐					延			
上圖本影天正本							尒						叏					割									
上圖本八行本		若		繇													降	割									
唐石經																								延			
尙書異文汇录																											

劉起釪本	幼	沖	人	嗣	無	疆	大	歷[190]	服	弗	造	哲	迪	民	康	矧	曰	其	有	能	格	知[191]	天	命	已	予	惟
漢石經					無													其								予	
島田本	幼																										
內野本	幼			孠	亡	畺						喆		民		矤		亓	ナ								
足利本	幼			嗣	亡							喆									格			命			
上圖本影天正本				嗣																				命			
上圖本八行本					亡	畺																					
唐石經														民													
尙書異文汇录																											

190《魏石經》「歷」作「鬲」。「大歷服」即「大歷」與「大服」。
191《魏石經》「格知」作「彳各知」。

劉起釪本	小	子	若	涉	淵	水	予	惟	往	求	朕	攸[192]	濟	敷	賁[193]	敷	前	人[194]	受	命	茲	不	忘	大	功	予	不
漢石經												攸	濟						受								
島田本																											
內野本					囦				迬		朕	逌	泲	旉		旉	歬						忘		功		弗
足利本					渕				往				泲						受	命		弗					弗
上圖本 影天正本					渕								泲														
上圖本 八行本					囦				迬													弗			功		弗
唐石經					淵																						
尙書異 文汇录																											

劉起釪本	敢	于	閉[195]	天	降	威[196]	用	文	王[197]	遺	我	大	寶[198]	龜	紹[199]	天	明	即	命	曰	有	大	艱	于	西	土	西
漢石經																											
島田本																											

192 上圖本（八行本）脫一「攸」字。
193「敷賁」，把占卜的龜兆給大家看，《尚書校釋譯論》，頁1265。
194「前人」亦稱「前文人」，吳大澂《字說》引《追敦》「用追孝于前文人」。
195 原作「閉于」，據俞樾《群經平議》改為「予不敢于閉」。
196《漢石經》「威」作「畏」，古通用。
197 原作「寧王」，據吳大澂改。
198《魏石經》「寶」作「𠈃」即「保」，古通用。
199「紹」是「召卜」的假借，「明」是「命」的假借，即卜問天的命令或天的旨意。

內野本	敎	閒	于		降			寧					珏	龜							大		艱	于			
足利本		閒	于					寧					宝	龜					命				艱	于			之
上圖本影天正本			閒			戚		寧					宝	龜					命								
上圖本八行本		閒	于					寧						龜													
唐石經								[illegible]																			
尚書異文汇录																											

劉起釪本	土	人	亦	不	靜	越[200]	茲	蠢[201]	殷	小	腆	誕[202]	敢	紀	其	敘[203]	天	降	威	知	我	國	有	疷	民	不	康
漢石經									殷													國					
島田本																											
內野本				弗		粵		𢧐					敔		亓				畏			或		呰	民	弗	
足利本	之			弗															畏			国				弗	
上圖本影天正本																			威					底			
上圖本八行本				弗		粵		𢧐											畏					呰		弗	
唐石經																									[illegible]		

200「越」通「惟」，語氣詞。
201《魏石經》「蠢」作「𢧐」，「蠢」之古文。
202「誕」，發語詞。
203「敘」通「緒」。

尚書異文汇录																											

劉起釪本	曰	予	復	反	鄙	我	周	邦	今	蠢	今	翼	日	民	獻[204]	有	十	夫	予	翼[205]	以	于	敉	文	武	圖[206]	功
漢石經			復						今												以						
島田本																											
內野本										蠢		翌		民	獻	ナ					㠯	亐		寍		圖	㓛
足利本			復									翌					丈						撫	寧			
上圖本影天正本			復									翌		民			丈						敉	寧		圖	
上圖本八行本				反								翌								翌				寧			
唐石經														民										寧			
尚書異文汇录																											

劉起釪本	我	有	大	事	休	朕	卜	並	吉	肆	予	告	我	有	邦	君	越	尹	氏	庶	士	御	事	曰	予	得	吉
漢石經									吉																		
島田本																											

204《尚書大傳》作「民儀」，「民獻」亦可作「獻民」。
205「予翼」是「翼予」的倒文，意為「輔佐我」。
206 吳音「大」讀為「圖」，《尚書校釋譯論》。

內野本		大				般								亟			粤									寻	
足利本				叓				并						友			粤						叓				
上圖本影天正本				叓				并						友						庻			叓				
上圖本八行本								并						交						庻			叓				
唐石經								[illegible]																			
尙書異文汇录																											

劉起釪本	卜	予	惟	以	爾	庶	邦	于	伐	殷	逋	播	臣	爾	庶	邦	君	越	庶	士	御	事	罔	不	反	曰	艱
漢石經																							[illegible]				
島田本																											
內野本				㠯	尒	庻		亐				[illegible]		尒	庻			粤	庻				亡	弗			
足利本					尒			亐														叓	罔	弗			囏
上圖本影天正本					尒	庻								尒	庻							叓	罔				艰
上圖本八行本								亐														叓		弗			
唐石經																											
尙書異文汇录																											

劉起釪本	大	民	亦[207]	不	靜	亦	惟	在	王	宮	邦	君	室	越	予	小	子	考	翼[208]	不	可	征	王	害[209]	不	違	卜
漢石經								在										考									
島田本																											
內野本		[illegible]		弗										粤						弗					弗		
足利本				弗										粤						弗					弗		
上圖本影天正本		[illegible]																						害			
上圖本八行本				弗															翌	弗					弗		
唐石經		[illegible]																									
尙書異文汇录																											

劉起釪本	肆	予	沖	人	永	思	艱	曰	烏	虖[210]	允	蠢	鰥	寡	哀	哉	予	造	天	役	遺[211]	大	投	艱	于	朕	身
漢石經																哉											
島田本																											
內野本						恖						𢧵	鰥		才					伇					亐	朕	
足利本							艱		鳴	吁			鰥											艱	亐		

207 原脫「亦」字，據內野本、足利本增。
208「考翼」當作「孝友」，見于省吾《尚書新證》。
209「害」同「曷」。
210 後代通用「嗚呼」，《魏石經》作「烏虖」。
211 原作「役遺」，于省吾認為應是「役遺」，「遺」即「讉」。

上圖本 影天正本									嗚	呼			鮮			𢦔								狠			
上圖本 八行本										呼		截	鮮												亐	般	
唐石經																											
尚書異 文汇录																											

劉起釪本	越	予	沖	人	不	印	自	卹	義	爾	邦	君	越	爾	多	士	尹	氏	御	事	綏	予	曰	無	毖	于	卹
漢石經								恤																			
島田本																											
內野本	粵				弗			恤	誼	尒			粵	尒	夛									亡		亐	恤
足利本					弗			恤	誼	尒				尒						叓				亡			恤
上圖本 影天正本								恤						尒						叓							
上圖本 八行本	粵				弗	我			誼	尒				尒										亡	毖	亐	
唐石經								恤																			
尚書異 文汇录																											

劉起釪本	不	可	不	成	乃	文	考	圖	功	已	予	惟	小	子	不	敢	僭[212]	上	帝	命	天	休	于	文	王	與	我

212 原作「替」，王莽引作「僣」，《魏石經》作「朁」。

漢石經																											
島田本																											
內野本	弗		弗	咸	迺	寍		圖	功						弗		替	上					亏	寍		興	
足利本	弗		弗		迺	寧		啚							弗		替			余			亏	寧		與	
上圖本影天正本						寍											替			余				寧		與	
上圖本八行本	弗		弗		迺	寧									弗		替						亏	寧		與	
唐石經						寧																		寧		興	
尙書異文汇录																											

劉起釪本	小	邦	周	文	王	惟	卜	用	克	綏	受	茲	命	今	天	其	相	民	矧	亦	惟	卜	用	烏	虖	天	明
漢石經																											
島田本																											
內野本				寍												亣		民	矤								
足利本				寧							𠬪													嗚	呼		
上圖本影天正本				寧																				嗚	呼		
上圖本八行本				寧																					呼		
唐石經				寧														民						嗚	呼		
尙書異文汇录																											

劉起釪本	畏 213	弼	我	丕	丕	基	王	曰	爾	惟	舊	人	爾	丕	克	遠	省 214	爾	知	文	王	若	勤	哉	天	閟	毖 215
漢石經																遠											
島田本																											
內野本		弻				亓			尒				尒				眚	尒		寍				才			
足利本		弻			乙				尒		旧		尒					尒		寍			勤			閟	
上圖本影天正本		弻							尒		旧		尔					尔		寍			勤	𢦏		閟	
上圖本八行本													爾					爾		寧			勤				毖
唐石經																				寧							
尚書異文汇录																											

劉起釪本	我	成	功	所	予	不	敢	不	極	卒	文	王	圖	事	肆	予	大	化	誘	我	有	邦	君	天	棐 216	忱	辞 217
漢石經																											辭
島田本																											
內野本		戚	玢			弗	敢	弗			寍		圖														司
足利本						弗					寧		啚	叓							友						詞

213 王莽本「畏」作「威」，古通用。
214「遠省」金文常作「適省」，見《大盂鼎》，疑「遠」為「適」之訛誤。
215 王莽本作「毖勞」。
216「棐」是「匪」的假借，「棐忱」即「不信」。
217「辞」原作「辭」，據于省吾《尚書新證》改。

上圖本影天正本										寧		圖	𡩋							友						辭
上圖本八行本			㓛			弗		弗			寧			𡩋							友					忱	辭
唐石經											寧																
尙書異文汇录																											

劉起釪本	其	考	我	民	予	害[218]	其	不	于	前	文	人	圖	功	攸	終	天	亦	惟	用	勤	毖	我	民	若	有	疾
漢石經																											
島田本																											
內野本	亓						亓	弗		歬	寧		圖	㓛	逌	㚇								民		ナ	
足利本						曷		弗	亏		寧		圖														
上圖本影天正本				民		害			亏	歬	寧										勤	毖					
上圖本八行本						害	亓	弗	亏	歬	寧					㚇						毖					
唐石經				民							寧																
尙書異文汇录																											

劉起釪本	予	害	敢	不	于	前	文	人	攸	受	休	畢	王	曰	若	昔	朕	其	逝	朕	言	艱	日	思	若	考	作
漢石經																											作

218「害」唐代改為「曷」。

島田本																											
內野本		舌	敎	弗	亐	斊	寍		逌							谷	畯	亣		畯		䛘		息			作
足利本		曷		弗	亐		寍			叏												艱					
上圖本 影天正本		曷			亐		寍															艱					
上圖本 八行本				弗	亐		寍			叏															若		
唐石經							[illegible]																				
尚書異 文汇录																											

劉起釪本	室	既	厎	法	厥	子	乃	弗	肯[219]	堂	矧	肯	構	厥	考	翼[220]	其	曰	予	有	後	弗	棄	基[221]	厥	父	菑
漢石經					厥																				厥		
島田本																											
內野本		旡	底		氒		迺	弗		堂	矤		構	氒											氒		
足利本			致				迺	弗															弃				菑
上圖本 影天正本									肻		矤																
上圖本 八行本			底		氒				肻																氒		
唐石經																											

219《後漢書·章帝紀》「肯」作「克」。
220「翼」通「緊」，無意義之語詞。
221 自「厥考翼」至「弗棄基」脫十一字，今據鄭玄本、王肅本增。

尚書異文汇录																											

劉起釪本	厥	子	乃	弗	肯	播	矧	肯	獲	厥	考	翼	其	肯	曰	予	有	後	弗	棄	基	肆	予	害	敢	不	越
漢石經																											
島田本																											
內野本	氒		迺			羽	矤		獲	氒			亓				𠂇			弃	亝				敌	弗	粵
足利本				不														后		弃				曷		弗	
上圖本影天正本							矤													弃				曷			
上圖本八行本	氒									亓		翌	亓											害		弗	
唐石經						播																					
尚書異文汇录																											

劉起釪本	印	敉	文	王	大	命	若	兄	考[222]	乃	有[223]	伐	厥	子	民	養	其	觀[224]	弗	救	王	曰	嗚	呼	肆	我	告[225]
漢石經		敉																									
島田本																											
內野本			寍							迺	𠂇	友	氒		𫝀	養	亓	勸					烏	虖		缺	𢦏
足利本		撫	寧			命				迺	友					養		勸									

222「兄考」即「皇考」。
223 原作「乃有友」，「友」為羨文（曾運乾《尚書正讀》）。
224 漢人誤寫作「勸」，見于省吾《尚書新證》。
225 原誤作「肆哉爾」，今據楊筠如《尚書覈詁》改。

上圖本影天正本		撫	寧			命	若											勸									
上圖本八行本			寍							迺	攸		亦			参	亍	勸						鳥		缺	
唐石經			[illegible]																								
尚書異文汇录																											

劉起釪本	爾	庶	邦	君	越	爾	御	事	爽	邦	由[226]	哲	亦	惟	十	人	迪	知	上	帝	命	越	天	棐	忱	爾	時
漢石經																											
島田本																											
內野本	尒	庻			粤	尒			爽		繇	喆					迪		上			粤				尒	旹
足利本	尒	庻				尒		叓	爽			喆									命					尒	旹
上圖本影天正本											用										命					尔	旹
上圖本八行本						尒			爽		繇	喆													忱	尒	
唐石經																											
尚書異文汇录																											

226「由」亦作「迪」、「用」，三字古通。

劉起釪本	罔	敢	易	定[227]	矧	今	天	降	戾	于	周	邦	惟	大	艱	人	誕	以[228]	胥	伐	于	厥	室	爾	亦	不	知
漢石經																		鄰									
島田本		敎		法	矤				決									㠯	胥			氒		尒		弗	
內野本	亡	敎		法	矤					亏								㠯			亏	氒		尒		弗	
足利本										亏					艰			鄰						尒			
上圖本影天正本										亏					艰			隣									
上圖本八行本										亏											亏	亓		尒		弗	
唐石經																		鄰									
尙書異文汇录																											

劉起釪本	天	命	不	易	予	永	念	曰	天	惟	喪	殷	若	穡	夫	予	害	敢	不	終	朕	畝	天	亦	惟	休	于
漢石經																											
島田本														嗇			宔	敎	弗	㚇		畮					
內野本			弗								䘮			嗇				敎	弗	㚇	般	畮					亏
足利本		命												嗇	夫		曷					畒					亏
上圖本影天正本																					般	畒					亏
上圖本八行本			弗											嗇								畒					亏

227 原誤作「易法」，王莽本作「定」。

228「誕」，語氣詞；「以」原作「鄰」，雲窗本古寫隸古定作「㠯」，乃古「鄰」字。于省吾《尚書新證》認為「㠯」是「以」之形誤。

唐石經																						敢					
尚書異文汇录																											

劉起釪本	前	文	人	予	害	其	極	卜	敢	弗	于	從	率	文	人	有	旨[229]	疆	土	矧	今	卜	並	吉	肆	朕	誕
漢石經																											
島田本	歬	寍			害	亓			敢			刅		寍		ナ	恉	畺		矤			竝				
內野本	歬	寍				亓			敢				衘	寍		ナ				矤						朕	
足利本		寧			曷						亐			寧									竝				
上圖本影天正本					曷								率	寧													
上圖本八行本													衞	寍									竝				
唐石經														寧													
尚書異文汇录																											

劉起釪本	以	爾	東	征	天	命	不	僭	卜	陳	惟	若	玆
漢石經								僭					
島田本	㠯	伱						朁		敶			
內野本	㠯	尒								敶			
足利本		尒				命							

229「旨」通行本作「指」，王莽本作「旨」。

上圖本 影天正本											若																
上圖本 八行本		尒																									
唐石經																											
尙書異 文汇录																											

五、今文《尚書・康誥》異文表

劉起釪本	惟	三	月	哉[230]	生	魄[231]	周	公	初	基[232]	作	新	大[233]	邑	于	東	國	洛[234]	四	方	民	大	和	會[235]	侯	甸	男
漢石經																											
魏石經																											
內野本				才						亝							或	条	亖		[illegible]		咊	岃	侯		
足利本																											
上圖本 影天正本																								㑹			
上圖本 八行本				才													或	条	亖					岃	侯		

230《漢書・王莽傳》引作「載」。
231「魄」金文作「霸」。《說文解字・月部》「霸」字：「《周書》曰：哉生霸。，古文霸。」
232 鄭玄訓「基」為「謀」。劉起釪：「基」、「其」古通。
233 盧見曾刊本《尚書大傳》無「大」字。「大邑」為商及周初對國都的稱呼。
234《史記・周本紀》作「雒」。
235 薛氏本作「岃」。《保卣》銘文「遘于四方迨王大祀」，迨為古文「會」。

唐石經																										
尚書異文汇录																										

劉起釪本	邦	采	衛	百	工	播[236]	民	和[237]	見	士	于	周	周	公	咸	勤[238]	乃[239]	洪	大	誥	治	王	若	曰	孟	侯	朕
漢石經																											
魏石經																											
內野本						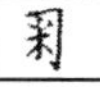																					
足利本																											
上圖本影天正本																											
上圖本八行本										事																	
唐石經																											
尚書異文汇录																											

236 于省吾：播民即遷民。「播」《散盤》作「𢿌」，《師旅鼎》作「𣪠」。
237 和，猶合也。合，周初作「𨚕」或「迨」。
238《經典釋文》云：一本作「周公廼洪大誥治」，無「咸勤」二字。
239《經典釋文》「乃」作「廼」。段玉裁云：天寶以前《尚書》本皆作「廼」，天寶時始改為「乃」。

劉起釪本	其	弟	小	子	封	惟	乃	丕	顯	考	文	王[240]	克	名	德	慎	罰[241]	不	敢	侮	鰥	寡[242]	庸	庸	祗	祗	威
漢石經																											
魏石經																											
內野本	亓				𡉚										悳	昚		弗	𢽟						祇	祇	畏
足利本									㬎								罸				鰥						
上圖本影天正本																	罸				鰥						威
上圖本八行本	亓				𡉚										悳	昚		弗	𢽟		鰥						
唐石經																											
尙書異文汇录																											

劉起釪本	威[243]	顯	民	用	肇	造	我	區	夏	越[244]	我	一	二	邦	以	修	我	西	土	惟	時	怙	冒	聞	于	上	帝[245]
漢石經																											

240 大盂鼎（《集成》2837）「丕顯考文王」作「丕顯玟王」。

241《左傳·成公二年》引作「《周書》曰：明德罰慎，文王所以造周也。」省略「克」字，《荀子·成相》：「明德慎罰」又《禮記·大學》：「《康誥》曰：『克明德』」。

242《無逸》亦有此句，《烝民》作「不侮矜寡」，昭元年《左傳》引作「不侮鰥寡」。

243 當讀為「庸祇威，庸祇威顯民」（于省吾）。漢徐幹《中論·法象篇》：「文王祇畏」，以「畏」作「威」。王應麟《漢書藝文志考證》云：「漢人引『祇祇畏畏顯民』」。漢代本作「畏」，薛本作「[illegible]」，「威」當系衛包所改。《尚書校釋譯論》。

244「越」同金文中的「雩」，「與」「及」義。

245 偽《古文尚書》和《書集傳》將上句讀至「越我一二邦以修」斷句，「我西土」以下偽孔點讀不明確，《書集傳》則讀為「我西土惟時怙昌，聞于上帝」，胡廣《侍中箴》作「勖聞上帝。

魏石經																											
內野本	畏														吕						峕	祜		[illegible]		丄	
足利本																								[illegible]			
上圖本影天正本	威	顯							犮															[illegible]			
上圖本八行本					[illegible]										吕						峕			[illegible]		丄	
唐石經			■																								
尙書異文汇录																											

劉起釪本	帝	休	天	乃	命[246]	文	王	殪	戎	殷	誕	受	厥	命	越	厥	邦	厥	民	惟	時	敘	乃	寡	兄	勖	肆
漢石經																											
魏石經																											
內野本			兲			[illegible]							亣			亣		亣	[illegible]		峕					勗	
足利本					命							[illegible]		命													
上圖本影天正本					命								其	命													
上圖本八行本					命								亣					亣			峕					[illegible]	
唐石經																			■								
尙書異																											

246 足利本、上圖影天正本「命」前衍一「大」字。

文汇录																												

劉起釪本	汝	小	子	封	在	茲	東	土	王	曰	嗚	呼[247]	封	汝	念	哉	今	民	將	在[248]	祗	遹	乃	文	考	紹	聞
漢石經																											
魏石經																											
內野本	女			㞷							乌	虖	㞷	女		才		[illegible]						文			[illegible]
足利本				㞷							乌	虖				才											[illegible]
上圖本影天正本													㞷			戈											聞
上圖本八行本				㞷							乌	虖	㞷														聞
唐石經																		[illegible]									
尙書異文汇录																											

劉起釪本	衣[249]	德	言	往	敷	求	于	殷	先	哲	王	用	保	乂	民[250]	汝	丕	遠	惟	商	耇[251]	成	人	宅	心	知	訓

247《潛夫論》引作「於戲」。古文及隸古定皆作「烏虖」。

248 阮元《校勘記》：「古本民上有『治』字。」古本指足利本。

249「衣」，內野本、神宮本作「服」。僞《孔傳》釋作「繼其所聞服行其德言」，因而「衣」作「服」，段玉裁曾指出日本古寫本常因僞傳改經文，江聲讀「衣」爲「殷」，如上「殪戎殷」，《中庸》有「壹戎衣」之例。

250「保，安也。」「保乂」通《堯典》「俾乂」。

251《說文》：「耇，老也」。

漢石經																											
魏石經																										智	訓
內野本	服	悳		徃	尃										[illegible]	女											訓
足利本		悳																									
上圖本 影天正本		悳		徃	旉																						
上圖本 八行本		悳		徃	旉					悊				乂		女											訓
唐石經				往											[illegible]												
尙書異 文汇录																											

劉起釪本	別[252]	求	聞	由	古	先	哲	王	用	康	保	民	宏	于	天	若	德[253]	裕	乃	身	不	廢	在	王	命[254]	王	曰
漢石經																											
魏石經																											
內野本			𦖞	繇	古							[illegible]					悳	[illegible]			弗						
足利本			𦖞	繇													悳	[illegible]			弗	廢					
上圖本 影天正本			𦖞	繇													悳	裕									

252 王引之：「別」通「辯」，徧也。

253《荀子．富國》篇引：「《康誥》曰：『宏覆乎天若，德裕乃身。』之謂也。」「宏」下衍「覆」字，「于」作「乎」。

254《荀子．富國》篇引此句，段玉裁《古文尚書撰異》云：宋版本「乃身」下有「不廢在王庭」五字，元刻、近刻則無之。

上圖本八行本			青	誅													悳	衮			弗	癈		命			
唐石經												[illegible]															
尚書異文汇录																											

劉起釪本	嗚	呼	小	子	封	恫	瘝[255]	乃	身	敬[256]	哉	天	畏	棐	忱[257]	民	情	大	可	見	小	人	難	保[258]	往	盡	乃
漢石經																											
魏石經																											
內野本	乌	虖			𡉚						才	兲				𫝀									徃		
足利本											才												難		徃	尽	
上圖本影天正本											才																
上圖本八行本	乌	虖			𡉚						才				忱										徃	盡	
唐石經																[illegible]									[illegible]		
尚書異文汇录																											

255《後漢書・和帝紀》「瘝」作「矜」。

256《尚書校釋譯論》：敬，通警，警覺。

257《風俗通・十反》篇云：《書》曰：天威棐諶，言天德輔誠也。《文選・班固幽通賦》「實棐諶而相訓」，李善注：「《尚書》曰：天威棐諶，『諶』與『忱』古字通也。」蔡邕《琅琊王傳蔡公碑》：「示以棐諶之威」。

258《唐石經》缺「保」。

劉起釪本	心[259]	無	康	好	逸[260]	乃	其	乂	民[261]	我	聞	曰	怨	不	在	大	亦	不	在	小[262]	惠	不	惠	懋	不	懋[263]	已[264]
漢石經																											
魏石經																											
內野本		亡		[illegible]			亓		[illegible]		[illegible]			弗				弗				弗		[illegible]	弗	[illegible]	
足利本											[illegible]			弗				弗				弗		[illegible]	弗	[illegible]	
上圖本影天正本		亡					亓				[illegible]		[illegible]	弗				弗				弗		[illegible]	弗	[illegible]	
上圖本八行本		亡		[illegible]			亓				[illegible]		[illegible]	弗				弗				弗		[illegible]	弗		
唐石經																											
尚書異文汇录																											

259 漢時「盡」多作「悉」，《史記·三王世家》武帝封燕、齊、廣陵王皆曰「悉爾心」（《漢書·武五子傳》同），《漢舊儀》宣帝神爵三年丞相初拜策、五鳳二年御史大夫初拜策並云「往悉乃心，和裕開民」，《漢書·董賢傳》元帝封賢策曰：「往悉爾心」，《袁良碑》「往悉乃心」，蔡邕《西鼎銘》「悉心在公」，《司空文烈侯楊公碑》「悉心畢力」，《朱公叔鼎銘》「悉心臣事」。

260 《唐石經》及各刊本「逸」下有「豫」字，作「豫」或「豫」。《史記·三王世家》引《立廣陵王策》作：毋侗好佚。《漢書·武五子傳》引《廣陵王賜策》作：毋桐好逸。

261 《唐石經》缺「乃其乂民」。「乂」今文作「艾」。

262 《唐石經》缺「大亦不在小」。

263 《唐石經》缺「懋」字，《左傳》昭公八年：「《周書》曰：『惠不惠，茂不茂』。

264 《唐石經》缺「已」字。

劉起釪本	汝	惟	小	子[265]	乃	服	惟	弘[266]	王	應	保	殷	民[267]	亦	惟	助	王	宅	天	命[268]	作	新	民	王	曰	嗚	呼[269]
漢石經																											
魏石經																											
內野本	女																									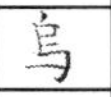	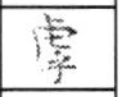
足利本	女																										
上圖本影天正本																											
上圖本八行本	女																										
唐石經																											
尙書異文汇录																											

劉起釪本	封	敬	明	乃	罰	人	有	小	罪	非	眚[270]	乃	惟	終	自	作	不	典[271]	式	爾[272]	有	厥	罪	小	乃	不	可
漢石經																											
魏石經																											

265《唐石經》缺「汝惟小子」，《經傳釋詞》說，「惟」同「雖」。
266《唐石經》缺「乃覆惟弘」。
267《唐石經》缺「殷民二字，《國語·周語下》「應保」作「膺保」。
268《書集傳》作「安定天命」。
269《潛夫論·述赦》篇引作「於戲」。
270《潛夫論·述赦》篇引作「匪省」，下「非」亦同。《經典釋文》：「眚」亦作「省」。段玉裁《古文尚書撰異》：古「眚」、「省」通用。
271 偽《孔傳》釋作「自為不常」。
272《潛夫論·述赦》篇引作「戒爾」。

內野本	㞷						ナ		辠					㚇			弗			尒	ナ	亓				弗	
足利本							ナ										弗				ナ					弗	
上圖本 影天正本					罸									㚇						尒	ナ	亓	辠			弗	
上圖本 八行本	㞷				罸															尒							
唐石經																											
尚書異 文汇录																											

劉起釪本	不	殺	乃	有	大	罪	非	終	乃	惟	眚	灾[273]	適	爾	既	道	極	厥	辜[274]	時	乃[275]	不	可	殺	王	曰	嗚
漢石經																											
魏石經																											
內野本	弗			ナ		辠		㚇				灾		尒	旡			亓		旹		弗					乌
足利本	弗			ナ		辠		㚇				灾		尒	无			亓		旹		弗					
上圖本 影天正本				ナ		辠		㚇				灾		尒	尒			亓		旹							
上圖本 八行本																				旹							
唐石經												灾															

273《潛夫論・述赦》篇引作「乃惟省哉」。
274《潛夫論・述赦》篇引作「罪」。
275《潛夫論・述赦》「乃」作「亦」。

尙書異文汇录																											

劉起釪本	呼	封	有	敘	時[276]	乃	大	明	服	惟	民	其	勑	懋	和	若[277]	有	疾	惟	民	其	畢	棄	咎	若[278]	保	赤
漢石經																											
魏石經																											
內野本	虖	㞷			旹						𫝀	亓		楙	咊		ナ			𫝀	亓		弃				
足利本		㞷			旹							亓		楙	咊		ナ			𫝀	开		弃				
上圖本影天正本	虖		ナ		旹							开		楙	咊		ナ			𫝀	开		弃				
上圖本八行本		㞷			旹																		弃				
唐石經																											
尙書異文汇录																											

劉起釪本	子	惟	民	其	康	乂[279]	非	汝	封	刑	人	殺	人	無	或	刑	人	殺	人	非	汝	封	又	曰	劓	刵[280]	人

[276] 偽《孔傳》及《書集傳》皆讀「有敘」斷句。
[277]《荀子・富國》篇「若」誤作「而」，另「勑」作「力」，懋，熹平石經作茂。
[278]《大學》引《康誥》「若」作「如」，《太尉橋公廟碑》亦同。
[279]《薦皇甫規》、《樊毅修華嶽碑》、《郭究碑》、《郙閣頌》「乂」皆作「艾」。
[280]《經義述聞》說「刵」當做「刖」字，形相似而誤也，下「刵」同。

漢石經																											
魏石經																											
內野本			[illegible]	[illegible]					𡌭					亡							女	𡌭					
足利本								女	𡌭					亡							女	𡌭					
上圖本 影天正本				[illegible]				女	𡌭					亡								𡌭					
上圖本 八行本				[illegible]					𡌭					亡							女	𡌭					
唐石經			[illegible]																								
尚書異 文汇录																											

劉起釪本	無	或	劓	刵	人	王	曰	外	事	汝	陳	時	臬	司	師	茲	殷	罰	有	倫	又	曰	要	囚[281]	服	念[282]	五
漢石經																											
魏石經																											
內野本	亡									女		旹							ナ								㐅
足利本	亡								𡌭																		
上圖本 影天正本	亡								𡌭			旹							ナ								
上圖本 八行本										女		旹															

281《周禮‧鄉士》「要囚」作「要之」。

282 吳質《答東阿王書》「服念」作「伏念」。

唐石經																											
尙書異文汇录																											

劉起釪本	六	日	至	于	旬	時	丕	蔽	要	囚	王	曰	汝	陳	時	臬	事	罰	蔽	殷	彝	用	其	義	刑	義	殺
漢石經																											
魏石經																											
內野本															旹						彞		亓	誼		誼	
足利本													女				叓							誼		誼	
上圖本影天正本															旹		叓				彞			誼		誼	
上圖本八行本						旹		蔽					女		旹				蔽								
唐石經																											
尙書異文汇录																											

劉起釪本	勿	庸	以	次	汝	封	乃	汝	盡	遜	曰	時	敘	惟	曰	未	有	遜	事[283]	已	汝	惟	小	子	未	其	有
漢石經																											
魏石經																											
內野本		用	㠯		女	𡉚		女				旹					ナ				女					亓	ナ

[283]《荀子・致仕》篇引《書曰》：「義刑義殺，勿庸以即汝，惟曰未有順事。」「次」作「即」，「遜」作「順」。

足利本		用	呂		女	𡉚		女				旹					𠂇		[illegible]		女						𠂇
上圖本影天正本		用	呂						尽			旹					𠂇		[illegible]							开	𠂇
上圖本八行本					女				蠢	遜								遜									
唐石經																											
尙書異文汇录																											

劉起釪本	若	汝	封	之	心	朕	心	朕	德[284]	惟	乃	知	凡	民	自	得	罪[285]	寇	攘	姦	宄	殺	越	人	于	貨	敃
漢石經																		[illegible]	[illegible]								
魏石經																											
內野本			𡉚	㞢					悳					[illegible]		㝵	辠	冦									啓
足利本		女	𡉚														辠			[illegible]							
上圖本影天正本			𡉚														辠	冦		[illegible]							啓
上圖本八行本		女							悳				亿														
唐石經														[illegible]													
尙書異文汇录																											

284 神宮本、清原家藏本作「朕心德」。
285《荀子‧君子》篇引作「凡人自得罪」。

劉起釪本	不	畏	死	罔	弗	憝[286]	王	曰	封	元	惡	大	憝	矧	惟	不	孝	不	友	子	弗	祗	服	厥	父	事	大
漢石經				[illegible]																							
魏石經																											
內野本	弗			㒺		憝			𡉚		惡					弗		弗						亓			
足利本	弗			㒺	弗				𡉚		惡													亓		叓	
上圖本影天正本				㒺	弗	憝			𡉚		惡			矤										其		叓	
上圖本八行本																											
唐石經																											
尙書異文汇录																											

劉起釪本	傷	厥	考	心	于[287]	父	不	能	字	厥	子	乃	疾	厥	子	于	弟	弗	念	天	顯	乃	弗	克	恭	厥	兄
漢石經																											
魏石經																											
內野本		亓					弗			亓				亓						兲					龔	亓	

286 《孟子·萬章下》引：「《康誥》曰：殺越人于貨，閔不畏死，凡民罔不譈。」「𢿌」作「閔」，「弗」作「不」，「憝」作「譈」。《說文·心部》引《周書》曰：「凡民罔不憝。」

287 俞樾說，「于」讀爲「爲」。

足利本		亓								所				亓							顯					所	
上圖本 影天正本	傷	其	享						孚	所				所							顯					所	
上圖本 八行本		亓																			顯						
唐石經																											
尚書異 文汇录																											

劉起釪本	兄	亦	不	念	鞠	子[288]	哀	大	不	友	于	弟	惟	弔	茲	不	于	我	政	人	得	罪	天	惟[289]	與	我	民
漢石經																											
魏石經																											
內野本			弗		鞫				弗							弗					㝵	辠	兲				[illegible]
足利本			弗		鞠				弗													辠			辠		
上圖本 影天正本			弗						弗					予								辠			辠		
上圖本 八行本		亦																									
唐石經																											[illegible]
尚書異																											

288 鞠子，《經義述聞》說，育、稺、毓、鬻、鞠並可通，《康誥》「兄亦不念鞠子哀」，《顧命》「無遺鞠子羞」之「鞠子」即《堯典》「教育子」（《說文》、《周禮・大司樂》注引）之「育子」，《五帝本紀》作「稺子」，《豳風・鴟鴞》「鬻子之閔斯」之「鬻子」。

289《熹平石經》「天惟」作「維天」。

文汇录																											

劉起釪本	彝	大	泯	亂	曰	乃	其	速	由	文	王	作	罰	刑	茲	無	赦	不	率	大	戛[290]	矧	惟	外	庶	子	訓
漢石經																											
魏石經																											
內野本	彝			乿			亓		繇	文						亡		弗	衛			效			庶		訔
足利本	彝			乱			亓		繇										衛		戛	效		訔	庶		
上圖本影天正本	彝			乱			亓		繇							亡			衛		戛	效			庶		訔
上圖本八行本	彝															亡									庶		
唐石經																											
尙書異文汇录																											

劉起釪本	人	惟[291]	正	人	越	小	臣	諸	節	乃	別	播	敷	造	民	大	譽	弗	念	弗	庸	瘝[292]	厥	君	時	乃	引
漢石經																											
魏石經																											

290 郭店簡《成之聞之》：「康𧥺（誥）曰：『不還大暊，文王复（作）罰，型（刑）丝（茲）亡惥（赦）』害（曷）？此言也，言不靠大祟（常）者，文王之型（刑）莫𠊱（重）女（焉）」，「不還大暊」、「不靠大祟」即下「不率大戛」。

291 上圖影天正本「惟」后有一「其」字。

292「瘝」原文作「鰥」或「矜」。

內野本					㝵			㣇		迺	公	羽	蕚		㔾								乓		岩		
足利本					㝵			㣇		迺	公	羽	蕚										乓		岩		
上圖本 影天正本					㝵			㣇		迺	公												乓		岩		
上圖本 八行本									莭													瘝					
唐石經															[redacted]												
尙書異 文汇录																											

劉起釪本	惡	惟	朕	憝	已	汝	乃	其	速	由	茲	義	率	殺	亦	惟	君	惟	長	不	能[293]	厥	家	人	厥	小	臣
漢石經																											
魏石經																											
內野本				憝		女	迺	亓		繇			衛						兂	弗		乓			乓		
足利本	悪			憝		女	迺	亓				羛										乓			乓		
上圖本 影天正本	悪			憝		女	迺	亓				羛								弗		乓			㝵		
上圖本 八行本						女																					
唐石經																											
尙書異 文汇录																											

293 薛季宣本「能」作「耐」。

劉起釪本	外	正	惟	威	惟	虐	大	放	王	命[294]	乃	非	德	用	乂	汝	亦	罔	不	克	敬	典	乃	由	裕	民	惟
漢石經																											
魏石經																											
內野本				畏							迺		悳					亡	弗				迺			𠬝	
足利本						虐					迺					女		亡							衮		
上圖本影天正本				威		虐					迺																
上圖本八行本						虐				令			悳												衮		
唐石經																										[illegible]	
尙書異文汇录																											

劉起釪本	文	王	之	敬	忌	乃	裕	民	曰	我	惟	有	及	則	予	一	人	以	懌[295]	王	曰	封[296]	爽	惟	民	迪	吉
漢石經																											
魏石經																											
內野本	𢘑					迺	衮	𠬝				ナ				弌						𡉚	爽		𠬝		
足利本							衮					ナ										𡉚	爽				

[294]《堯典》「方命」，《漢書》引作「放命」，《史記・五帝本紀》「方命」作「負命」。
[295]《荀子・君道》篇作「懌」作「擇」。
[296] 曾運乾說，「爽」讀爲尚，與「矧」對用，是。

上圖本影天正本							衮					大				丅						羊	爽				
上圖本八行本																							爽				
唐石經								■																	■		
尙書異文汇录																											

劉起釪本	我	時	其	惟	殷	先	哲	王	德	康	乂	民	作	求	矧	今	民	罔	迪	不	適	不	迪	則	罔	迪	不
漢石經																											
魏石經																											
內野本							喆					𢀓			𢼄		𢀓	𡧓		弗		弗					弗
足利本							喆								𢼄			𡧓				弗			𡧓		
上圖本影天正本		是	亓				喆								𢼄			𡧓				弗			𡧓		
上圖本八行本		旹	亣						悳																		
唐石經												■					■										
尙書異文汇录																											

劉起釪本	迪	則	罔	政	在	厥	邦	王	曰	封	予	惟	不	可	不	監	告	汝	德	之	說	于	罰	之	行	今	惟
漢石經																											
魏石經																											

內野本						亓				㞷			弗		弗			女	悳	㞢				㞢			
足利本			定			亓				㞷			弗		弗			女		㞢				㞢			
上圖本影天正本			定			开				㞷			弗		弗			女		㞢				㞢			
上圖本八行本										㞷									悳								
唐石經																											
尙書異文汇录																											

劉起釪本	民	不	靜	未	戾	厥	心	迪	屢[297]	未	同	爽	惟	天	其	罰	殛	我[298]	我	其	不	怨	惟	厥	罪	無	在
漢石經																											
魏石經			彤																								
內野本	[illegible]	弗										爽		兲	亓					亓	弗	㤪			辠	亡	
足利本						开			婁			爽			开									开		亡	
上圖本影天正本		弗				开			婁			爽										㤪				亡	
上圖本八行本																	殛					㤪					
唐石經	[illegible]																										
尙書異																											

297　薛季宣本「屢」作「婁」。
298　足利本「我」前衍一「於」字。

文汇录																										

劉起釪本	大	亦	無	在	多	矧	曰	其	尚	顯	聞	于	天	王	曰	嗚	呼	封	敬	哉	無	作	怨	勿	用	非	謀[299]
漢石經																											
魏石經																											
內野本			亡			矤		亓			𦖞		兲			乌	虖	𡉚									
足利本			亡			矤				顕	𦖞					烏	虖			才	亡						惎
上圖本影天正本			亡					亓		㬎	𦖞										亡		㤪				
上圖本八行本			亡							顕								𡉚			亡		㤪				
唐石經																											
尚書異文汇录																											

劉起釪本	非	彝	蔽[300]	時	忱	丕	則	敏	德	用	康	乃	心	顧	乃	德	遠	乃	猷	裕	乃	以	民	寧	不	汝	瑕
漢石經																											
魏石經																											
內野本			蔽	旹					悳			𢎘				悳		𢎘		衮	𢎘		𠖇		弗	女	

299「謀」諸隸古寫本作「惎」。
300 于省吾、楊筠如「蔽」讀爲「敝」。

足利本		彝		旹					悳			迺				悳				忝		吕				女	
上圖本影天正本				旹								迺				悳					殄	吕			弗		
上圖本八行本		彝	弊						悳							悳											
唐石經																							[illegible]				
尙書異文汇录																											

劉起釪本	殄	王	曰	嗚	呼	肆	汝	小	子	封	惟	命	不	于	常[301]	汝	念	哉	無	我	殄	享	明	乃	服	命	高
漢石經																											
魏石經																											
內野本				烏	虖					𡉚			弗			女								殄			
足利本				烏	乎		女									女			亡								
上圖本影天正本																			亡					殄			
上圖本八行本							女									女			亡								
唐石經																											
尙書異文汇录																											

301《戰國策》引「《周書》曰：「維命不于常」。

劉起釪本	乃	聽[302]	用	康	乂	民	王	若	曰	往	哉	封	勿	替	敬	典	聽	朕	誥[303]	汝	乃	以	殷	民	世	享	
漢石經																											
魏石經																											
內野本						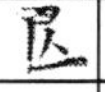				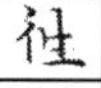	才							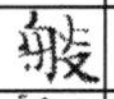		女							
足利本											才									女							
上圖本影天正本																											
上圖本八行本										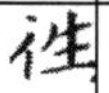										女							
唐石經																											
尙書異文汇录																											

302 清年庭《同文尚書》認為「聽」為「德」之誤。

303 刊本「誥」作「告」。隸古寫本及《唐石經》作「誥」。

六、今文《尚書・酒誥》異文表[304]

劉起釪本	王[305]	若	曰	明	大	命	于[306]	妹	邦	乃	穆	考	文	王	肇	國	在	西	土	厥	誥	毖	庶	邦	庶	士[307]	越
漢石經																											
九條本				明							敹				肈	𢧢											𢦏
內野本																𢧢											粵
足利本										廼						𢧢											粵
上圖本影天正本																											
上圖本八行本																											
唐石經																											
尙書異文彙錄																											

劉起釪本	少	正[308]	御[309]	事	朝	夕	曰	祀	茲	酒	惟	天	降	命	肇	我	民	惟	元	祀	天	降	威	我	民	用	大

304 本表「厥」作「氒」，「爾」作「尒」不錄。
305 三家本、衛、賈、馬、鄭、王本「王」上皆有「成」字。
306 九條本脫一「于」字。
307《唐石經》缺「庶邦庶士」四字。
308《唐石經》缺「正」字。
309《唐石經》缺「御」字。

漢石經																											
九條本			卸							酒					喪								畏				
內野本												亢									亢						
足利本				亰																							
上圖本影天正本				亰																							
上圖本八行本																											
唐石經																	罔										
尚書異文彙錄																											

劉起釪本	亂	喪	德	亦	罔	非	酒	惟	行[310]	越	小	大	邦	用	喪	亦	罔	非	酒	惟	辜	文	王	誥	教	小	子
漢石經																											
九條本	𤔔		悳		宧		酒									亦	宧		酒								
內野本	𤔔	丧	悳							粤					丧							彣					
足利本	𤔔	丧													丧												
上圖本影天正本			悳																								
上圖本八行本																											
唐石經																											

310 俞樾說「行」當作「衍」，字之誤也讀爲「愆」，訓過，「惟愆」與「惟辜」義同。

尙書異文彙錄																										

劉起釪本	有	正	有	事	無	彝	酒[311]	越	庶	國	飲	惟	祀	德	將	無	醉	惟	曰	我	民[312]	迪	小	子	惟	土	物
漢石經																											
九條本	又		又		亡		酒			或	㱃			悳		亡											
內野本	ナ		ナ		亡			粵		或	㱃		禩	悳		亡											
足利本				叓	亡					或	㱃			悳		亡											
上圖本影天正本				叓	亡									悳		亡											
上圖本八行本					亡									悳		亡											
唐石經																					民						
尙書異文彙錄																											

劉起釪本	愛	厥	心	臧	聰[313]	聽	祖	考	之[314]	彝	訓	越	小	大	德	小	子	惟	一	妹	土	嗣[315]	而	股	肱	純[316]	其

311 《韓非子·說林上》「無彝酒」作「毋彝酒」。
312 隸古寫本如內野本、神宮本、足利本、清原賢本「民」上有「化」字，《書古文訓》本無。
313 《唐石經》缺「聰」字。
314 九條本、神宮本無「之」字。
315 楊筠如讀「嗣」爲「司」，「司爾股肱」作「爾股肱」，亦可通。

漢石經																											
九條本				慼											悳							享					
內野本									㞢		言	粤			悳							享					
足利本	慶										訔	粤			悳							享					
上圖本影天正本															悳												
上圖本八行本															悳												
唐石經																										[illegible]	
尚書異文彙錄																											

劉起釪本	藝	黍	稷	奔	走	事	厥	考	厥	長	肇	牽	車	牛	遠	服	賈	用	孝	養	厥	父	母[317]	厥	父	母	慶
漢石經																											
九條本											肈	掔															
內野本										兲		掔															
足利本						叓						掔															
上圖本影天正本						叓														飬							
上圖本八行本																											

316 楊筠如讀「純」爲「諄」，可通。

317 據上引《白虎通》，段玉裁《古文尚書撰異》指出：「班（固）蓋『用』字上屬爲句，『孝養』二字作『欽』字。《今文尚書》然也。」

唐石經																											
尙書異文彙錄																											

劉起釪本	自	洗	腆	致	用	酒	庶	士	有	正	越	庶	伯	君	子	其	爾	典	聽	朕	教	爾	大	克	羞	耇	惟
漢石經																											
九條本			[illegible]			[illegible]			又							亓		[illegible]									
內野本			[illegible]						[illegible]		粤									般	[illegible]						
足利本			[illegible]								粤																
上圖本影天正本		[illegible]									粤									般	[illegible]						
上圖本八行本																											
唐石經																											
尙書異文彙錄																											

劉起釪本	君	爾	乃	飲	食	醉	飽	丕	惟	曰	爾	克	永	觀	省	作	稽	中	德	爾	尙	克	羞	饋	祀	爾	乃
漢石經																											
九條本				[illegible]																							
內野本			迺	[illegible]	[illegible]												乩		悳						[illegible]		迺
足利本			迺	[illegible]													乩										

上圖本 影天正本			迺																							
上圖本 八行本																										
唐石經																										
尙書異 文彙錄																										

劉起釪本	自	介[318]	用	逸	茲	乃	允	惟	王	正	事	之	臣	茲	亦	惟	天	若	元	德	永	不	忘	在	王	家	王
漢石經																											
九條本																				悳		弗					
內野本						迺						㞢					兲			悳		弗					
足利本																				悳		弗					
上圖本 影天正本																				悳		弗					
上圖本 八行本				佾																							
唐石經																											
尙書異 文彙錄																											

318 于省吾、楊筠如皆說「介」與「匄」通用，《七月》「以介眉壽」、《楚茨》「以介景福」卽召叔山夫簠（《集成》4601-4602）「用匄眉壽」、不其簋（《集成》4328-4329）「用匄多福」。

劉起釪本	曰	封	我	西	土	棐	徂	邦	君	御	事	小	子	尙	克	用	文	王	教	不	腆	于	酒	故	我	至	于
漢石經																											
九條本		𡉚			圡					卸										弗	[illegible]		湎				
內野本		𡉚															[illegible]			弗	[illegible]						
足利本		𡉚					徃				叓								效		[illegible]						
上圖本影天正本		𡉚					徃				叓								效		[illegible]						
上圖本八行本							徃																				
唐石經																											
尙書異文彙錄																											

劉起釪本	今	克	受	殷	之	命	王	曰	封	我	聞	惟	曰	在	昔	殷	先	哲	王	迪	畏	天	顯	小	民	經	德
漢石經																											
九條本				㱄					𡉚									悊									悳
內野本					㞢				𡉚		𦖞							喆				兲					悳
足利本					㞢				𡉚		𦖞							喆									
上圖本影天正本					㞢				𡉚		𦖞							喆	[illegible]								
上圖本八行本																											悳
唐石經																									[illegible]		
尙書異																											

文彙錄																											

劉起釪本	秉	哲	自	成	湯	咸[319]	至	于	帝	乙	成	王	畏	相	惟	御	事	厥	棐[320]	有	恭[321]	不	敢	自	暇	自[322]	逸
漢石經																											
九條本	康	悊																		又	龔	弗					
內野本		喆		成							成									𠂇	龔	弗					
足利本		喆		成							成						叓			𠂇			𢽾				
上圖本 影天正本		喆		成													叓						𢽾				
上圖本 八行本																											
唐石經																											
尙書異 文彙錄																											

劉起釪本	矧	曰	其	敢	崇	飲	越	在	外	服	侯	甸	男	衛[323]	邦	伯	越	在	內	服	百	僚	庶	尹	惟	亞	惟

319 據卜辭「咸」可能是湯的名字。

320《中論・譴交》「成王」作「成正」，「厥棐」作「厥職」。

321 孫詒讓《尚書駢枝》：「棐，亦當讀為匪。恭當為共給之共。」

322 九條本脫一「自」字，疑「暇逸」成詞。

323 參見裘錫圭《甲骨卜辭中所見的「田」「牧」「衛」等職官的研究——兼論「侯」「甸」「男」「衛」等幾種諸侯的起源》，《裘錫圭學術文集》，復旦大學出版社，2012年，頁153。

漢石經																											
九條本	敪		幵	敪		余																					
內野本	敪			敪		余	粵										粵										
足利本				敪		余	粵																				
上圖本影天正本				敪		余																					
上圖本八行本											侫																
唐石經																											
尙書異文彙錄																											

劉起釪本	服	宗	工	越	百	姓	里	君	罔	敢	湎	于	酒	不	惟	不	敢	亦	不	暇	惟	助	成	王	德	顯	越
漢石經																											
九條本										敪				弗		弗	敪		弗						悳		
內野本				粵						敪				弗		弗			弗				戚		悳		粵
足利本				粵		胜		[illegible]		敪							敪		弗				戚		悳		粵
上圖本影天正本				粵		胜				敪							敪		弗				戚		悳		粵
上圖本八行本																											
唐石經																											
尙書異文彙錄																											

劉起釪本	尹	人[324]	祗	辟	我	聞	亦	惟	曰	在	今	後	嗣	王	酣	身	厥	命	罔	顯	于	民	祗	保	越	怨	不
漢石經																											
九條本			祗			𦖞							孠		酣								祗			怨	弗
內野本			祗	侵		𦖞							孠										祗		粵		弗
足利本				侵		𦖞																	祗		粵	怨	弗
上圖本 影天正本						𦖞																			粵	怨	弗
上圖本 八行本																											
唐石經																						民					
尚書異 文彙錄																											

劉起釪本	易	誕	惟	厥	縱	淫	泆	于	非	彝	用	燕	喪	威	儀	民	罔	不	盡	傷	心	惟	荒	腆	于	酒	不
漢石經																											
九條本					从		佚											弗						𣈓		酒	弗
內野本													𠸶					弗						𣈓			弗
足利本																			盡					𣈓			弗
上圖本 影天正本																		弗						𣈓			

324 于省吾說，「尹人」，猶《多方》「尹民」，《說文》「尹，治也」。

上圖本八行本																										
唐石經															[illegible]											
尚書異文彙錄																										

劉起釪本	惟	自	息	乃	逸	厥	心	疾	很	不	克	畏	死	辜	在	商	邑	越	殷	國	滅	無	罹	弗	惟	德	馨
漢石經																											
九條本					佾					弗										㦰		亡				悳	
內野本										弗								粵		㦰		亡				悳	
足利本									狠									粵									
上圖本影天正本									佷									粵				亡				悳	
上圖本八行本					佾																						
唐石經																											
尚書異文彙錄																											

劉起釪本	香	祀	登	聞	于	天	誕	惟	民	怨	庶	群	自	酒	腥	聞	在	上	故	天	降	喪	于	殷	罔	愛	于
漢石經																											
九條本				䎽								羣		酒		䎽											
內野本		祀		䎽		兲										䎽				兲		䘮					

足利本																											
上圖本 影天正本																											
上圖本 八行本																											
唐石經																											
尙書異 文彙錄																											

劉起釪本	殷	惟	逸	天	非	虐[325]	惟	民	自	速	辜	王	曰	封	予	不	惟	若	茲	多	誥	古	人	有	言	曰	人
漢石經																											
九條本						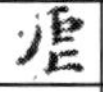		人								弗								又			
內野本																弗											
足利本																											
上圖本 影天正本																											
上圖本 八行本																											
唐石經																											
尙書異 文彙錄																											

325 九條本「虐」后有一「人」字。

劉起釪本	無	於	水	監[326]	當	於	民	監	今	惟	殷	墜	厥	命	我	其	可	不	大	監	撫	於	時	予	惟	曰	汝
漢石經																											
九條本	亡																										女
內野本	亡			鑒				鑒										弗		鑒			旹				女
足利本				鑒				鑒										弗		鑒			旹				女
上圖本影天正本																				鑒							
上圖本八行本																											女
唐石經							民																				
尚書異文彙錄																											

劉起釪本	劼[327]	毖	殷	獻	臣	侯	甸	男	衛	矧	太	史	友	內	史	友	越	獻	臣	百	宗	工	矧	惟	爾	事	服
漢石經																											
九條本										矤													矤				
內野本										矤							粵						矤				
足利本																	粵						矤			叓	

326 《中論・貴驗》曰：「《周書》有言，人毋鑒於水，鑒於人也，「無」作「毋」、「監」作「鑒」。
327 王國維《與友人論詩書中成語書二》認為「劼」是「誥」的誤字。

上圖本影天正本										敎							粤						敎			叓	
上圖本八行本				献														献									
唐石經																											
尙書異文彙錄																											

劉起釪本	休	服	采	矧	惟	若	疇	圻	父	薄	違	農	父	若	保	宏	父	定	辟	矧	汝	剛	制	于	酒	厥	或
漢石經																											
九條本				敎			𠷎				韋	辳				厷		㝎	侎	敎		侣			湑		戓
內野本							𠷎												侵	敎		侶					
足利本																			侵	敎	女	侶					
上圖本影天正本																											
上圖本八行本																					女		断				
唐石經																											
尙書異文彙錄																											

劉起釪本	誥	曰	群	飲	汝	勿	佚[328]	盡	執	拘[329]	以	歸[330]	于	周	予	其	殺	又	惟	殷	之	迪	諸	臣	惟	工	乃
漢石經																											
九條本				酓	女		使				㠯					亓	煞						㸔				
內野本			羣	酓	女						㠯	帰									㞢		㸔				
足利本				酓				尽			㠯												㸔				
上圖本影天正本								尽			㠯	皈											㸔				
上圖本八行本			羣		女																						
唐石經																											
尚書異文彙錄																											

劉起釪本	湎	于	酒	勿	庸	殺	之	姑	惟	教	之	有	斯	明	享[331]	乃	不	用	我	教	辭	惟	我	一	人	弗	恤
漢石經																											
九條本			酒			煞						又	斯		亯		弗				詞						卹
內野本							㞢				㞢	ナ			亯		弗			𢽾	辝			弌			
足利本										𢽾			斯		亯		弗			𢽾							

328 內野本作「飲群」，王應麟《藝文志考》：「漢人引此句作『羣飲，女無失』。」「勿佚」作「無失」。

329《說文》小徐本引作「盡執抲獻」，衍一「獻」。

330 九條本脫一「歸」字。

331 孫詒讓讀「享」爲「嚮」。

上圖本 影天正本										攷			所		飡					攷	辝						
上圖本 八行本																					辞						
唐石經																											
尙書異 文彙錄																											

劉起釪本	弗	蠲	乃	事	時	同	于	殺	王	曰	封	汝	典	聽	朕	毖	勿	辯	乃	司	民	湎	于	酒				
漢石經																												
九條本					峕			𣪘			𡉚	女	𥮥											酒				
內野本					峕						𡉚	女			𦨖				迺									
足利本				叓	峕							女							迺									
上圖本 影天正本				叓	峕							女							廼									
上圖本 八行本												女																
唐石經																					[illegible]							
尙書異 文彙錄																												

七、今文《尚書・梓材》異文表

劉起釪本	王	曰	封	以	厥	庶	民	暨	厥	臣	達	大	家	以	厥	臣	達	王	惟	邦	君	汝	若	恒	越	曰	我
魏石經																											
九條本			𡉚	㠯	氒	庻	人	臮	氒					㠯	氒												
內野本			𡉚	㠯	氒	庻	人	臮	氒					㠯	氒							女			粵		
足利本				㠯	氒	庻	人		氒					㠯	氒												
上圖本影天正本				㠯	氒	庻	人	臮						㠯	氒										粵		
上圖本八行本						庻	人															女					
唐石經							[illegible]																				
尙書異文汇录																											

劉起釪本	有	師	師	司	徒	司	馬	司	空	尹	旅	曰	予	罔	厲	殺	人	亦	厥	君	先	敬	勞	肆	徂	厥	敬
魏石經																											
九條本	又																		氒							氒	
內野本	ナ										𣃨			宔					氒							氒	
足利本											𣃨			宔					氒				労			氒	
上圖本影天正本	ナ										𣃨			㒺													
上圖本八行本															厉												
唐石經																											

尚書異文汇录																											

劉起釪本	勞	肆	往[332]	姦	宄	殺	人	歷	人	宥	肆	亦	見	厥	君	事	戕[333]	人	宥	王	啓	監	厥	亂[334]	爲	民	曰
魏石經																											
九條本						敹						亣		手							启		手	乿			
內野本			徃											氒							启	鑒	氒	乿		𡰥	
足利本			徃											氒		叓	戕				启	鑒	氒	乿			
上圖本影天正本			徃													叓						鍳		乱			
上圖本八行本																	戕										
唐石經																										民	
尚書異文汇录																											

劉起釪本	無	胥	戕	無	胥	虐	至	于	敬	寡[335]	至	于	屬	婦[336]	合	由	以	容	王	其	效	邦	君	越	御	事	厥
魏石經																											
九條本	亡	胥		亡	胥	虐				寡						繇	㠯			亓					卸		手

332 孫詒讓說「徂」當讀爲「且」，「往」當訓爲「彼」，與「徂」對文，皆主臣言。

333 九條本「戕」作「我」。「我」、「戕」字形訛誤，其他諸本「人宥」前衍一「敗」字，當是《尚書校釋譯論》脫字。

334 于省吾《尚書新證》：「亂」乃「治」之訛。

335 段玉裁《古文尚書撰異》：蓋《古文尚書》作「敬」，《今文尚書》作「矜」，而「矜」亦作「鰥」。

336 《小爾雅》：妾婦之賤者謂之屬婦。屬，逮也。逮婦之名，言其微也。

內野本								丂				丂				辟	㠯			亓				尃			亓
足利本	亡			亡		虍		亐				亐					㠯			亓				尃		支	亓
上圖本影天正本		昏		亡	昏	虍		亏				亏	属				㠯									支	
上圖本八行本	亡			亡		虍															剋						
唐石經																											
尚書異文汇录																											

劉起釪本	命	曷	以	引[337]	養	引	恬[338]	自	古	王	若	茲	監	罔	攸	辟	惟	曰	若	稽	田	既	勤	敷	菑	惟	其
魏石經																											
九條本		害	㠯										監	⿱宀亡	逌				⿱丷弟	乩		无		旉	甾		亓
內野本			㠯		養				古				監	⿱宀亡	逌	侵				乩		无		旉	甾		亓
足利本	命		㠯		養								監	⿱宀亡	逌	侵				乩		无		旉			亓
上圖本影天正本			㠯		養									罔						稽				旉	甾		
上圖本八行本																				稽							
唐石經																				稽							
尚書異文汇录																											

337《說文》：「引，長也。」
338《說文》：「恬，安也。」

劉起釪本	陳	修	爲	厥	疆	畎[339]	若	作	室	家	既	勤	垣	墉	惟	其	塗	塈	茨	若	作	梓[340]	材	既	勤	樸	斲[341]
魏石經		攸	爲																								
九條本	敕			氒	畺						旡					亓	斁	垩				杍		旡			斵
內野本	敶			氒							旡					亓						杍		旡			
足利本	敶			氒							无					亓						杍		无			
上圖本影天正本				氒							旡					亓						杍		旡			
上圖本八行本					畺																						
唐石經																											
尚書異文汇录																											

劉起釪本	惟	其	塗[342]	丹	雘[343]	今	王	惟	曰	先	王	既	勤	用	明	德	懷	爲	夾	庶	邦	享	作[344]	兄	弟	方	來[345]
魏石經																	褱										
九條本		亓	斁									旡				悳	褱			庻		亯					

339《說文》：「六畎為一畝，𡿨，水小流也。」
340《經典釋文》引馬融注：「治木器曰梓。」《國語·楚語》韋解：「杞，梓，良材也。」
341 于省吾《尚書新證》：樸斲與垣墉為對文。二字義皆相仿。「樸」當做墣或𡎎。
342 俞樾《群經平議》：經文塗字，據《正義》是「斁」字。
343 俞樾《群經平議》：《說文·丹部》引《周書》曰：「惟其斁丹雘」，蓋壁中古文假斁為度，孔安國因漢時「斁」「度」通用，故以「斁」字易之耳……丹雘亦為二事，丹者朱色，雘者青色也。
344《洛誥》：「庶殷丕作」。
345 王國維《與友人論詩書中成語書二》：兄弟方與《易》之不寧方、《詩》之不庭方皆三字為句，方猶國也。

內野本		亓										旡				悳	褱			庻		畣					
足利本		开										无								庻		畣					
上圖本 影天正本												旡								庻		畣					
上圖本 八行本					[illegible]															庶							
唐石經																											
尙書異 文汇录																											

劉起釪本	亦	既	用	明	德	后	式	典	集	庶	邦	丕	享	皇	天	既	付[346]	中	國	民	越[347]	疆	土	于	先	王	肆
魏石經																											
九條本		旡						[illegible]		庻			畣			旡			或			畺					
內野本		旡								庻			畣		兲	旡			或	民	粤	畺					
足利本		无								庻						无			国					亐			
上圖本 影天正本		旡														旡								亐			
上圖本 八行本										庶																	
唐石經																				[illegible]							
尙書異 文汇录																											

346 王應麟《漢藝文志考》漢人引經異字有「皇天既附中國民」，「付」作「附」。
347 內野本、上圖影天正本越后衍一「其」字。

劉起釪本	王	惟	德	用	和	懌	先	後	迷	民	用	懌	先	王	受	命	已	若	茲	監	惟	曰	欲	至	于	萬	年
魏石經																											
九條本			悳		咊	斁						斁											欲			万	
內野本			悳		咊					民										監					亐	万	
足利本			悳		咊															鍳					亐	万	
上圖本 影天正本			悳		咊																				亐	万	
上圖本 八行本					咊																					万	
唐石經										民																	
尚書異 文汇录																											

劉起釪本	惟	王	子	子	孫	孫	永	保	民																		
魏石經																											
九條本																											
內野本																											
足利本																											
上圖本 影天正本																											
上圖本 八行本																											
唐石經									民																		
尚書異 文汇录																											

八、今文《尚書・召誥》異文表[348]

劉起釪本	惟	二	月	既	望	越[349]	六	日	乙	未	王	朝	步	自	周[350]	則	至	于	豐	惟	太	保	先	周	公	相	宅[351]
漢石經																											
九條本				旡	⿱亡王								歩								大						
內野本		弍		旡		粤																					厇
足利本				旡		粤																					厇
上圖本影天正本				旡		粤																					
上圖本八行本																											
唐石經																											
尚書異文彙錄																											

劉起釪本	越	若[352]	來	三	月	惟	丙	午	朏[353]	越	三	日	戊	申	太	保	朝	至	于	洛	卜	宅	厥	既	得	卜	則
漢石經																											
九條本									⿰出月						大					[illegible]			手	旡	㝵		

348 本表「厥」作「𠂎」不錄。
349《漢書・律曆志》「越作「粤」。
350 馬融《尚書傳》：「周，鎬京也。豐，文王廟所在。」鄭玄《尚書注》：「步，行也。」
351《史記・魯周公世家》：「使太保召公先之雒相土。」
352 王引之《經義述聞》：「越若，語辭。」
353 王應麟《藝文志考》「漢儒引經異字『維丙午蠢』」。

內野本	粤			弍						粤										夻		庀		无	寻		
足利本	粤									粤														无			
上圖本 影天正本	粤									粤														无			
上圖本 八行本																											
唐石經																											
尙書異 文彙錄																											

劉起釪本	經	營	越	三	日	庚	戌	太	保	乃	以	庶	殷	攻	位	于	洛	汭[354]	越	五	日	甲	寅	位	成	若	翼
漢石經																											
九條本								大									条										翌
內野本			粤	弍				大			㠯						条		粤						㦴		
足利本			粤														条		粤								翌
上圖本 影天正本																	条		粤								翌
上圖本 八行本																											翌
唐石經																											
尙書異 文彙錄																											

354 朱駿聲《尚書便讀》：「攻，猶治理也。」

劉起釪本	日	乙	卯	周	公	朝	至	于	洛	則	達[355]	觀	于	新	邑	營	越	三	日	丁	巳	用	牲	于	郊[356]	牛	二
漢石經																											
九條本									条																		
內野本									条								粤	弎									弍
足利本																	粤										
上圖本影天正本																											
上圖本八行本																											
唐石經																											
尙書異文彙錄																											

劉起釪本	越	翼	日	戊	午	乃	社	於	新	邑[357]	牛	一	羊	一	豕	一	越	七	日	甲	子	周	公	乃	朝	用	書
漢石經																											
九條本		翌						于																			
內野本	粤											弌		弌		弌	粤										
足利本	粤	翌															粤										昏
上圖本影天正本	粤	翌															粤										昏

355 皮錫瑞推今文「翼」作「翌」，「洛」作「雒」，「達」作「通」。
356 「郊」當為「郊祭」，見朱鳳瀚《〈召誥〉、〈洛誥〉、何尊與成周》，《歷史研究》2006年第1期。
357 《白虎通・社稷》引《尚書》曰：「乃社于新邑」。

上圖本 八行本		翆																									
唐石經																											
尙書異 文彙錄																											

劉起釪本	命	庶	殷	侯	甸	男	邦 358	伯	厥	既	命	殷	庶	庶	殷	丕 359	作	太	保	乃	以	庶	邦	冢	君	出	取
漢石經																											
九條本				矦						旡											㠯		[illegible]				
內野本										旡											㠯		[illegible]				
足利本										旡											㠯						
上圖本 影天正本										旡											㠯						
上圖本 八行本				㑀																	㠯						
唐石經																											
尙書異 文彙錄																											

劉起釪本	幣 360	乃	復	入	錫 361	周	公	周	公 362	曰	拜 363	手	稽	首	旅	王	若	公	誥	告	庶	殷	越	自	乃	御	事 364

358 皮錫瑞據《禹貢》、《酒誥》文，說今文「越」作「粵」，「男邦」作「任國」。
359《漢書·王莽傳》「丕」作「平」。
360《說文》：「幣，帛也。」
361「入錫」《尚書》通作「納錫」，如《禹貢》「九江納錫大龜」，《史記》作「入錫」。

漢石經																											
九條本													誥		𤆍											卸	
內野本													乢	旹	𤆍								粤		廼		
足利本													乩	旹	𤆍								粤				叓
上圖本影天正本													乩	旹	旅								粤				叓
上圖本八行本													乩														
唐石經																											
尚書異文彙錄																											

劉起釪本	嗚	呼[365]	皇	天	上	帝	改	厥	元	子	茲	大	國	殷	之	命	惟	王	受	命[366]	無	疆	惟	休	亦	無	疆
漢石經																											
九條本	烏	虖											或						受		亡	畺				亡	畺
內野本	烏	虖			丄								或		㞢						亡	畺				亡	畺
足利本																					亡					亡	
上圖本影天正本																					亡	畺				亡	畺

362《尚書校釋譯論》「周公」二字為重文。
363 內野本、足利本、上圖影八行本前衍一「敢」字。
364《曲禮》注、《思齊》鄭箋皆引《書》曰「越乃御事」，《毛詩正義》曰「《大誥》文」，或說鄭引此文，無「自」字。
365 皮锡瑞說據《論衡》引下文作「於戲」例之，今文「嗚呼」當作「於戲」。
366 九條本衍一「命」字。

上圖本 八行本																					宐	[illegible]				宐	[illegible]
唐石經																											
尙書異 文彙錄																											

劉起釪本	惟	恤	嗚	呼	曷[367]	其	奈	何	弗	敬	天	既	遐	終[368]	大	邦	殷	之	命	茲	殷	多	先	哲	王	在	天
漢石經																											
九條本		卹	烏	虖	害	亓						旡		㚇										悊			
內野本		卹	烏	虖		亓					兲	旡		㚇				㞢									兲
足利本		卹	烏	虖		亓						旡		㚇													
上圖本 影天正本			烏	虖																							
上圖本 八行本												旡		㚇				㞢									
唐石經																											
尙書異 文彙錄																											

劉起釪本	越	厥	後	王	後	民	茲	服	厥	命	厥	終	智	藏	瘝	在	夫	知	保	抱	攜	持	厥	婦	子	以	哀
漢石經																											
九條本												㚇														㠯	

367 皮锡瑞說，以《大誥》例之，「曷」字當作「害」。
368 朱駿聲《尚書便讀》：「暇終，猶永終，長久也。」

內野本	粤											㚖	知													吕	
足利本	粤											㚖					支									吕	
上圖本影天正本	粤																支									吕	
上圖本八行本												㚖														吕	
唐石經																											
尚書異文彙錄																											

劉起釪本	籲	天	徂	厥	亡	出	執	嗚	呼	天	亦	哀	于	四	方	民	其	眷	命	用	懋	王	其	疾	敬	德	相
漢石經																											
九條本					亾			烏	虖					亖							楙		亓				
內野本		兲			亾			烏	虖					亖		𢀒	亓									悳	
足利本														亖			亓						亓			悳	
上圖本影天正本														亖									亓			悳	
上圖本八行本														亖												悳	
唐石經																											
尚書異文彙錄																											

劉起釪本	古	先	民	有	夏	天	迪	從	子	保[369]	面[370]	稽	天	若	今	時	既	墜	厥	命	今	相	有	殷	天	迪	格
漢石經																											
九條本								刅				乩				旹	旡	隊									
內野本				ナ		兲		刅				乩	兲			旹	旡						ナ		兲		
足利本												乩				旹	旡										
上圖本影天正本												乩				旹	旡						ナ				
上圖本八行本				ナ				刅				乩				旹	旡						ナ				
唐石經			[illegible]																								
尙書異文彙錄																											

劉起釪本	保	面	稽	天	若	今	時	既	墜	厥	命	今	沖	子	嗣	則	無	遺	壽	耇[371]	曰	其	稽	我	古	人	之
漢石經																											
九條本									隊	[illegible]					孠		亡		老			亓	乩				
內野本			乩	兲			旹	旡							孠							亓	乩				㞢
足利本			乩				旹	旡															乩				
上圖本影天正本							旹	旡												耉		亓	乩				

369 足利本、上圖本影天正本「保」下衍一「[illegible]」（禹）字。
370《說文》引「面」作「湎」。
371《漢書·孔光傳》太后詔引《書》曰：「無遺耇老」，「壽耇」作「耇老」。

上圖本 八行本			乩				旹	旡									宜						亓	乩			㞢
唐石經																											
尙書異 文彙錄																											

劉起釪本	德	矧	曰	其	有	能	稽	謀	自	天	嗚	呼	有	王	雖	小	元	子	哉[372]	其	丕	能	諴[373]	于	小	民	今
漢石經																											
九條本	悳	矤		丌	又		乩	惎			烏	虖	又						才	丌							
內野本	悳	矤		亓	ナ		乩	惎		兲	烏	虖	ナ							亓	不						
足利本	悳	矤					乩	惎			烏	虖	ナ														
上圖本 影天正本	悳										烏	虖	ナ							丌							
上圖本 八行本	悳	矤		亓	ナ		乩	惎					ナ							亓							
唐石經																											
尙書異 文彙錄																											

劉起釪本	休	王	不	敢	後	用	顧	畏	于	民	碞[374]	王	來	紹	上	帝	自	服	于	土	中	旦	曰	其	作	大	邑

372 內野本缺一「哉」字。

373《說文》：「諴，和也。」

374 王應麟《困學紀聞》、《藝文志考》引《說文》「顧畏于民嵒」，「次于碞北」。俞樾說書》本作「嵒」，「碞」誤也。

漢石經																											
九條本			弗	敎											丄					圭		昰		开			
內野本			弗	敎			頋								丄									亣			
足利本				敎			顧																				
上圖本 影天正本				敎			顧																	开			
上圖本 八行本				敎											上									亣			
唐石經										[illegible]																	
尚書異 文彙錄																											

劉起釪本	其	自	時	配	皇	天	毖	祀	于	上	下	其	自	時	中	乂	王	厥	有	成	命	治	民	今	休	王	先
漢石經																											
九條本			峕	䣽							丅	亓		峕					又								
內野本			峕			兲				丄	丅			峕					ナ	戚							
足利本			峕											峕					ナ	戚							
上圖本 影天正本	开		峕					禩		丄	丅	亓		峕					ナ								
上圖本 八行本	亣		峕									亣		峕					ナ	戚							
唐石經																							[illegible]				
尚書異 文彙錄																											

劉起釪本	服	殷[375]	御	事	比	介	于	我	有	周	御	事	節[376]	性	惟	日	其	邁	王	敬	作	所	不	可	不	敬	德
漢石經																											
九條本			禦						𠂇		卸						亓						弗		弗		悳
內野本																	亓						弗		弗		悳
足利本						途			𠂇								亓								弗		悳
上圖本影天正本				叓		途			𠂇			叓													弗		悳
上圖本八行本									𠂇								亓						弗		弗		悳
唐石經																											
尚書異文彙錄																											

劉起釪本	我	不	可	不	監	于	有	夏	亦	不	可	不	監[377]	于	有	殷	我	不	敢	知	曰	有	夏	服	天	命	惟
漢石經																											
九條本		弗		弗			又			弗		弗			又			弗	敌			又					
內野本		弗		弗			𠂇			弗		弗			𠂇			弗	敌			𠂇			兲		
足利本		弗		弗			𠂇			弗		弗			𠂇			弗	敌			𠂇					
上圖本影天正本		弗		弗			𠂇			弗		弗			𠂇			弗	敌			𠂇					

375 內野本「殷」前衍一「有」字。
376 于省吾：「節，疑『人』之訛。」
377《後漢書・崔駰傳》駰獻書戒竇憲曰：「《書》曰：『鑒于有殷』，可不慎哉。」，「監」作「鑒」。

上圖本 八行本		弗		弗			ナ			弗		弗			ナ			弗	敔			ナ					
唐石經																											
尙書異 文彙錄																											

劉起釪本	有	歷	年	我	不	敢	知	曰	不	其	延	惟	不	敬	厥	德	乃	早	墜	厥	命	我	不	敢	知	曰	有
漢石經																											
九條本	又	厤			弗	敔			弗	亓	㢟		弗										弗	敔			又
內野本	ナ		秊		弗	敔			弗	亣			弗			悳	迺						弗	敔			ナ
足利本	ナ		秊						弗	亓			弗				迺										ナ
上圖本 影天正本	ナ				弗				弗				弗														
上圖本 八行本	ナ															悳							弗	敔			ナ
唐石經																											
尙書異 文彙錄																											

劉起釪本	殷	受	天	命	惟	有	歷	年	我	不	敢	知	曰	不	其	延	惟	不	敬	厥	德	乃	早	墜	厥	命	今
漢石經																											
九條本										弗	敔			弗	亓	㢟		弗			悳			隊			
內野本			兲			ナ				弗	敔			弗				弗			悳	迺					
足利本						ナ				弗	敔			弗				弗									
上圖本																											

影天正本																											
上圖本八行本						亣				弗	敄		弗				弗				悳						
唐石經																											
尙書異文彙錄																											

劉起釪本	王	嗣	受	厥	命	我	亦	惟	茲	二	國	命	嗣	若	功	王	乃	初	服	嗚	呼[378]	若	生	子	罔	不	在[379]
漢石經																											
九條本		孠	受								或		孠							烏	虖				宔	弗	
內野本		孠									或		孠		㓛		迺			烏	虖				宔	弗	
足利本		孠											孠							烏	虖				宔		
上圖本影天正本		孠											孠		㓛					烏	虖						
上圖本八行本		孠									或		孠								虖	[illegible]			宔	弗	
唐石經																											
尙書異文彙錄																											

劉起釪本	厥	初	生	自	貽	哲	命	今	天	其	命	哲	命	吉	凶	命	歷	年	知	今	我	初	服	宅	新	邑	肆
漢石經																											

378《論衡・率性》「嗚呼」作「於戲」。

379 九條本缺「在」字。

九條本					台	悊				亓		悊															
內野本									兲	亣		喆						季						庀			
足利本										亓		喆												庀			
上圖本 影天正本												喆															
上圖本 八行本			坐									喆	矣														
唐石經																											
尚書異 文彙錄																											

劉起釪本	惟	王	其	疾	敬	德	王	其	德	之	用	祈	天	永	命	其	惟	王	勿	以	小	民	淫	用	非	彝	亦
漢石經																											
九條本			亓			悳		亓	悳							亓				㠯							
內野本			亣	疾		悳		亣	悳	㞢			兲			亣						𡰥					
足利本			亓			悳			悳	㞢						亓				㠯							
上圖本 影天正本						悳			悳							亓				㠯							
上圖本 八行本						悳			悳	㞢										㠯							
唐石經																						[illegible]					
尚書異 文彙錄																											

劉起釪本	敢	殄	戮	用	乂	民	若	有	功	其	惟	王	位	在	德	元	小	民	乃	惟	用	刑	于	天	下	越	王

							[380]									[381]											
漢石經																											
九條本	敘	狝	赦					又		开					惪												
內野本	敎					𠄎		𠂇	㺯	亣					悳				廼					兂	丁	㽞	
足利本	敎																		廼							粵	
上圖本影天正本	敎	狝																	廼							粵	
上圖本八行本	敎		㪅					𠂇	珍	亓					悳												
唐石經																											
尚書異文彙錄																											

劉起釪本	顯	上	下	勤	恤	其	曰	我	受	天	命	丕	若	有	夏	歷	年	式	勿	替	有	殷	歷	年	欲	王	以
漢石經																											
九條本			丅		卹	开								又							又						㠯
內野本		丄	丅			亓				兂				ナ			秊				ナ			秊			㠯
足利本														ナ			秊										
上圖本影天正本						亓								ナ							ナ						㠯
上圖本八行本														ナ							ナ			秊			㠯
唐石經																											

380《小爾雅》「若」猶「乃」。

381 于省吾訓「元」爲「首」，謂「德元」卽師訽簋（《集成》4342）之「首德」。

尙書異文彙錄																									

劉起釪本	小	民	受	天	永	命	拜	手	稽	首	曰	予	小	臣	敢	以	王	之	讎	民	百	君	子	越	友[382]	民	保
漢石經																											
九條本									䭫						敎	㠯											
內野本				兲					乩	𩠐					敎	㠯								粤			
足利本									乩	𩠐					敎	㠯								粤			
上圖本影天正本										𩠐					敎	㠯											
上圖本八行本									乩						敎	㠯	㞢			民							
唐石經		民																									
尙書異文彙錄																											

劉起釪本	王[383]	威	命	明	德	王	末	有	成	命	王	亦	顯	我	非	敢	勤	惟	恭	奉	幣	用	供	王	能	祈	天
漢石經																											
九條本		畏														敎			龔				共				
內野本		威			悳			于	咸							敎			龔								兲
足利本								ナ	咸							敎											

382《續漢書·律曆志》曰：「冀百君子越有民」，「友」作「有」。
383 九條本缺一「王」字。

上圖本 影天正本					惪			大	咸							敎											
上圖本 八行本					惪			大	咸							敎			襲								
唐石經																											
尙書異 文彙錄																											

劉起釪本	永	命																									
漢石經																											
九條本																											
內野本																											
足利本																											
上圖本 影天正本																											
上圖本 八行本																											
唐石經																											
尙書異 文彙錄																											

九、今文《尚書・洛誥》異文表[384]

劉起釪本	周	公	拜	手	稽	首	曰	朕	復	子	明	辟	王	如	弗[385]	敢	及	天	基	命	定	命	予	乃	胤	保	大
漢石經																											
敦煌本伯二七四八																											
敦煌本斯六〇一七																											
內野本					乩	𩠐		般				侲				敍		兲	坖					迺			
足利本					乩	𩠐									不												
上圖本影天正本								般	後						不												
上圖本八行本					乩			般											坖								
唐石經																											
尚書異文彙錄																											

劉起釪本	相	東	土	其	基	作	民	明	辟	予	惟	乙	卯	朝	至	于	洛	師	我	卜	河	朔	黎	水	我	乃	卜
漢石經																											
敦煌本伯二七四八									侲																		

384 本表「無」作「亡」，「其」作「亣」不錄。
385 皮錫瑞《今文尚書考證》錄《文選》載沈約《宋書・謝靈運傳論》注引此句「弗」作「不」。

敦煌本斯六〇一七																											
內野本					坙				伩								条									廼	
足利本																											
上圖本影天正本																											
上圖本八行本					立												条										
唐石經							[illegible]																				
尙書異文彙錄																											

劉起釪本	潤	水	東	瀍	水	西	惟	洛	食	我	又	卜	瀍	水	東	亦	惟	洛	食	伻	來	以	圖	及	獻	卜	王
漢石經																											
敦煌本伯二七四八				湹							亦		湹														
敦煌本斯六〇一七																											
內野本								条										条				吕	圖				
足利本	澗																						啚				
上圖本影天正本	㵂																						図				
上圖本八行本								条										条				吕	圖				
唐石經																											

尚書異文彙錄																											

劉起釪本	拜	手	稽	首	曰	公	不	敢	不	敬	天	之	休	來	相	宅	其	作	周	匹[386]	休	公	既	定	宅	伻	來
漢石經																											
敦煌本伯二七四八			[illegible]																				旡	定			
敦煌本斯六〇一七																											
內野本				𩠐			不	敎	不		兲	㞢				厇							旡		厇		
足利本																											
上圖本影天正本																											
上圖本八行本			[illegible]				弗	敎				㞢											旡		厇		
唐石經																											
尚書異文彙錄																											

劉起釪本	來	視	予	卜	休	恒	吉[387]	我	二	人	共	貞	公	其	以	予	萬	億	年	敬	天	之	休	拜	手	稽	首
漢石經																											

386 呂祖謙說「匹」訓「配」，「營洛實配宗周」，與《詩》「作豐伊匹」之「匹」同。

387 王應麟《漢書藝文志考證》漢人引經異字：「辨來來示予卜休，恆吉」，「伻」作「辨」，「視」作「示」。

敦煌本伯二七四八		眝																								苗	
敦煌本斯六〇一七																											
內野本		眝							式						吕		万		李		亮	㞢				乩	眚
足利本																	万										
上圖本影天正本																	万										
上圖本八行本		眝															万		李							乩	
唐石經						恆																					
尙書異文彙錄																											

劉起釪本	誨[388]	言	周	公	曰	王	肇	稱	殷	禮[389]	祀	于	新	邑[390]	咸	秩	無	文[391]	予	齊	百	工	伻[392]	從	王	于	周
漢石經																											
敦煌本伯二七四八										礼														従			
敦煌本斯六〇一七																											

388 于省吾讀誨爲謀，謂非教誨之言。
389《白虎通・禮樂》篇引作「肇修通殷禮」，多一「修」字。
390《白虎通・禮樂》篇引作「祀新邑」，無「于」字。
391《經義述聞》說「『文』當讀爲『紊』，紊，亂也。」
392 熹平石經「伻」作「辯」，篇內同。

內野本	誨								紀	紀							三	㳄		盇				刃			
足利本																											
上圖本影天正本								衍		礼										衍							
上圖本八行本																	宜										
唐石經																											
尙書異文彙錄																											

劉起釪本	予	惟	曰	庶	有	事	今	王	即	命	曰	記[393]	功	宗	以	功	作	元	祀	惟	命	曰	汝	受	命	篤	弼
漢石經																											
敦煌本伯二七四八																							女				
敦煌本斯六〇一七																											
內野本					𠂇								𢒅		㠯	𢒅			[illegible]				女			竺	㢸
足利本						叓																					
上圖本影天正本						叓																					
上圖本八行本						叓							𢒅		㠯	𢒅			[illegible]				女				㢸
唐石經																											

393 于省吾說「記」爲「祀」之訛。

尚書異文彙錄																											

劉起釪本	丕	視	功	載[394]	乃	汝	其	悉	自	教	工[395]	孺	子	其	朋	孺	子	其	朋	其	往[396]	無	若	火	始	餤[397]	餤
漢石經																											
敦煌本伯二七四八						女																					
敦煌本斯六〇一七																											
內野本		眎	㓛		迺	女				斆											𨓏						
足利本												𡦹				𡦹					徃						
上圖本影天正本																											
上圖本八行本						女				斆		𡦹				𡦹											
唐石經																											
尚書異文彙錄																											

394 于省吾讀「載」爲「哉」。
395《大傳》曰：「《書》曰：「乃汝其悉自學功」，「教工」作「學功」且讀「學」爲「效」。
396《後漢書・爰延傳》李賢注引此句「其往」前有「慎」字。敦煌本伯二七四八、內野本、足利本、上圖影天正本「往」前也有「慎」字。
397「餤餤」，《唐石經》及各隸古定寫本與《書古文訓》皆作「餤餤」，杜預引晉初所傳《古文尚書》作「炎炎」，《漢書・梅福傳》「無」作「毋」，「餤餤」作「庸庸」。

劉起釪本	厥	攸	灼	敘	弗[398]	其	絕	厥	若	彝	及	撫	事	如	予	惟	以	在	周	工	往	新	邑	伻	嚮[399]	即	有
漢石經																											
敦煌本伯二七四八		逌	焯		不																						
敦煌本斯六〇一七																											
內野本	氒	逌						氒									㠯				迬						ナ
足利本													叓														
上圖本影天正本													叓								徃						
上圖本八行本		逌			弗			氒				𢻫	叓				㠯				徃						
唐石經																											
尙書異文彙錄																											

劉起釪本	僚	明	作	有	功	惇	大	成	裕	汝	永	有	辭[400]	公	曰	已[401]	汝	惟	沖	子	惟	終	汝	其	敬	識	百
漢石經																											
敦煌本伯										女			詞				女						女				

398 上圖八行本衍一「厥」字。

399 段玉裁《古文尚書撰異》：「嚮」作「鄉」，釋云：鄉，許亮反。作嚮者，衛包改也。

400 「辭」讀爲「司」，或讀如《板》「辭之輯矣，民之洽矣」之「辭」，鄭箋以爲政教。

401 皮錫瑞《今文尚書考證》：「今文已作熙。」內野本、上圖影天正本「已」下衍「亐」（呼）字。參見臺灣學者邱德修《〈尚書〉「已」訓讀為「熙」新證》，《傳統中國研究集刊》(第八輯)，《第四屆傳統中國研究國際學術討論會論文集》，2011 年。

	辟	享	亦	識	其	有	不	享	享	多	儀	儀	不	及	物	惟	曰	不	享	惟	不	役	志	于	享	凡	民
二七四八																											
敦煌本斯六〇一七																											
內野本				大	玕				亯	女		大	[illegible]				女					皋					
足利本													辭														
上圖本影天正本													辭														
上圖本八行本					玕				亯	女			辝									皋	女			戠	
唐石經																											
尚書異文彙錄																											

劉起釪本	辟	享	亦	識	其	有	不	享	享	多	儀	儀	不	及	物	惟	曰[402]	不	享	惟	不	役	志	于	享	凡	民
漢石經																											
敦煌本伯二七四八	侵																										
敦煌本斯六〇一七																											
內野本	侵	亯				ナ	弗	亯	亯				弗					弗	亯		弗				亯		
足利本																											
上圖本影天正本																											

402 《孟子》引《書》「曰」上無「惟」字，《鹽鐵論・散不足》同。

上圖本八行本				敦			弗	亯	亯				弗					弗	亯		弗				亯		
唐石經																											
尚書異文彙錄																											

劉起釪本	惟	曰	不	享[403]	惟	事	其	爽	侮	乃	惟	孺	子	頒[404]	朕	不	暇	聽	朕	教	汝	于	棐	民	彝	汝	乃
漢石經																											
敦煌本伯二七四八								奭				獳		攽							女					女	
敦煌本斯六〇一七																											
內野本			弗	亯				奭		迺					𦨶	弗				敎	女					女	迺
足利本						叓						孺															
上圖本影天正本						叓																					
上圖本八行本			弗	亯				奭							𦨶	弗				敎	女						
唐石經																											
尚書異文彙錄																											

403《孟子・告子下》、《鹽鐵論・散不足》引本句皆無「惟」字。

404《說文・攴部》:「《周書》:乃惟孺子攽」,「頒」作「攽」。

劉起釪本	是	不	蘉[405]	乃	時	惟	不	永	哉	篤	敘	乃	正	父	罔	不	若	予	不	敢	廢	乃	命	汝	往	敬	哉
漢石經																											
敦煌本伯二七四八															亡									女			
敦煌本斯六〇一七				迺	旹		弗		才	竺		迺				弗				敎		迺		女			才
內野本				迺	旹		弗		才	竺		迺			亡	弗			弗	敎	廢	迺		女	迬		才
足利本																									徃		
上圖本影天正本																					廢				徃		
上圖本八行本		弗			旹		弗		才						亡	弗			弗	敎					迬		才
唐石經																											
尙書異文彙錄																											

劉起釪本	茲	予	其	明	農[406]	哉	彼	裕	我	民	無	遠	用	戾	王	若	曰	公	明	保	予	沖	子	公	稱	丕	顯
漢石經																											
敦煌本伯二七四八											亡																

405《釋文》：「蘉，徐莫剛反，又武剛反。馬云：勉也。」鄭、王、孔傳同。錢大昕說字當卽「𢡟」字，讀爲孟，訓爲勉。

406 敦煌本斯六〇一七「農」前衍一「教」字。

敦煌本斯六〇一七			亓					葵		亡															爯	
內野本						才																				
足利本																										
上圖本影天正本																										
上圖本八行本						才		葵																		
唐石經										[illegible]																
尚書異文彙錄																										

劉起釪本	德	以	予	小	子	揚	文	武	烈	奉	答	天	命	和	恒[407]	四	方	民	居	師	惇	宗	將	禮	稱	秩	元
漢石經																											
敦煌本伯二七四八									烈																		
敦煌本斯六〇一七	悳	㠯				敭			𤎩		畣			咊		亖											
內野本	悳	㠯					彣				畣	兲		咊		亖			凥					𠃞	穪		
足利本																											
上圖本影天正本	𢛳																							礼	称		

407《尚書大傳》引「揚文武」下有「之德」二字，「答」作「對」，「和恒」下有「萬邦」字。

上圖本八行本	悳	呂												咊		三			居		敃			礼	爯		
唐石經															[illegible]			[illegible]									
尙書異文彙錄																											

劉起釪本	祀	咸	秩	無	文	惟	公	德	明[408]	光	于	上	下	勤	施[409]	于	四	方[410]	旁	作	穆	穆	迓[411]	衡	不	迷	文
漢石經																											
敦煌本伯二七四八				亡																			訝		弗		
敦煌本斯六〇一七																											
內野本	祀											上	下				三								弗		彣
足利本																											
上圖本影天正本								𢔶							施												
上圖本八行本	祀							悳				上			施		三								弗		
唐石經																											
尙書異文彙錄																											

408 上圖八行本脫一「明」字。

409 㝬簋（《集成》4317）「施」作「墜」。

410《尚書大傳》「明光」作「光明」，「四方」上無「于」字。

411 舊釋讀「迓」爲「御」，曾運乾謂「迓」當讀爲「虞」，曾說是。

劉起釪本	武	勤	教	予	沖	子	夙	夜	毖	祀	王	曰	公	功	棐	迪	篤	罔	不	若	時	王	曰	公	予	小	子
漢石經																											
敦煌本伯二七四八														㓛				㒺									
敦煌本斯六〇一七																											
內野本			效											玏			竺	㒺	弗		旹						
足利本																					𣅀						
上圖本影天正本																					𣅀						
上圖本八行本			效					夜						玏					弗		旹						
唐石經																											
尙書異文彙錄																											

劉起釪本	其	退	即	辟	于	周	命	公	後	四	方	迪	亂	未	定	于	宗	禮	亦	未	克	敉[412]	公	功	迪	將	其
漢石經																											
敦煌本伯二七四八				侵									乱		㝎			礼						㓛			
敦煌本斯六〇一七																											

412 敉當讀爲「纂」，訓爲繼。

內野本				俘						三			𤔔					乿						𢀩			
足利本																											
上圖本 影天正本									后				乱					礼									
上圖本 八行本													𤔔					乿			东			𢀩			
唐石經																											
尙書異 文彙錄																											

劉起釪本	後	監	我	士	師	工	誕	保	文	武	受	民	亂	爲	四	輔	王	曰	公	定	予	往	已	公	功	肅	將
漢石經																											
敦煌本伯 二七四八												巳	乱							㝎							
敦煌本斯 六〇一七																											
內野本									彣				𤔔		亖							㞷			𢀩		
足利本																						徃					
上圖本 影天正本													乱														
上圖本 八行本													𤔔		亖							㞷					
唐石經												[illegible]															
尙書異 文彙錄																											

劉起釪本	祗[413]	歡	公	無	困	哉	我[414]	惟	無	斁	其	康	事	公	勿	替	刑	四	方	其	世	享	周	公	拜	手	稽
漢石經																											
敦煌本伯二七四八						才																					䭫
敦煌本斯六〇一七																											
內野本						𢦏												亖			丗	亯					乩
足利本													叓														
上圖本影天正本													叓														
上圖本八行本						𢦏							叓									亯					乩
唐石經																											
尚書異文彙錄																											

劉起釪本	首	曰	王	命	予	來	承	保	乃	文	祖	受	命	民	越	乃	光	烈	考	武	王	弘	朕	恭[415]	孺	子	來
漢石經																											
敦煌本伯二七四八																		烈							孺		

413「肅」、「祗」皆訓「敬」。漢時或「祗肅」連文，如《魯峻碑》「華夏祗肅」，《孔彪碑》「所在祗肅」、《史晨後碑》「祗肅屑僾」。

414《漢書‧元后傳》、《杜欽傳》、《後漢書‧祭祀志》劉注引《東觀書》「公無困哉我」作「公毋困我」，《逸周書‧祭公》王曰「公無困我哉。」今文《尚書》「無」或作「毋」，俞樾說「哉我」誤倒，俞說是。

415 段玉裁《古文尚書撰異》：「孔傳以『奉』訓『共』，其字本不作『恭』，衛包乃改之也。」

敦煌本斯六〇一七																											
內野本	㫖								迺	𠬝					粵	迺							般	龔			
足利本							羕																				
上圖本影天正本							羕																		燸		
上圖本八行本							羕											烈									
唐石經														[illegible]													
尙書異文彙錄																											

劉起釪本	相	宅	其	大	惇	典	殷	獻	民	亂[416]	爲	四	方	新	辟	作	周	恭	先	曰	其	自	時	中	乂	萬	邦
漢石經																											
敦煌本伯二七四八															侲												
敦煌本斯六〇一七																											
內野本		乇								𢆞		亖			侲			龔					旹			万	
足利本								猷		乱													旹			万	
上圖本影天正本								猷		乱													旹			万	

416「獻民」又見𪓐簋（《集成》4317），義同《大誥》之「民獻」、《多方》之「義民」，「亂」疑爲「率」字形訛。

上圖本八行本								猷				亖						龔					峕			万	
唐石經									[illegible]																		
尚書異文彙錄																											

劉起釪本	咸	休	惟	王	有	成	績	予	旦	以	多	子	越	御	事	篤	前	人	成	烈	荅[417]	其	師	作	周	孚	先
漢石經																											
敦煌本伯二七四八										㠯										烈	畣						
敦煌本斯六〇一七																											
內野本					𠂇	戚				㠯	夛		粵			竺	歬				畣					家	
足利本															叓												
上圖本影天正本															叓												
上圖本八行本															叓		歬			烈	畣					家	
唐石經																											
尚書異文彙錄																											

417 章太炎《古文尚書拾遺》：「凡『荅』字古皆借為『合』。」

劉起釪本	考	朕	昭	子	刑	乃	單[418]	文	祖	德	伻	來	毖	殷	乃	命	寧	予	以	秬	鬯	二	卣	曰	明	禋	拜
漢石經																											
敦煌本伯二七四八																							逌				
敦煌本斯六〇一七																											
內野本		䑣				廼		彣		悳					廼				㠯			弍				⿰亻垔	
足利本																											
上圖本影天正本										徝																	
上圖本八行本		䑣																	㠯			弍					
唐石經																											
尚書異文彙錄																											

劉起釪本	手	稽	首	休	享	予	不	敢	宿	則	禋	于	文	王	武	王	惠	篤	敘	無	有	遘	自	疾	萬	年	⿰月犬
漢石經																											
敦煌本伯二七四八		䭫																		亡		冓					⿰月犬
敦煌本斯六〇一七																											
內野本		乩	𦣻		亯		弗	敎			⿰亻垔		彣					竺			ナ				万		

418「單」蓋讀「殫」，訓爲「盡」。

足利本																								万		厭
上圖本影天正本																										
上圖本八行本		乩			㑹		弗	敍																万	秊	
唐石經																										
尚書異文彙錄																										

劉起釪本	于	乃	德	殷	乃	引	考	王	伻	殷	乃	承	敘	萬	年	其	永	觀	朕	子	懷	德	戊	辰	王	在	新
漢石經																											
敦煌本伯二七四八																											
敦煌本斯六〇一七																											
內野本		迺	悳		迺						迺			万	秊				𦨶		褱	悳					
足利本												羕		万													
上圖本影天正本			𢛳											万								𢛳					
上圖本八行本			悳									羕		万	秊				𦨶		褱	悳					
唐石經																											
尚書異文彙錄																											

劉起釪本	邑	烝	祭	歲[419]	文	王	騂	牛	一	武	王	騂	牛	一	王	命	作	冊	逸	祝	冊[420]	惟	告	周	公	其	後
漢石經																											
敦煌本伯二七四八				嵗														笧			笧						
敦煌本斯六〇一七																											
內野本		蒸		嵗	彣				弌					弌					佾								
足利本		蒸																									
上圖本影天正本		蒸																									后
上圖本八行本		蒸		𡻕					弌					弌				笧			笧						
唐石經																											
尙書異文彙錄																											

劉起釪本	王	賓	殺	禋	咸	格	王	入	太	室	祼	王	曰	公	予	小	子	其	退	即	辟	于	周	命	公	後	王
漢石經																											
敦煌本伯二七四八			煞																								
敦煌本斯																											

419 冬祭曰「烝」，「祭歲」，裘錫圭說歲爲卜辭常見祭名，如「丙辰卜，歲于祖己牛」，《周書・作雒》「武王既歸，成歲」，足見祭歲爲古之大政。
420《漢書・律曆志》引《洛誥》「冊」作「策」。

六〇一七																											
內野本		[illegible]																									
足利本																											
上圖本影天正本																											
上圖本八行本																											
唐石經																											
尙書異文彙錄																											

劉起釪本	命	周	公	後	作	冊	逸	誥	在	十	有	二	月	惟	周	公	誕	保	文	武	受	命	惟	七	年		
漢石經																											
敦煌本伯二七四八						𥬹																					
敦煌本斯六〇一七																											
內野本											ナ	弍							彣						秊		
足利本																											
上圖本影天正本																									秊		
上圖本八行本												弍													秊		
唐石經																											
尙書異																											

文彙錄																											

十、今文《尚書·多士》異文表[421]

劉起釪本	惟	三	月	周	公	初	于	新	邑	洛	用	告	商	王	士[422]	王	若	曰	爾	殷	遺	多	士	弗	弔[423]	旻	天
漢石經																											
魏石經																											
敦煌本伯二七八四																								不			
內野本		弎								洜																	兲
足利本																								不			
上圖本影天正本																					遺			不			
上圖本八行本										洜	繇																
晁刻本																											
唐石經																											
尙書異文彙錄																											

421「爾」作「尒」，「周」作「㝪」，「于」作「亐」不錄。
422「王士」與「王臣」、「王人」同，見俞樾《尚書平議》。
423「弗弔」與《大誥》「弗弔天」同，釋為「不淑」、「不善」。

劉起釪本	大	降	喪	于	殷	我	有	周	佑	命	將	天	明	威	至	王	罰	勑[424]	殷	命	終	于	帝	肆	爾	多	士
漢石經																											
魏石經																											
敦煌本伯二七八四														畏	致		罸										
內野本			丧				ナ					兲		畏	致			敕			冬						
足利本			丧												致			勅		命							
上圖本影天正本																											
上圖本八行本			丧												致						冬						
晁刻本																											
唐石經															致												
尙書異文彙錄																											

劉起釪本	非	我	小	國	敢	弋[425]	殷	命	惟	天	不	畀	允	罔[426]	固	亂	弼	我[427]	我	其	敢	求	位	惟	帝	不	畀
漢石經																											

424「勑」，金文作「誎」、「諫」、「敕」等，「勑」訓爲「告」，或讀爲「陟」，訓爲「升」。

425「弋」，段玉裁《古文尚書撰異》：「《釋文》曰：弋，馬本作翼，義同。《正義》曰：鄭玄、王肅本弋作翼，王亦云：翼，取也。鄭云：翼，猶驅也。玉裁按：弋、翼古音同在第一部，訓『取』者讀翼為弋也。孔本作弋者，因馬、王之說而改經字也」；朱駿聲《說文通訓定聲》「弋假借爲代」，又見曾運乾《喻母古讀考》，戰國簡「代」字多作「弋」。

426 于省吾《尚書新證》：「凡《尚書》罔字，隸古定作『亡』，即亡字。」

427 敦煌本缺一「我」字。

魏石經																											
敦煌本伯二七八四																乱											
內野本				戜	敹					兲	弗					𤔔	弢			亓	敹				弗		
足利本								余								乱											
上圖本影天正本																乱											
上圖本八行本				戜	敹			余			弗	畀				𤔔	弢								弗		畀
晁刻本																											
唐石經																											
尙書異文彙錄																											

劉起釪本	惟	我	下	民	秉	爲	惟	天	明	畏	我	聞	曰	上	帝	引[428]	逸	有	夏	不	適	逸	則	惟	帝	降	格
漢石經																											
魏石經																											
敦煌本伯二七八四																											
內野本			丅	𡰥				兲				𦖞								弗							
足利本																			𡕾								𢓜
上圖本影天正本												閅							𡕾								

428「引」字頗不可解，疑讀如昭元年《左傳》「引其封疆」之「引」，杜注「正也」；或讀爲「塡」或「殄」。

上圖本 八行本					𠅞							耆								弗							
晁刻本										旹	[illegible]	[illegible]											脩	剮			
唐石經				昬																							
尚書異 文彙錄																											

劉起釪本	嚮	于	時	夏	弗	克	庸	帝	大	淫	泆[429]	有	辭	惟	時	天	罔	念	聞	厥	惟	廢	元	命	降	至	罰
漢石經																											
魏石經																											
敦煌本伯 二七八四					不						佾		詞													𦤺	罸
內野本			旹									ナ	𤔲		旹	兲			𦖞	氒		癈				致	
足利本			旹		不								辝		旹									命		致	
上圖本 影天正本													辞						闻							致	
上圖本 八行本	嚮		旹			𠅞							𤔲		旹				𦖞	氒						致	
晁刻本										𡈼	佾		𤔲											命	夅	致	
唐石經																											
尚書異 文彙錄																											

429 江聲《尚書集注音疏》：「泆，《釋文》云：馬本作『屑』，《說文》屑，動作切切也。」

劉起釪本	乃	命	爾	先	祖	成	湯	革	夏	俊	民	甸[430]	四	方	自	成	湯	至	于	帝	乙	罔	不	明	德	恤	祀[431]
漢石經																											
魏石經																											
敦煌本伯二七八四										畯	人															卹	
內野本	廼					戚				畯	[illegible]		亖			戚							弗		悳	卹	祀
足利本								[illegible]	[illegible]																		
上圖本影天正本									[illegible]																徳		
上圖本八行本						戚		[illegible]		畯			亖			戚										卹	祀
晁刻本																											
唐石經											民																
尚書異文彙錄																											

劉起釪本	亦	惟	天	丕	建	保	乂	有	殷	殷	王	亦	罔	敢	失	帝	罔	不	配	天	其	澤[432]	在	今	後[433]	嗣	王
漢石經																											
魏石經																									[illegible]		

430 蔡沈《書集傳》：「甸，治也。」

431《魯世家》「自湯至于帝乙，無不率祀明德」，或今文《尚書》「明德恤祀」卽作「率祀明德」，「恤」當作「卹」，段玉裁以爲衛包所改。

432《尚書校釋譯論》：「《堯典》『舜讓于德，弗嗣』，弗嗣，《五帝本紀》作『不懌』。《集解》引徐廣云：《今文尚書》作『不怡』，怡，懌也。司馬貞《索隱》云：《史記》一作『不澤』。是嗣、怡、懌與澤並通。」

433「後」正始石經古文作「[illegible]」，從辵，與《說文》古文同。

敦煌本伯二七八四																		弗								[illegible]	
內野本								𠂇						敎						宂	亣					[illegible]	
足利本																						沢				[illegible]	
上圖本影天正本																						沢					
上圖本八行本														敎				弗				澤				[illegible]	
晁刻本																											
唐石經																											
尚書異文彙錄																											

劉起釪本	誕	罔	顯	于	天	矧	曰	其	有	聽	念[434]	于	先	王	勤	家	誕	淫	厥	洪[435]	罔[436]	顧	于	天	顯	民	祗[437]
漢石經																											
魏石經															[illegible]			[illegible]									
敦煌本伯二七八四						矤														[illegible]						人	[illegible]
內野本					宂	矤			𠂇										亣	[illegible]				宂			[illegible]
足利本																											

434 于省吾《尚書新證》：「金文聖、聽為一字」，《荀子》「明之爲聖人」，此「聽念」謂「明念」。

435「洪」《史記·魯世家》作「佚」，《魏石經》作「逸」古文作「[illegible]」，與今古文字所見「[illegible]」（清華簡《耆夜》）形同，篇內當同。

436「罔」古文作「[illegible]」，《玉篇》以爲古文「罔」，篇內同。

437 于省吾《尚書新證》：「祗本作𡿺。」

上圖本影天正本			乱							聴								[illegible]								
上圖本八行本																										紙
晁刻本																										
唐石經																									[illegible]	
尙書異文彙錄																										

劉起釪本	惟	時	上	帝	不	保	降	若	茲	大	喪	惟	天	不	畀	不	明	厥	德	凡	四	方	小	大	邦	喪	罔
漢石經																											
魏石經									88																		
敦煌本伯二七八四											[illegible]															[illegible]	
內野本		旹			弗						[illegible]		兲	弗		弗		氒	悳		亖					[illegible]	
足利本		[illegible]																									
上圖本影天正本																			[illegible]								
上圖本八行本					弗						[illegible]			弗		弗		[illegible]	悳		亖					[illegible]	
晁刻本																											
唐石經																											
尙書異文彙錄																											

劉起釪本	非	有	辭[438]	于	罰[439]	王	若	曰	爾	殷	多	士	今	惟	我	周	王	丕	靈	承	帝	事	有	命	曰	割[440]	殷
漢石經																											
魏石經																											
敦煌本伯二七八四			詈																霊								
內野本		𠂇	詈																[illegible]				𠂇				
足利本			辞																灵	羕		叓				[illegible]	
上圖本影天正本																											
上圖本八行本			[illegible]																[illegible]			叓					
晁刻本																											
唐石經																											
尚書異文彙錄																											

劉起釪本	告	勑	于	帝	惟	我	事	不	貳	適[441]	惟	爾	王	家	我	適	予	其	曰	惟	爾	洪	無	度	我	不	爾[442]
漢石經																											
魏石經																											

438「辭」古文作「詈」，當隸定爲「詞」。
439「罰」字古文作「[illegible]」，网形訛作「[illegible]」，與《無逸》詈字古文「[illegible]」相合。
440 于省吾《尚書新證》：「金文割、害為一字。《魏三體石經》作𠜾，即創字。」割殷，本作創殷。
441 江聲《尚書集注音疏》：「『適』讀當皆為『敵』」，《魏三體石經》「適」字古文作「𢕄」，從辵帝聲。
442《魏三體石經》「爾」古文作「尒」，篇內亦同。

敦煌本伯二七八四								弗										亓								弗	
內野本																		亓					亡			弗	
足利本		勅					叓	弗															无			弗	
上圖本影天正本								弗															无			弗	
上圖本八行本							叓	弗															亡	尾		弗	
晁刻本																											
唐石經																											
尚書異文彙錄																											

劉起釪本	動	自	乃	邑	予	亦	念	天	即	于	殷	大	戾[443]	肆[444]	不	正	王	曰	猷	告[445]	爾	多	士	予	惟	時	其
漢石經																											
魏石經																											
敦煌本伯二七八四	[illegible]														弗												
內野本	[illegible]		迺					兲							弗											旹	亓
足利本																										旹	
上圖本																											

443《魏三體石經》「予」古文作「舍」，「戾」古文作「[illegible]」，從犬立聲。

444《魏三體石經》「肆」古文作「[illegible]」，與《說文》「[illegible]」字合。

445「猷告」《經傳釋詞》說「此及《多方》『王若曰，猷誥爾四國多方』，皆本作『告猷』，而《晚書》改爲『猷告（誥）』，同《大誥》『大誥猷』改『猷大誥』之例。」

影天正本																										
上圖本八行本	嶂														弗										旹	䛐
晁刻本																										
唐石經																										
尙書異文彙錄																										

劉起釪本	遷	居	西[446]	爾	非	我	一	人	奉	德	不	康	寧	時	惟	天	命	無	違[447]	朕	不	敢	有	後	無	我	怨
漢石經																			元	朕	丕						
魏石經																											
敦煌本伯二七八四		㞐									弗										弗				亡		
內野本	䙴	㞐					弌			悳	弗			旹		兲				般	弗	敎	ナ		亡		怨
足利本											弗			旹							弗						
上圖本影天正本																											
上圖本八行本		㞐					弌			悳	弗			旹				亡		般	弗				亡		惌
晁刻本																											
唐石經																											
尙書異																											

446《說文》：「西，鳥在巢上也，象形。」江聲《尚書集注音疏》：「俗作棲、从木、妻。然則西本為止息之誼，假借以為東西字爾。」
447《漢石經》「無違」作「元」。

文彙錄																											

劉起釪本	惟	爾	知	惟	殷	先	人	有	冊	有	典	殷	革	夏[448]	命	今	爾	又	曰	夏	迪[449]	簡	在	王	庭	有	服
漢石經																											
魏石經																											
敦煌本伯二七八四									𠕋		[illegible]														庭		
內野本								𠂇		𠂇												柬				𠂇	
足利本																											
上圖本影天正本														叐						叐		間					
上圖本八行本											[illegible]			叐	夽					文		柬					
晁刻本																											
唐石經																											
尚書異文彙錄																											

劉起釪本	在	百	僚	予	一	人	惟	聽	用	德	肆	予	敢	求	爾	于	天	邑	商[450]	予	惟	率	肆	矜[451]	爾	非	予

448《魏三體石經》「革」古文作「[illegible]」，與《說文》「革」字古文「[illegible]」合，「夏」古文作「[illegible]」，字當從日、止，爲今所見古文字「[illegible]」（清華簡《尹至》形左半）。

449「迪」《釋詁》「進也」，或訓爲「用」。

450「天邑商」，王國維說，疑「天邑」爲「大邑」之誤，于省吾說，甲文「天邑商」與「大邑商」互見，「天」、「大」古通，「大邑商」與《孟子・滕文公下》引佚書「大邑周」、《禮記》引《尹告》佚文之「西邑夏」語例同。

漢石經																											
魏石經																											
敦煌本伯二七八四																						衛		矜				
內野本					㕥					悳			致				兲					衛					
足利本																											
上圖本影天正本										作																	
上圖本八行本			條		以					惪			致														
晁刻本																											
唐石經																											
尙書異文彙錄																											

劉起釪本	罪	時	惟	天	命	王	曰	多	士[452]	昔	朕	來	自	奄	予	大	降	爾	四	國	民	命	我	乃	明	致	天
漢石經	辠																										
魏石經																											
敦煌本伯二七八四	辠																夅										
內野本	辠	旹		兲							朕						降		亖	或	民			廼			兲
足利本																											

451 段玉裁：「夷、肆古音同在第十五部。」俞樾《尚書平議》：《今文尚書》「肆」作「夷」，《論衡》作「夷」，夷、肆古音近，皆語辭，「矜」作「憐」。
452《漢石經》「多士」上有「告爾」二字。

上圖本影天正本																											
上圖本八行本		旨									般								三	載	[illegible]					致	
昃刻本																											
唐石經																					[illegible]						
尙書異文彙錄																											

劉起釪本	罰	移	爾	遐	逖	比	事	臣	我	宗	多	遜	王	曰	告	爾	殷	多	士	今	予	惟	不	爾	殺	予	惟
漢石經																											
魏石經																											
敦煌本伯二七八四	罸				逷							孫										缺	缺	缺	缺		
內野本							叓																弗				
足利本																											
上圖本影天正本							叓																弗				
上圖本八行本	罸																										
昃刻本																											
唐石經																											
尙書異文彙錄																											

劉起釪本	時	命	有	申	今	朕	作	大	邑	于	茲	洛[453]	予	惟	四	方	罔	攸	賓	亦	惟	爾	多	士	攸	服	奔
漢石經												雒					罒	攸	責								
魏石經																											
敦煌本伯二七八四												条						逌							逌		
內野本	峕		ナ			𦨶						条			亖			逌	賔						逌		
足利本																											
上圖本影天正本																											
上圖本八行本	旹					𦨶						条			亖			逌							逌		
晁刻本																											
唐石經																											
尚書異文彙錄																											

劉起釪本	走	臣	我	多	遜	爾	乃	尚[454]	有	爾	土	爾	乃	尚	事	寧	幹[455]	止	爾	克	敬	天	惟	畀	矜	爾	爾
漢石經																											
魏石經																											
敦煌本伯																								畁	矝		

453《漢石經》「洛」作「雒」。

454 于省吾《尚書新證》：「尚，讀為常。」

455 于省吾《尚書新證》：「幹即榦，與翰通用」，《桑扈》「之屏之翰」、《板》「大宗維翰」、《崧高》「維周之翰」，毛傳「翰，幹也」，下「幹」同。

二七八四																											
內野本									𠂇				迺										兂				
足利本																											
上圖本 影天正本																											
上圖本 八行本																											
晁刻本																											
唐石經																											
尚書異 文彙錄																											

劉起釪本	不	克	敬	爾	不	啻	不	有	爾	土	予	亦	致	天	之	罰	于	爾	躬	今	爾	惟	時	宅	爾	邑	繼[456]
漢石經																											
魏石經																											
敦煌本伯 二七八四	弗				弗		弗									罸											継
內野本	弗				弗		弗	𠂇						兂	㞢								旹	厇			㡭
足利本	弗				弗		弗																				
上圖本 影天正本					弗		弗																				
上圖本 八行本					弗		弗																旹	厇			

456 俞樾《尚書平議》：「繼，當作綏。」

晁刻本																											
唐石經																											
尙書異文彙錄																											

劉起釪本	爾	居	爾	厥	有	幹	有	年	于	茲	洛	爾	小	子	乃	興	從	爾	遷	王	曰	又	曰	時	予	乃	或
漢石經											雒																
魏石經																											
敦煌本伯二七八四																			遷			有					
內野本		凥		亣	ナ		ナ				条				迺		刅		䙴					旹		迺	
足利本																㒷											
上圖本影天正本																㒷											
上圖本八行本																	刅										
晁刻本																											
唐石經																											
尙書異文彙錄																											

劉起釪本	言[457]	爾	攸	居																							

457 敦煌本「言」前衍一「䛀」（誨）字，段玉裁《古文尚書撰異》，「唐石經『或言』二字初刻是三字，摩去重刻，致每行十字者成九字矣。初刻隱然可辨，『或言』之間多一字，諦視則是『誨』字，與傳『教誨之言』和，《雒誥》亦有『誨言』二字也。」。

漢石經																											
魏石經																											
敦煌本伯二七八四			逌	屋																							
內野本			逌	屋																							
足利本																											
上圖本影天正本																											
上圖本八行本			逌	屋																							
晁刻本																											
唐石經																											
尙書異文彙錄																											

十一、今文《尚書·無逸》異文表

劉起釪本	周	公	曰	嗚	呼[458]	君	子[459]	所[460]	其	無[461]	逸[462]	先	知	稼[463]	穡[464]	之	艱	難	乃	逸	則	知	小	人	之	依[465]	相
漢石經																											
魏石經											[illegible]																
敦煌本 伯 3767																											
敦煌本 伯 2748				烏	虖					亡					嗇												
內野本									亓	亡	逸				嗇				迺	逸					㞢		
足利本																											
上圖本 影天正本																											
上圖本 八行本									亓	亡						㞢									㞢		
唐石經																											
尙書異																											

458《魏三體石經》「嗚呼」皆作「烏虖」。

459 顧頡剛云：此「君子」指「嗣王」,鄭注「君子止謂在官長者」，《禮器》注亦云「君子謂大夫以上」。

460 于省吾說：金文「啓」或不從「口」，與「所」形似而訛。

461「無」今文尚書作「勿」。

462「逸」今文尚書作「劮」，也作「佚」。

463《魏三體石經》「稼」作「家」，篇內同。

464《漢石經》「穡」作「嗇」。

465《經義述聞》：依，隱也。《國語·周語》「勤恤民隱」韋昭注：「隱，痛也」，《說文》「衣，依也」，《白虎通義》「衣者，隱也」。

文汇录																											

劉起釪本	小	人	厥	父	母	勤	勞	稼	穡	厥	子	乃	不	知	稼	穡	之	艱	難	乃	逸	乃	諺[466]	既	誕[467]	否	則[468]
漢石經																嗇					劮		憲	旣	延	不	
魏石經																											
敦煌本伯3767																											
敦煌本伯2748									嗇				弗			嗇							喭	旡	延		
內野本			亣						嗇	亣							㞢			迺	逸	迺		旡			
足利本																											
上圖本影天正本																											
上圖本八行本										弌							㞢										
唐石經																											
尙書異文汇录																											

劉起釪本	侮	厥[469]	父	母	曰	昔	之	人	無	聞	知	周	公	曰	嗚	呼	我	聞	曰	昔	在	殷	王[470]	中	宗[471]	嚴	恭[472]

466《漢石經》「穡」作「嗇」，「逸」作「劮」，「諺」作「憲」。
467 俞樾《群經平議》：「誕，《漢石經》作「延」，當從之。《漢書·古今人表》「報王延」，《史記索隱》作「誕」。
468《漢石經》「否」作「不」，《經傳釋詞》以「不則」爲「於是」。
469《魏三體石經》下「厥」字古文作「亣」，篇內同。

漢石經		㢢																								嚴	恭
魏石經																											
敦煌本伯 3767																											
敦煌本伯 2748									巨						鳥	庢											龏
內野本	侮	卒				咎	乿		迡	耆								耆		咎						嚴	
足利本										閔								閔								嚴	龔
上圖本影天正本										閔								閔									龔
上圖本八行本						咎	乿		亡	耆					鳥	庢		耆		咎							龏
唐石經																											
尚書異文汇录																											

劉起釪本	寅[473]	畏	天	命	自	度[474]	治	民	祇[475]	懼	不	敢	荒	寧[476]	肆[477]	中	宗	之	享	國[478]	七	十[479]	有	五	年	其	在

470 劉起釪本，「殷王」後補「太宗，不義惟王，舊為小人；作其即位。爰知小人之依，能保惠于庶民，不敢侮鰥寡：肆太宗之享國三十又三年。其在」句。《尚書校釋譯論》，頁 1532。

471 下文《魏三體石經》「中宗」字古文作「中」，篆、隸作「仲」，案金文「中」多用爲中間之中，「中」字多用爲伯仲之「仲」，古文是。此處「中宗」當同，王國維說，「戩壽堂所藏殷契文字中，有斷片，存字六，曰：「中宗祖乙牛，吉。」稱祖乙爲中宗，全與古來《尚書》學家之說違異，惟《太平御覽》八十三引《竹書紀年》曰：「祖乙滕卽位，是爲中宗，居庇。」今由此斷片知《紀年》是而古今尚書學家非也，見《戩壽堂所藏殷虛文字考釋》、《古史新證》。

472 于省吾《群經新證》：「恭」本作「龏」。

473《魯世家》「寅」訓「敬」，馬融「嚴」作「儼」，鄭注「恭在貌，敬在心」。

474《漢石經》作「天命自亮」。皮錫瑞《今文尚書考證》：「《釋詁》：『亮，右也。』天命自亮，言天命佑助。此今文義。」

漢石經						亮	以		祗																		
魏石經																											
敦煌本伯3767																											
敦煌本伯2748	寅								祗		弗		旡						侌					乂			
內野本			亢					乚	祇		弗	敎		宓				𡳿	侌	或			𠂇	乂	季	亣	
足利本				舍						攉															季		
上圖本影天正本				舍		亥				攉																	
上圖本八行本									祗			敎		宓				𡳿	侌	或						亣	
唐石經								[illegible]																			
尙書異文汇录																											
劉起釪本	高	宗	時[480]	舊	勞	于	外	爰	暨[481]	小	人	作	其	即	位	乃	或[482]	亮	陰[483]	三	年	不	言	其	惟	不	言

475《漢石經》「治」作「□」，《魯世家》「祇」作「震」。

476「荒寧」，馬注「寧，安也」，毛公鼎（《集成》2841）、四十三年逑鼎（《近出二》330-339）：「毋敢妄（荒）寧，」晉姜鼎（《集成》2826）「不叚妄（荒）寧」。

477《魯世家》「肆」作「故」。

478「享國」前無「之」字，而熹平石經高宗「饗國」前有，下三處亦同，「享」作「饗」，《漢石經》「享」字俱作「饗」，《魏三體石經》此篇字亦作「饗」，「國」字，下《魏三體石經》古文作「或」。

479《史記》「七十」下無「有」字。

480「時」《中論》作「寔」，《釋詁》：「時，寔，是也」，《史記》「久勞于外，爲與小人」，無「時」字，「舊」作「久」，《武斑碑》作「久勞于外」，亦同。

漢石經																											
魏石經			旹																								
敦煌本 伯 3767																											
敦煌本 伯 2748					勞				泉			作										弗				弗	
內野本			旹			丂			泉				亓			廼			会	弍	季	弗		亓		弗	
足利本			旹																隂		季						
上圖本 影天正本			旹	旧	労														陰								
上圖本 八行本			旹		労	丂			泉				亓						会	弍	季	弗		亓		弗	
唐石經																											
尙書異 文汇录																											

劉起釪本	言	乃	雍[484]	不	敢	荒	寧	嘉	靖	殷	邦[485]	至	于	小	大	無	時	或[486]	怨	肆	高	宗	之	享	國	五	十
漢石經																								饗			

481《詩譜·商頌》引作「爰洎小人」，「曁」作「洎」，「洎」《說文》「灌釜也」，典籍用同「溉」。
482「或」，《魯世家》作「有」，下之「罔或克壽」，《論衡》「或」作「有」。
483「亮陰」，《論語·憲問》作「諒陰」，《呂氏春秋·重言》、《北海相景君碑》作「諒闇」，《尚書大傳》作「梁闇」，《魯世家》作「亮闇」，《漢書·五行志》作「涼陰」。
484《禮記·檀弓》、《坊記》、《史記·魯世家》「雍」作「讙」。
485《史記·魯世家》「嘉」作「密」，《詩譜·商頌》作「嘉靖」，「邦」作「國」。
486《魯世家》「至于小大無怨」，無「時或」字，熹平石經有「或」字。

魏石經																											
敦煌本伯3767																											
敦煌本伯2748			邕	弗	敎	巟				𣪊						亡			怨					亯		㐅	
內野本		迺		弗	敎		寍		彰				亐			亡	峕		怨				㞢	亯	或		
足利本																	旹		怨								
上圖本影天正本																	旹		怨								
上圖本八行本				弗	敎		寍									亡	峕		怨				㞢	亯	或		
唐石經																											
尚書異文汇录																											

劉起釪本	有	九	年[487]	其	在	祖	甲	不	義	惟	王	舊	爲	小	人[488]	作	其	即	位	爰	知	小	人	之	依	能
漢石經																										
魏石經																										
敦煌本伯3767																										

487《漢書·五行志》「高宗致百年之壽」，《劉向傳》、《杜欽傳》皆云百年，《論衡·氣壽》「高宗享國百年」，《無形》、《異虛》及桓譚《新論》皆云「百年」，《漢石經》作「百年」，爲今文《尚書》；《帝王世紀》（《太平御覽》引）作「五十九年」，與孔傳本同，此古文《尚書》，《魯世家》「享」作「饗」，熹平石經、正始石經同。

488《魯世家》「舊」爲「久」，「小人」下多「於外」。

敦煌本伯2748								弗	誼							佂										
內野本	ナ		秊	亓		徂		弗	誼								亓							㞢		
足利本			秊						羑			旧														
上圖本影天正本												旧														㠯
上圖本八行本			秊	亓				弗	誼								亓							㞢		
唐石經																										
尙書異文汇录																										

劉起釪本	保	惠	于	庶	民	不	敢	侮	鰥	寡[489]	肆	祖	甲	之	享[490]	國	三	十	有	三	年	自	時	厥	後	立	王
漢石經																								厥			
魏石經																											
敦煌本伯3767																											
敦煌本伯2748				庻		弗				寊					亯												
內野本				庻		弗	敦	㑄				𥘆		㞢	亯	或	弎		ナ	弎	秊		峕	氒			
足利本				庻					鰥												秊						

489《魯世家》「知小人之依，能保施小民，不侮鰥寡」，「惠」作「施」，「庶」作「小」，無「于」、「敢」字。
490《魯世家》「肆」訓「故」，「享」作「饗」。

上圖本影天正本				庚																			取				
上圖本八行本		惠		庚	迟	弗			鰥					㞢	舎	或				三	年			旹	年		
唐石經					已																						
尚書異文汇录																											

劉起釪本	生	則	逸[491]	生	則	逸	不	知	稼	穡	之	艱	難	不	聞	小	人	之	勞	惟	耽[492]	樂	之	從[493]	自	時	厥
漢石經																											
魏石經																											
敦煌本伯3767																											氒
敦煌本伯2748							弗			嗇									勞		湛			從			
內野本			逸			逸	弗				㞢			弗	𦖞			㞢			湛		㞢	从		旹	氒
足利本															聞				勞			乐		從		時	
上圖本影天正本															聞												

491《今文尚書》不重「生則逸」三字，劉起釪云：古人引書往往減省，何況重複句。

492《論衡・語增》「惟耽」作「惟湛」，「耽」作「湛」，《説文》「媅，樂也」，《衛風》「無與士耽」，毛傳「耽，樂也」，《小雅》「和樂且湛」，毛傳「湛，樂之久也」，《釋詁》「妉，樂也」，「妉」、「媅」、「耽」、「湛」並通。

493《中論・夭壽》「自時厥後，立王生則逸，不知稼穡之艱難，不知小人之勞苦，唯耽樂是從」。無「生則逸」三字，《漢書・鄭崇傳》、《中論》、《論衡・語增》「之從」作「是從」。

上圖本八行本	㞷			㞷			弗				㞢				𢍏			㞢	㓥			乑	㞢	後		晋	弍
唐石經																											
尚書異文汇录																											

劉起釪本	後	亦	罔	或	克	壽[494]	或	十	年	或	七	八	年	或	五	六	年	或	四	三	年[495]	周	公	曰	嗚	呼	厥
漢石經																											
魏石經																											
敦煌本伯3767			𡧈			𦓃																			烏	虖	
敦煌本伯2748			㒺			耆									㐅										烏	虖	
內野本			𡧈												㐅										烏	虖	𠀡
足利本									秊				秊				秊				秊						
上圖本影天正本	后																										
上圖本八行本			𡧈		𠅞				秊				秊				秊				秊				烏	虖	
唐石經																											
尚書異文汇录																											

494《鄭崇傳》、《論衡》引作「時亦罔有克壽」，「自時厥後」作「時」，「或」作「有」。
495《中論》「四三年」作「三四年」。

劉起釪本	亦	惟	我	周[496]	太	王	王	季	克	自	抑	畏	文	王	卑[497]	服	即	康	功[498]	田	功	徽	柔	懿	恭	懷	保
漢石經																						徽	柔		共		
魏石經															卑	服						散					
敦煌本 伯3767															卑							徽	柔		共	褱	
敦煌本 伯2748															卑				切		切	徽		懿			
內野本													彣		卑				𢀜		𢀜				龔	褱	
足利本															卑												
上圖本 影天正本											抑											徽					
上圖本 八行本									𠅏						卑	服			𢀜		𢀜	徽				褱	
唐石經																											
尙書異文汇录																											

496 段玉裁說，《尚書大傳》云：「《書》曰：『厥兆天子爵』。」《白虎通・爵篇》「《書・無逸篇》曰：『厥兆天子爵』。」

497《經典釋文》：「卑，如字。馬本作『俾』，使也。」

498「功」，古文作「工」，「康」字亦作「庚」。

劉起釪本	小	民	惠	鮮	鰥	寡499	自	朝500	至	于	日	中	昃501	不	遑502	暇	食	用	咸	和	萬	民	文	王	不	敢	盤
漢石經				于																							
魏石經																											
敦煌本伯3767					鰥	寡							仄	弗	皇						万				弗	敢	
敦煌本伯2748		人				寡							仄	弗	皇						万				弗	敢	
內野本		民						朝		亐			昃	弗	皇						万	民	文		弗	敢	
足利本													昗			暇	食				万						
上圖本影天正本					鰥								昗			暇	食				万						
上圖本八行本		民	惠										昗	弗				繇		咊	万	民			弗	敢	
唐石經		民											昃									民					
尙書異文汇录																											

499《漢石經》作「惠于矜（孔作鮮鰥）」。《後漢書·明帝紀》、《谷永傳》「惠鮮鰥寡」作「惠于鰥寡」，「鮮」皆作「于」，熹平石經「徽柔懿共懷保小人惠于矜」，「恭」作「共」，「民」作「人」，「鮮」作「于」，「鰥」作「矜」。

500《魏三體石經》「朝」字古文作「[illegible]」，疑卽《說文》之「淖」（潮）字。

501「昃」《釋文》「本又作仄」，《漢書·朱宣傳》宣上疏「躬有日仄之勞」，又漢人多云「日稷」，或本定十五年《左傳》、《公羊》「日下昃」，《穀梁》作「日下稷」。

502段玉裁《古文尚書撰異》、《國語·楚語》「皇」，今本作「遑」，俗字。

劉起釪本	于	游	田 503	以	庶	邦	惟	正	之	供 504	文	王	受	命	惟	中	身 505	厥	享	國	五	十	年	周	公	曰	嗚
漢石經																											
魏石經		遊																									
敦煌本伯3767		遊		㠯	庶			政		共									亯	或	㐅		秊				烏
敦煌本伯2748		遊		㠯	庶					共									亯	或	㐅						烏
內野本				㠯	庻				㞢		彣							亣	亯	或	㐅		秊				烏
足利本		遊			庻								受	命									秊				
上圖本影天正本		遊			庻									命									秊				
上圖本八行本		遊		㠯	庻				㞢				受	命				亣	亯	或	㐅		秊				烏
唐石經		遊																									
尚書異文汇录																											

劉起釪本	呼 506	繼	自	今	嗣	王	則	其	無	淫	于	觀	于	逸	于	游	于	田	以	萬	民	惟	正	之	供	無	皇 507
漢石經									毋	酒				劮		遊						維			共	毋	兄

503 《魏三體石經》「游」下衍一「于」，《漢書・谷永傳》「般樂游田」，「盤」作「般」，「田」，《西京賦》李善注引作「畋」。

504 《國語・楚語》「正」作「政」，「供」作「恭」。

505 鄭注「受命，受殷王嗣位之命，中身謂中年」。

506 《魏三體石經》、《漢書·翼奉傳》顏注「嗚呼」作「烏虖」，下亦同。

507 王肅本「皇」作「況」。《漢石經》「無皇」作「毋兄」。

魏石經																											
敦煌本伯3767	虖	𢇍			𤔲			亓	亡							遊				万					共	亡	
敦煌本伯2748	虖								亡											万					共	亡	
內野本	虖	𢇍			𤔲			亓	亡					逸					呂	万				出		亡	
足利本																遊				万							
上圖本影天正本		継														遊				万							
上圖本八行本	虖	継			司			亓	亡	淫	亏		亏		亏		亏		呂	万				出		亡	
唐石經																					民						
尙書異文汇录																											

劉起釪本	曰	今	日	耽	樂	乃	非	民	攸	訓	非	天	攸[508]	若	時	人	丕	則	有	愆	無	若	殷	王	受[509]	之	迷
漢石	曰																										
魏石經																											
敦煌本伯3767				湛	樂				逌	訔			逌		旹		丕		ナ	僁	亡						
敦煌本伯2748				湛	樂				逌				逌							僁	亡		般				

508《魏三體石經》兩「攸」字皆作「所」，「訓」古文作「𡿺」，讀爲「順」，與「若」對文。
509《論衡‧譴告》「無」作「毋」，「受」作「紂」。

內野本						迺		[illegible]	廸	[illegible]		旡	廸	若	旹				ナ		亡					㞢	
足利本															旼										叏		
上圖本 影天正本															旼												
上圖本 八行本								[illegible]	廸	[illegible]		旡	廸	若	旹						亡					㞢	
唐石經								[illegible]																			
尙書異 文汇录																											

劉起釪本	亂[510]	酗[511]	于	酒	德	哉[512]	周	公	曰	嗚	呼	我	聞	曰	古	之	人	猶	胥	訓	告	胥	保	惠	胥	教	誨
漢石經																											
魏石經																										[illegible]	[illegible]
敦煌本 伯 3767	[illegible]				[illegible]	才				烏	虖		[illegible]					猷		[illegible]							[illegible]
敦煌本 伯 2748	[illegible]					才												猷	胥	訓					胥		
內野本	[illegible]				悳	才				烏	虖		[illegible]			㞢		猷								敎	
足利本	乱												閗		古												
上圖本 影天正本	乱				[illegible]								閗							[illegible]							

510《魏三體石經》「迷」字古文作「麋」，「亂」字古文作「[illegible]」（𤔔），篇內同。
511《周書・亡逸之篇》「酗」作「配」。
512《魏三體石經》酒」字古文作「酉」，「哉」三體并作「才」。

上圖本八行本	樂				悳	才				烏	孚		耆			㞢				訔						攸	
唐石經																											
尙書異文汇录																											

劉起釪本	民	無	或	胥[513]	譸	張[514]	爲	幻[515]	此	厥	不	聽	人	乃	訓	之	乃	變	亂[516]	先	王	之	正	刑	至	于	小
漢石經										厥	不	聖															
魏石經												耳						[illegible]									
敦煌本伯3767		亡			噎		幻			氒	弗				訔			彰	乿								
敦煌本伯2748		亡		胥	噎						弗					㞢			乿	先							
內野本	民	亡			譸					氒	弗			迺	訔	㞢	迺	彰	乿			㞢					
足利本																											
上圖本影天正本					譸				此		丕							变	乱								
上圖本八行本		亡			譸						弗				訔	㞢		彰	乿			㞢					
唐石經	民																										
尙書異																											

513 郭注引《書》、《釋詁》引《書》皆無「胥」字。
514「譸張」揚雄《三老箴》作「侏張」，《釋文》「馬本作輈」，《防有鵲巢》鄭箋作「侜張」，《後漢書·皇后紀》亦作「輈張」。
515《說文解字》引作：「無或譸張為」，無「胥」字。
516《漢石經》作「厥不聖人乃訓變亂正刑」，「聽」作「聖」，「訓之」無「之」字，「正刑」前衍一「變」字。

文匯录	大	民	否	則	厥	心	違	怨[517]	否[518]	則	厥	口	詛	祝	公	周	曰	鳴	呼	自	殷	王[519]	中	宗	及	高	宗
劉起釪本																											
漢石經																											
魏石經																											
敦煌本伯3767					甶	甶	韋	怨	否		甶		禃					烏	虖								
敦煌本伯2748							韋	怨					穏					烏	虖								
內野本		巳			夲	夲	悉	悉	忌		夲							烏	虚		叚						
足利本								怠																			
上圖本影天正本																											
上圖本八行本					夲	夲	韋	忌			夲							烏	虖								
唐石經		阝																									
尚書異文匯录																											

517　《魏三體石經》「厥心」、「厥口」前各多一「用」字，「違」作「韋」，「怨」古文作「悉」，同《說文》怨字古文「悉」，而聲符「死」與上博簡《緇衣》「悉」、「悉」、「否」字形正同，下「怨」亦同。

518　敦煌本脫一「否」字。

519　劉起釪本，「殷王」後補「太宗及」三字。

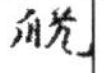

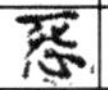

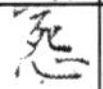

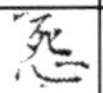

劉起釪本	及	祖	甲	及	我	周	文	王	茲[520]	四	人	迪	哲	厥	或	告	之	曰	小	人	怨	汝	詈	汝	則[521]	皇	自
漢石經																										兄	白
魏石經																											
敦煌本伯3767										亖			悊	氒							惌			女			
敦煌本伯2748													悊									女					
內野本							[illegible]			亖				氒				𠙴				女		女			
足利本																											
上圖本影天正本																											
上圖本八行本																		𠙴				女		女			
唐石經																											
尙書異文汇录																											

劉起釪本	敬	德	厥	愆	曰	朕	之	愆	允	若	時	不	啻	不	敢	含	怒	此	厥	不	聽	人	乃	或	譸	張	爲
漢石經			[illegible]	衍		朕		衍																			
魏石經													[illegible]			[illegible]	[illegible]										
敦煌本伯3767		悳	氒	僁				僁			旹	弗		弗	[illegible]	[illegible]	[illegible]		氒	弗	聴				嚋		

520《魏三體石經》「茲」字古文作「𢆶」（丝），「及」字古文作「𠄎」，本《說文》「及」字古文『𠄎』，許曰「秦刻石『及』如此」，篇內同。
521《敦煌本》伯2748作「怨女則詈」。

敦煌本伯2748				僭				僭				弗		弗			怒			弗					譸		
內野本		惪	𠀠	僭		般	出	僭			旹	弗		弗	敎				𠀠	弗			迺		譸		
足利本											旹																
上圖本影天正本		惪									旹																
上圖本八行本		惪	𠀠	僭		般	出	僭			旹	弗		弗	敎				𠀠	弗					譸		
唐石經																											
尙書異文汇录																											

劉起釪本	幻	曰	小	人	怨	汝	詈	汝	則	信	之	則	若	時	不	永	念	厥	辟	不	寬	綽[522]	厥	心	亂	罰	無
漢石經																											
魏石經																											
敦煌本伯3767	幻				怨	女		女		㐰				旹	弗			𠀠	侲	弗	寬		𠀠		𤔲	罰	亡
敦煌本伯2748						女		女							弗				侲	弗						罰	亡
內野本	幻					女		女		㐰	出			旹	弗			𠀠	侲	弗			𠀠		𤔲		亡
足利本																											
上圖本影天正本					怨									旹													

522《魏三體石經》「綽」作「紹」，古文作「卲」，或讀爲昭，訓明。

上圖本 八行本					惌	女		女			出			旹	弗			弌		弗	寬		弌					亡
唐石經																												
尙書異 文汇录																												

劉起釪本	罪	殺[523]	無[524]	辜	怨	有	同	是	叢	于	厥	身	周	公	曰	嗚	呼	嗣	王	其[525]	監	于	茲					
漢石經																於	戲				臨							
魏石經		[illegible]																[illegible]										
敦煌本 伯 3767	辠	𢽳	亡	辜	怨	ナ		孠	藂		氒					烏	虖	孠		亓								
敦煌本 伯 2748	辠	𢽳	亡	辜					藂							烏	虖	孠										
內野本	辠		亡	怨		ナ			菆		氒					烏	虖	孠		亓		亏						
足利本					怨				菆																			
上圖本 影天正本			无		惌		同		菆																			
上圖本 八行本	辠		亡		惌			昰	叢		氒					烏	虖	孠		亓	[526]							
唐石經																												
尙書異																												

523 敦煌本作「𢽳」。
524《魏三體石經》與上「無」古文皆作「亡」。
525《漢石經》「嗚呼」作「於戲」，無「其」字。
526 上圖八行本脫一「于」字。

文汇录																											

十二、今文《尚書・君奭》異文表[527]

劉起釪本	周	公	若	曰	君	奭	弗	弔[528]	天	降	喪	于	殷	殷	既	墜[529]	厥	命	我	有[530]	周	既	受	我	不	敢	知[531]
漢石經																											
魏石經							不																		弗		智
敦煌本伯二七八四						[illegible]					[illegible]														弗		
九條本																											
內野本									兲		[illegible]				旡					𠂇		旡			弗	敎	
足利本																											
上圖本影天正本							不																				
上圖本八行本											[illegible]				旡							旡			弗	敎	

527 本篇相關研究參看殷瑋璋、曹淑琴《周初太保器綜合研究》，《考古學報》，1991 年第 1 期。遊喚民《西周初年思想戰線上的一場大鬥爭——〈尚書・君奭〉新釋》，《湖南師範大學社會科學學報》，1999 年第 1 期。晁福林《上博簡〈甘棠〉之論與召公奭史事探析——附論〈尚書・召誥〉的性質》，《南都學壇》，2003 年第 5 期。馬世之《召公奭與甘棠遺愛》，《黃河科技大學學報》，2008 年第 2 期。李銳《〈君奭〉「襄我二人汝有合哉言」解》，《史學史研究》，2008 年第 3 期。趙立偉《孫海波〈魏三字石經集錄〉所收〈君奭〉〈多方〉殘石真偽辨》，《平頂山學院學報》，2010 年第 1 期。王琳《〈保卣〉銘諸釋評議》，《中原文物》，2012 年第 5 期。

528《魏石經》「弗弔」作「不弔」。

529《魏石經》「墜」作「𢓊（述）」。《盂鼎》「我聞殷述命」。

530《魏石經》「有」字作「又」，下亦同。

531《魏石經》「不敢知」作「弗敢智」，下亦同。

（前表續）

	曰	顧
唐石經		
尚書異文彙錄		

	基	永	孚	于	若	天	棐[532]	忱	我	亦	不	敢	知	曰	其	終[533]	出	于	不	祥	嗚	呼	君	已
劉起釪校本																								
漢石經				依									智			道				詳	於	戲		
魏石經	綦										弗					崇					烏			
敦煌本伯二七八四			依					悅			弗										烏			
九條本						旡																		
內野本	垩			㞒		旡					弗	敦								辥	烏			
足利本											弗	敦												
上圖本影天正本	垩			㞒							弗	敦									烏	虖		
上圖本八行本											弗	敦									烏	虖		
唐石經																								
尚書異文彙錄																								

532　孫詒讓《尚書駢枝》「棐」為「匪」之假借。

533　《魏石經》、《釋文》引馬融本「終」作「崇」。

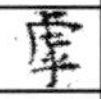

劉起釪本	曰	時	我	我	亦	不	敢	寧	于	上	帝	命	弗	永	遠[534]	念	天	威	越	我	民	罔	尤[535]	違	惟	人	在[536]
漢石經																											
魏石經																											
敦煌本伯二七八四						弗																冈				民	
九條本																											
內野本		旹				弗	敎	寍		丄							兲	畏	粵		[illegible]	𡧓					
足利本		[illegible]											不														
上圖本影天正本		[illegible]											不														
上圖本八行本		旹				弗	敎	寍		丄								畏	粵		[illegible]	𡧓					
唐石經																					[illegible]						
尙書異文彙錄																											

劉起釪本	我	後	嗣[537]	子	孫	大	弗	克	恭	上	下	遏	佚	前	人	光	在	家	不	知	天	命	不	易[538]	天	難	諶[539]

534《魏石經》「遠」字古文作「𢓊」，同《說文》「遠」字古文「𨗨」。

535「罔」字古文作「𡧓」，《玉篇》以爲古文罔，篇內同；「尤」，《魏石經》作「郵」，《釋詁》「郵，過也」，「尤（郵）」、「違」同義，「惟」，孫詒讓訓爲「于」。

536「在」，于省吾讀爲「哉」。

537《魏石經》「後」字古文作「𢕍」，從辵，與《說文》「後」字古文合，「嗣」字古文作「[illegible]」，與《說文》作「[illegible]」合。

538《漢書・王莽傳》引作「我嗣事子孫大不克共上下，遏失前人光，在家不知命不易。」「後嗣」作「嗣事」，「弗」作「不」，「恭」作「共」，「佚」作「失」，「天命」作「命」。

539「諶」作「忱」，古文作「[illegible]」，爲戰國文字沈（[illegible]《清華簡・皇門》）字右半所從。

漢石經																											
魏石經									龔																		忱
敦煌本伯二七八四																			弗				弗				忱
九條本																											
內野本			孠						龔	丄	丅		供	悳					弗				弗		亢		
足利本									龔																		
上圖本影天正本									龔																		
上圖本八行本			孠						龔					悳					弗				弗				
唐石經																											
尙書異文彙錄																											

劉起釪本	乃	其	墜	命 540	弗	克	經	歷	嗣	前	人	恭 541	明	德	在	今	予	小	子	旦	非	克	有	正	迪	惟	前
漢石經																											
魏石經			隧																								
敦煌本伯二七八四																				旦							
九條本																											

540《漢書・王莽傳》引作「天應棐諶，乃亡隊命」，以「嗣事子孫」指成王，以「共事天地」釋「克共上下」，以「文武之烈」釋「前人光」，以周公「不居攝」釋「在家」。

541 段玉裁《古文尚書撰異》：「『恭』當作『共』，衛包改」，《魏石經》「恭」作「龔」。

內野本	迺							亯	[illegible]		龔		悳									[illegible]				[illegible]
足利本											龔															
上圖本影天正本											龔		𢛳													
上圖本八行本	迺							亯	[illegible]		龔		悳													[illegible]
唐石經																										
尙書異文彙錄																										

劉起釪本	人	光	施	于	我	沖	子	又	曰	天	不	可	信	我	道[542]	惟	寧[543]	王[544]	德	延	天	不	庸	釋[545]	于	文	王
漢石經																											
魏石經															迪							弗	[illegible]				
敦煌本伯二七八四																				[illegible]		弗					
九條本																											
內野本			施							兲	弗		㐰						悳		兲	弗				[illegible]	
足利本																								釈			
上圖本影天正本																			𢛳					釈			

542《經典釋文》「『我道』，馬本作『我迪』」，同《魏石經》。
543《魏石經》「寧」作「[illegible]」，從衣從心，戰國文字多用做「哀」，疑「[illegible]」字從文字「[illegible]」（作冊夨令簋，《集成》4300）訛變。
544「寧王」為「文王」之誤寫。
545《魏石經》「釋」古文作「澤」，于省吾讀「釋」爲「斁」，訓爲「厭」。

上圖本八行本										弗		㠯						𢡊			弗		𥝌			
唐石經																										
尙書異文彙錄																										

劉起釪本	受	命	公	曰	君	奭[546]	我	聞[547]	在	昔	成	湯	既	受	命	時	則	有	若	伊	尹	格[548]	于	皇	天	在	太
漢石經																											
魏石經																						佫					大
敦煌本伯二七八四																											
九條本																											
內野本								䎽		㫺			旡			旹		ナ							兲		
足利本																眂						㭟					
上圖本影天正本								閺								眂											
上圖本八行本								䎽		㫺			旡			旹											
唐石經																											
尙書異																											

546《魏石經》缺「奭」字。
547《魏石經》「聞」古文作「䎽」，《玉篇》以爲古文「聞」字，《集韻》同。
548《史記》、《漢書・王莽傳》、《論衡・感類》、《三國志》、《孔彪碑》皆作「假」。

文彙錄																									

劉起釪本	甲[549]	時	則	有	若	保	衡	在	太	戊	時	則	有	若	伊	陟	臣	扈	格[550]	于	上	帝	巫	咸	乂	王	家
漢石經																											
魏石經										戉								[illegible]						𠃬	□		
敦煌本伯二七八四							衡									陟											
九條本																											
內野本		旹		ナ			㮊				旹		ナ														
足利本		旹					衡				旹								格								
上圖本影天正本		旹									旹																
上圖本八行本		旹					㮊				旹																
唐石經																											
尙書異文彙錄																											

劉起釪本	在	祖	乙	時	則	有	若	巫	賢	在	武	丁	時	則	有	若	甘	盤[551]	率	惟	茲	有	陳	保	乂[552]	有	殷[553]

549《史記》無「在太甲」三字。
550《史記》作「假于上帝」。
551《燕世家》「甘盤」作「甘般」，陳夢家說董作賓以爲「𠂤般」或卽「甘盤」。
552《魏石經》中「乂」的古文作「辟」。

漢石經																											
魏石經									㲉												𢆶						
敦煌本伯二七八四																											
九條本																											
內野本				旹		ナ								旹	ナ								敦			ナ	
足利本				昄										昄													
上圖本影天正本				昄										昄									陣				
上圖本八行本				旹		ナ								旹	ナ								敦			ナ	
唐石經																											
尚書異文彙錄																											

劉起釪本	故[554]	殷	禮	陟	配	天	多	歷	年	所	天	惟	純	佑[555]	命	則	商	實	百	姓[556]	王	人	罔	不	秉	明	德
漢石經																											
魏石經														右													
敦煌本伯二七八四				陟										右									冈	弗			
九條本																											

553《燕世家》「率惟茲有陳，保乂有殷」作「率維茲有陳，保乂有殷」。
554《魏石經》「故」古文作「古」，篇內同。
555 漢·樊毅《修西嶽廟碑》作「醇佑」。
556 敦煌本「百姓」后衍一「也」字，為斷句標誌，與其他各本不同。

內野本						宄			夲		宄			右						班			它	弗			悳
足利本			礼															実									
上圖本影天正本			礼															実									徳
上圖本八行本									夲					右									它	弗			悳
唐石經																											
尚書異文彙錄																											

劉起釪本	恤	小	臣	屏	侯	甸	矧[557]	咸	奔	走	惟	茲	惟	德	稱	用	乂	厥	辟	故	一	人	有	事	于	四	方
漢石經																											
魏石經																										三	
敦煌本伯二七八四							矤															民					
九條本																											
內野本							矤							悳	爯				侵		弌					亖	
足利本																											
上圖本影天正本																								叓			
上圖本八行本							矤							悳	爯				侵		弌					亖	
唐石經																											

557《魏石經》「屏」古文作「并」，「矧」作「弞」，與《說文》合。

尙書異文彙錄																											

劉起釪本	若	卜	筮	罔	不	是	孚[558]	公	曰	君	奭	天	壽	平	格	保	乂	有	殷	有	殷	嗣	天	滅	威[559]	今	汝[560]
漢石經																											
魏石經			筮	罔										平													
敦煌本伯二七八四				冈	弗						奭																
九條本																											
內野本				亡	弗							兲						ナ		ナ		孠	兲		畏		女
足利本													寿														女
上圖本影天正本																											女
上圖本八行本				亡	弗													ナ		ナ		孠			畏		女
唐石經																											
尙書異文彙錄																											

劉起釪本	永	念	則	有	固	命	厥	亂	明	我	新	造	邦	公	曰	君	奭	在	昔[561]	上	帝	割	申	勸	寧	王	之

558 段玉裁《古文尚書撰異》引《文選‧四子講德論》：「《書》曰：迪一人，使四方若卜筮」，王褒《四子講德論》引《書》「故」作「迪」，「有事」作「使」。
559《魏石經》「威」作「畏」。
560《魏石經》「汝」字作「女」，篇內同。
561 郭店簡引「在昔」作「昔在」。

漢石經																											
魏石經																											
敦煌本伯二七八四								乱														宮					
九條本																											
內野本				于				𤔔												上							出
足利本								乱																			
上圖本影天正本								乱																			
上圖本八行本				于				𤔔												上							出
唐石經																											
尚書異文彙錄																											

劉起釪本	德	其	集	大	命	于	厥	躬[562]	惟	文	王	尙	克	修	和	我	有	夏	亦	惟	有	若	虢	叔	有	若	閎
漢石經																											
魏石經																											
敦煌本伯二七八四														脩									虢				
九條本																											
內野本	悳							身		文					咊		𠂇				𠂇				𠂇		
足利本																											閎

562《禮記・緇衣》：「《君奭》曰：昔在上帝周田觀文王之德，其集大命于厥躬」，鄭注：「周田觀文王之德」爲「割申勸寧王之德」。

上圖本影天正本	[illegible]																									
上圖本八行本	悳														咊		大				大				大	
唐石經																										
尚書異文彙錄																										

劉起釪本	天	有	若	散	宜	生	有	若	泰	顛[563]	有	若	南	宮	括	又	曰	無[564]	能	往	來[565]	茲	迪	彝	教	文	王
漢石經																											
魏石經				[illegible]	[illegible]																						
敦煌本伯二七八四				㪚						顚					栝												
九條本																											
內野本		大		散			大				大							亡		迬					敎	彣	
足利本																		亡		徃							
上圖本影天正本																											
上圖本八行本		大					大				大							亡		迬					敎		

563《史記・周本紀》「泰顛」作「泰顛」，《論語》、《史記》、《古今人表》「泰顛」作「太顛」，段玉裁《古文尚書撰異》：疑亦本是「大」字，衛包改「泰」。
564《漢書・朱雲傳》「無」作「亡」。
565《魏石經》「來「古文作「逨」。

唐石經																										
尚書異文彙錄																										

劉起釪本	蔑	德	降	于	國	人	亦	惟	純	佑	秉	德	迪	知	天	威	乃	惟	時	昭	文	王	迪	見	冒[566]	聞	于
漢石經																											
魏石經														智		畏											
敦煌本伯二七八四	蔑									右																	
九條本																畏			旹							𦖞	
內野本		悳			或					右		悳			兲	畏	迺		旹		文					𦖞	
足利本																	廼		旼							闻	
上圖本影天正本		徳															廼		旼							闻	
上圖本八行本		悳			或					右		悳				畏	迺		旹							𦖞	
唐石經																											
尚書異文彙錄																											

劉起釪本	上	帝	惟	時	受	有	殷	命	哉	武	王	惟	茲	四	人	尙	迪	有	祿	後	暨	武	王	誕	將	天	威
漢石經																											

566「冒」，崔瑗《侍中箴》、馬融本作「勖」，訓爲「勉」。

魏石經									才																		畏
敦煌本伯二七八四									[illegible]						巳												
九條本				旨					才					三				又			泉			[illegible]			畏
內野本	丄			旨		广			才					三				𠂇			泉					[illegible]	畏
足利本				[illegible]																	泉						
上圖本影天正本				[illegible]																	泉						畏
上圖本八行本				旨		广			才					三				𠂇			泉						畏
唐石經																											
尙書異文彙錄																											

劉起釪本	咸	劉 567	厥	敵	惟	茲	四	人	昭	武	王	惟	冒 568	丕	單	稱	德 569	今	在	予	小	子	旦	若	游	大	川
漢石經				[illegible]				民							單								旦		遊		
魏石經																											
敦煌本伯二七八四																											
九條本		劉	手				三									爯	悳										
內野本				[illegible]												爯	悳										

567 揚雄《方言》：秦晉宋衛之間謂「殺」曰「劉」。
568《說文‧目部》引《周書》曰：武王惟[illegible]。
569 郭店簡《成之聞之》「惟冒丕單稱德」作「唯[illegible]不兽爯悳」，見馬士遠《周秦尚書學研究》，中華書局，2008年，頁57。

足利本																	𢟍										
上圖本 影天正本																											
上圖本 八行本				歆			三									𢦏	𢟍										
唐石經																											
尙書異 文彙錄																											

劉起釪本	予	往	暨	汝	奭	其	濟	小	子	同	未	在	位	誕	無	我	責	收	罔	勖	不	及	耉	造	德	不	降
漢石經																											
魏石經															亡	𢦏		𢻁									
敦煌本伯 二七八四					奭									誔				収	冈	朂	弗		耇			弗	
九條本			臮	女	奭		泲							誔	亾				㒺	勗	弗				悳	弗	
內野本		迬	臮	女			泲								亾				㒺	勗	弗				悳	弗	
足利本															亾												
上圖本 影天正本			臮												亡										悳		
上圖本 八行本		迬	臮	女			泲								亡				㒺	勗	弗				悳	弗	
唐石經																											
尙書異 文彙錄																											

劉起釪本	我	則	鳴	鳥	不	聞	矧	曰	其	有	能	格	公	曰	嗚	呼	君	肆	其	監	于	茲	我	受	命	無	疆
漢石經																											
魏石經							[illegible]		[illegible]																		[illegible]
敦煌本伯二七八四							敠								烏												畺
九條本				鳳	弗	𦖞	敠			又					烏	虖										亡	畺
內野本					弗	𦖞	敠			𠂇					烏	虖										亡	畺
足利本																											
上圖本影天正本											㠯																
上圖本八行本					弗	𦖞	敠			𠂇					烏	虖										亡	畺
唐石經																											
尚書異文彙錄																											

劉起釪本	惟	休	亦	大	惟	艱	告	君	乃	猷	裕	我	不	以	後	人	迷	公	曰	前	人	敷	乃	心	乃	悉[570]	命
漢石經																											
魏石經																											
敦煌本伯二七八四										繇			弗													悉	
九條本										繇	衮		弗	㠯						歬		旉				悉	
內野本									廼	繇	衮		弗	㠯						歬		旉			廼		

570「悉」于省吾說本當作「釆」，讀爲「播」。

足利本																											
上圖本影天正本									廼	綵	褱		弗	凥						寅		叀			廼		
上圖本八行本																											
唐石經																											
尚書異文彙錄																											

劉起釪本	汝	作	汝	民	極	曰	汝	明	勖[571]	偶	王	在	亶	乘	茲	大	命	惟	文	王	德	丕	承	無	疆	之	恤
漢石經																											
魏石經																											
敦煌本伯二七八四				人					朂				亶												畺		
九條本	女		女				女		勗					乗							悳			亡	畺	維	卹
內野本	女		女				女		勗										彣		悳			亡	畺	㞢	
足利本																					悳		羕	亡			
上圖本影天正本																					徳		羕	亡			
上圖本八行本	女		女				女		勗												悳			亡	畺	㞢	
唐石經				[illegible]																							
尚書異																											

571 于省吾說，「明勖」即《爾雅》之「孟勉」。

文彙錄																											

劉起釪本	公	曰	君	告	汝	朕	允	保	奭	其	汝	克	敬	以	予	監	于	殷	喪	大	否	肆	念	我	天	威	予
漢石經																											
魏石經							兄			[illegible]																	
敦煌本伯二七八四									[illegible]										[illegible]							畏	
九條本					女				[illegible]		女			㠯												畏	
內野本					女	𦩍					女			㠯											兲	畏	
足利本					女																						
上圖本影天正本																											
上圖本八行本					女	𦩍					女			㠯												畏	
唐石經																											
尚書異文彙錄																											

劉起釪本	不	允	惟	若	茲	誥	予	惟	曰	襄	我	二	人	汝	有	合	哉	言	曰	在	時	二[572]	人	天	休	滋	至
漢石經																											
魏石經		兄																									
敦煌本伯二七八四	弗																𢦏						民				

572 敦煌本脫一「二」字。

九條本	弗													女			才				旹					芓	
內野本	弗											弍		女			才				旹	弍		兂			
足利本																					𣅀						
上圖本影天正本																					耴						
上圖本八行本	弗											弍		女			才				旹	弍					
唐石經																											
尙書異文彙錄																											

劉起釪本	惟	時	二	人	弗	戡	其	汝	克	敬	德	明	我	俊	民	在	讓	後	人	于	丕	時[573]	嗚	呼	篤	棐	時
漢石經																											
魏石經																											
敦煌本伯二七八四				民										畯	人				民				烏				
九條本		旹						女			悳			畯								旹	烏	虖	竺		旹
內野本		旹	弍					女			悳			畯								旹	烏	虖	竺		旹
足利本		𣅀												畯								𣅀					𣅀
上圖本影天正本		耴			不						𢓊											耴					耴
上圖本八行本		旹	弍					女			悳			畯								旹	烏	虖	竺		旹

573 孫詒讓說「丕時」猶言「丕承」，《清廟》「丕顯丕承」，《孟子·滕文公下》引《書》「丕承哉武王烈」。

唐石經															[illegible]											
尚書異文彙錄																										

劉起釪本	二	人	我	式	克	至	于	今	日	休	我	咸	成	文	王	功	于	不	怠	丕	冒	海	隅	出	日	罔	不
漢石經																											
魏石經																											
敦煌本伯二七八四																[illegible]		弗				[illegible]				冈	弗
九條本																		弗				[illegible]				[illegible]	弗
內野本	弍												[illegible]	[illegible]		[illegible]		弗				[illegible]				[illegible]	弗
足利本																											
上圖本影天正本																											
上圖本八行本	弍												[illegible]			[illegible]		弗								[illegible]	弗
唐石經																											
尚書異文彙錄																											

劉起釪本	率	俾[574]	公	曰	君	予	不	惠[575]	若	茲	多	誥	予	惟	用	閔	于	天	越	民	公	曰	嗚	呼	君	惟	乃
漢石經																											

574「俾」舊訓「使」《經義述聞》說《釋詁》「俾、使，從也」，「罔不率俾」猶《文侯之命》「罔不率從」。

575「惠」讀爲「惟」，裘錫圭說，甲骨文虛詞「叀」用法與「惟」（隹）相似，「叀」應讀爲「惠」。

魏石經																											
敦煌本伯二七八四							弗																烏				
九條本	衒	畀					弗																烏	虖			
內野本							弗											兲	粵	民			烏	虖			迺
足利本																											
上圖本影天正本																											
上圖本八行本							弗												粵	民			烏	虖			迺
唐石經																				[illegible]							
尙書異文彙錄																											

劉起釪本	知	民	德	亦	罔	不	能	厥	初	惟	其	終	祗	若	茲	往	敬	用	治								
漢石經																											
魏石經													[illegible]														
敦煌本伯二七八四		人			冈	弗																					
九條本			悳		㒺	弗						[illegible]	秖														
內野本		民	悳		㒺	弗						臭				迬											
足利本			悳																								
上圖本影天正本			[illegible]																								

上圖本 八行本		㠯	悳		[illegible]	弗						[illegible]				逹											
唐石經		[illegible]																									
尙書異 文彙錄																											

十三、今文《尚書・多方》異文表[576]

劉起釪本	惟	五	月	丁	亥	王	來	自	奄	至[577]	于	宗	周	周	公	曰	王	若	曰	猷[578]	告	爾	四	國	多	方	惟爾
漢石經																											
魏石經																											
敦煌本伯二六三〇																											
敦煌本斯二〇七四		㐅							奄											繇		尔		或			
九條本		㐅																		繇		尔	亖	或			尔
內野本									弇											繇		尒	亖	或			尒
足利本																						尒					尒
上圖本影天正本																						尒					尒
上圖本八行本																				繇		尔	亖	或			
唐石經																											
尚書異文彙錄																											

576 相關研究可參看段渝《〈多方〉〈多士〉的製作年代及誥令對象》，《四川大學學報》（哲學社會科學版），1986 年第 1 期。杜勇《關於〈多方〉、〈多士〉編次問題的探討》，《齊魯學刊》，1999 年第 4 期。趙立偉《孫海波〈魏三字石經集錄〉所收〈君奭〉〈多方〉殘石真偽辨》，《平頂山學院學報》，2010 年第 1 期。

577《魏石經》「至」衍一「王」字。

578 馬、鄭本「繇」作「猷」。

劉起釪本	殷	侯	尹	民[579]	我	惟	大	降	爾	命	爾	罔	不	知	洪	惟	圖[580]	天	之	命	弗	永	寅	念	于	祀	惟
漢石經																											
魏石經																											
敦煌本伯二六三〇																											
敦煌本斯二〇七四				民					尒		尒	㒺	弗				圖										
九條本									尒		尒	㒺	弗				圖										
內野本									尒		尒	㒺	弗				圖	兲	㞢							祀	
足利本									尒		尒						啚										
上圖本影天正本									尒		尒																
上圖本八行本									尒		尒	㒺	弗				圖		㞢								
唐石經				民																							
尚書異文彙錄																											

劉起釪本	帝	降	格	于	夏	有	夏	誕	厥	逸	不	肯	慼	言	于	民	乃	大	淫	昏	不	克	終	日[581]	勸	于	帝
漢石經																											

579 王國維說「尹民」疑為「尹氏」之訛誤。
580「圖」于省吾說，當讀爲「鄙」，古「圖」、「鄙」同字，此篇「圖」字皆「啚」之訛字。
581「終日」《呂氏春秋・貴卒》高注為「終一日」。

魏石經																											
敦煌本伯二六三〇																											
敦煌本斯二〇七四						又					弗					𡰥				㕦	弗		臬				
九條本						又					弗										弗		臬				
內野本						亣					弗		𠅞				迺				弗		息				
足利本					叐		叐													㕦							
上圖本影天正本					叐		叐										迺										
上圖本八行本						亣					弗		𠅞				迺				弗		息				
唐石經																民											
尚書異文彙錄																											

劉起釪本	之	迪[582]	乃	爾	攸	聞	厥	圖	帝	之	命	不	克	開	于	民	之	麗[583]	乃	大	降	罰	崇	亂	有	夏	因
漢石經																											
魏石經																											
敦煌本伯二六三〇																											

582《釋文》：「迪」，徒歷反，馬融本作「攸」。

583 章太炎《古文尚書拾遺》：「《說文》：『麗，旅行也。』引申之自兩以上皆曰麗，亦皆曰旅（今侶字）。」

敦煌本斯二〇七四				尒	逌	𠅞		𢍜				弗				𠇒						[illegible]		𤔔	又		回
九條本				尒	逌	𠅞		𢍜				弗												𤔔	又		回
內野本	㞢		廼	尒	逌	𠅞		𢍜		㞢		弗					㞢		廼				重	𤔔	大		回
足利本			廼	尒		𠅞													廼					乱		夊	
上圖本影天正本			廼	尒		𠅞													廼								
上圖本八行本	㞢		廼	尒	逌	𠅞		𢍜				弗					㞢		廼				重	𤔔	大		回
唐石經																[illegible]											
尚書異文彙錄																											

劉起釪本	甲	于	內	亂	不	克	靈	承	于	旅	罔	丕	惟	進	之	恭	洪	舒[584]	于	民	亦	惟	有	夏	之	民	叨
漢石經																											
魏石經																											
敦煌本伯二六三〇																											
敦煌本斯二〇七四				𤔔	弗		霝			农	𡧍					龔				𠇒	亣		又			𠇒	
九條本				𤔔	弗		霝	氶		农	𡧍					龔							又				
內野本				𤔔	弗		霝			农	𡧍					龔							大				
足利本				乱												龔								夊			

584 薛季宣《書古文訓》、《困學紀聞》「舒」，古文作「荼」。

上圖本影天正本				乱												[illegible]											
上圖本八行本				[illegible]	弗		[illegible]			农	[illegible]				出	[illegible]							大		出		
唐石經																				[illegible]						[illegible]	
尙書異文彙錄																											

劉起釪本	憒[585]	日	欽[586]	劓	割	夏	邑	天	惟	時	求	民	主	乃	大	降	顯	休	命	于	成	湯	刑	殄	有	夏	惟
漢石經																											
魏石經																											
敦煌本伯二六三〇																											
敦煌本斯二〇七四	[illegible]			臬刂	[illegible]		[illegible]			旹		[illegible]						[illegible]						弥	又		
九條本	[illegible]			臬刂						旹														弥	又		
內野本								兂		旹				廼							咸				ナ		
足利本						[illegible]				旿				廼												[illegible]	
上圖本影天正本						[illegible]				旿				廼													
上圖本八行本										旹				廼							咸		[illegible]		ナ		

585《說文・至部》：「[illegible]，忿戾也……《周書》曰：有夏氏之民叨[illegible]。」是「憒」作「[illegible]」。

586 孫星衍說，「欽」讀爲「廞」，《釋詁》「廞，興也」。「廞」或訓「怒」，揚雄《太玄・衆》：「虎虓振廞，豹勝其私」，范注「振廞，盛怒貌也」。

唐石經																											
尚書異文彙錄																											

劉起釪本	天	不	畀	純[587]	乃	惟	以	爾	多	方	之	義	民[588]	不	克	永	于	多	享	惟	夏	之	恭[589]	多	士	大	不
漢石經																											
魏石經																											
敦煌本伯二六三〇																											
敦煌本斯二〇七四		弗					㠯	尓				誼	𡰯	弗					亯				龔				弗
九條本		弗					㠯	尒				誼		弗					貪				龔				弗
內野本	兂	弗			廼		㠯	尒			㞢	誼		弗					貪			㞢	龔				弗
足利本					廼			尒													𡕾						
上圖本影天正本					廼			尒													𡕾						
上圖本八行本		弗			廼		㠯	尒			㞢	誼		弗					貪			㞢	龔				弗
唐石經																											
尚書異文彙錄																											

587 班簋（《集成》4341）「天畏否（丕）畀屯（純）陟」。
588 江聲說，「義民」猶「民儀」，謂「賢者」，《大誥》「民獻」，《大傳》作「民儀」。
589 章太炎《古文尚書拾遺》：「恭，《石經》古文例作龔，此經正當作龔，當時以例誤讀為恭耳。」

劉起釪本	克	明	保	享	于	民	乃	胥	惟	虐	于	民	至	于	百	爲	大	不	克	開	乃	惟	成	湯	克	以	爾
漢石經																											
魏石經																											
敦煌本伯二六三〇																											
敦煌本斯二〇七四				亯		民		胥				民						弗								㠯	尔
九條本				亯				胥										弗								㠯	尒
內野本				亯			迺	胥										弗			迺		戚			㠯	尒
足利本							迺														迺						尒
上圖本影天正本							迺														迺						尒
上圖本八行本				亯			迺	胥										弗			迺		戚			㠯	尒
唐石經						民						民															
尙書異文彙錄																											

劉起釪本	多	方	簡	代	夏	作	民	主	慎[590]	厥	麗	乃	勸	厥	民	刑	用	勸	以	至	于	帝	乙	罔	不	明	德
漢石經																											
魏石經								宔			麗																
敦煌本伯二六三〇																											

[590]《魏石經》「慎」字古文作「昚」，與《說文》「慎」字古文合，篇內亦同。

敦煌本斯二〇七四			柬				㠯		昚						㠯				吕					宔	弗		悳
九條本			柬						昚										吕					宔	弗		悳
內野本			柬						昚			迺							吕					宔	弗		悳
足利本												迺															
上圖本影天正本												迺															徳
上圖本八行本			柬						昚			迺				爾			吕					宔	弗		悳
唐石經							㠯								㠯												
尚書異文彙錄																											

劉起釪本	慎	罰	亦	克	用	勸	要	囚[591]	殄	戮	多	罪	亦	克	用	勸	開	釋	無	辜	亦	克	用	勸	今	至	于
漢石經																											
魏石經				[illegible]																[illegible]							
敦煌本伯二六三〇																											
敦煌本斯二〇七四	昚		亣						弥			辠							亡		亣						
九條本	昚								弥	翏		辠							亡								
內野本	昚									翏									亡	辠							
足利本																		釈	亡								

591 王國維說，「要囚」即「幽囚」。

上圖本影天正本																		釈									
上圖本八行本	[illegible]									[illegible]									亡	皐							
唐石經																											
尙書異文彙錄																											

劉起釪本	爾[592]	辟	弗	克	以	爾	多	方	享	天	之	命	嗚	呼[593]	王	若	曰	誥	告[594]	爾	多	方	非	天	庸	釋	有
漢石經																											
魏石經																		[illegible]									又
敦煌本伯二六三〇																											
敦煌本斯二〇七四	尓	[illegible]			㠯	尓			亯				烏	虖						尓							又
九條本	尒	[illegible]			㠯	尒			亯				烏	虖						尒							又
內野本	尒	[illegible]			㠯	尒			亯	兲	㞢		烏	虖						尒				兲			ナ
足利本	尒					尒														尒						釈	
上圖本影天正本	尒					尒														尒						釈	

592《魏石經》「爾」字古文作「尒」，篇內同。
593《魏石經》「嗚呼」作「烏虖」。
594《玉篇》「誥」字古文作「[illegible]」，《說文》作「[illegible]」；敦煌本斯二〇七四脫一「告」字。

上圖本 八行本	尒	俵			吕	尒			僉		出		烏	雩						尒							𠂇
唐石經																											
尙書異 文彙錄																											

劉起釪本	夏	非	天	庸	釋	有	殷	乃	惟	爾	辟	以	爾	多	方	大	淫	圖	天	之	命	屑[595]	有	辭	乃	惟	有
漢石經																											
魏石經									隹																		
敦煌本伯 二六三〇																											
敦煌本斯 二〇七四						又				尒	偞	吕	尒					圗					又	詞			又
九條本						又				尒	偞	吕	尒					圙					又	詞			又
內野本			兲		釈	𠂇				尒	偞	吕	尒					圙	兲	㞢			𠂇	詞	廼		𠂇
足利本					釈			廼		尒			尒											辞	廼		
上圖本 影天正本					釈			廼		尒			尒											辞	廼		
上圖本 八行本					釈	𠂇				尒	偞	吕	尒					圙		㞢			𠂇	詞	廼		𠂇
唐石經																											
尙書異 文彙錄																											

595《多士》「大淫，泆有辭」，馬本作屑，屑，《荀子》楊注「雜碎眾多之貌」。

劉起釪本	夏	圖	厥	政	不	集	于	享	天	降	時	喪	有	邦	間	之	乃	惟	爾	商	後[596]	王	逸	厥	逸	圖	厥
漢石經																											
魏石經	[illegible]																								[illegible]		
敦煌本伯二六三〇																											
敦煌本斯二〇七四		圗			弗	捐		亯			旹		又						尒						佾	圗	
九條本		圗			弗	捐		亯			旹		又		閒				尒						佾	圗	
內野本		圗			弗			亯	兲		旹	䘮	𠂇		閒	㞢	迺		尒				佾		佾		
足利本	[illegible]										旼				閒		迺		尒					其	佾	啚	其
上圖本影天正本											旼						迺		尒					其	佾	啚	其
上圖本八行本		圗			弗			亯			旹	䘮	𠂇		閒	㞢	迺		尒				佾		佾		
唐石經																											
尚書異文彙錄																											

劉起釪本	政	不	蠲	烝	天	惟	降	時	喪	惟	聖	罔	念	作[597]	狂	惟	狂	克	念	作	聖	天	惟	五	年	須	暇[598]

596「後」古文作「[illegible]」（逡），從辵，與《說文》「後」字古文合。
597「作」古文作「[illegible]」（乍），與金文、戰國用法相合，篇內同。
598「暇」，鄭玄古本作「夏」。

漢石經																											
魏石經												𦔻					烓										
敦煌本伯二六三〇																											
敦煌本斯二〇七四		弗		菽				旨				宅												丕			
九條本		弗										宣												丕			
內野本		弗			𢾺			旨				宣										𢾺		天	奉		
足利本								眡																			
上圖本影天正本								眡																			
上圖本八行本		弗						旨				宣															
唐石經																											
尙書異文彙錄																											

劉起釪本	湯	之	子	孫	誕	作	民	主	罔	可	念	聽	天	惟	求	爾	多	方	大	動	以	威	開	厥	顧	天	惟
漢石經																											
魏石經												[illegible]															
敦煌本伯二六三〇																											
敦煌本斯二〇七四							[illegible]		宔							尓				[illegible]	㠯	畏					
九條本									宔							尒				[illegible]	㠯	畏					

內野本		㞢							宔				兲			尒				忄重	㠯	畏				兲	
足利本																尒											
上圖本影天正本																尒											
上圖本八行本		㞢							宔							尒				忄重	㠯	畏					
唐石經																											
尙書異文彙錄																											

劉起釪本	爾	多	方	罔	堪	顧	之	惟	我	周	王	靈	承	于	旅	克	堪	用	德	惟	典[599]	神	天	天	惟	式	教
漢石經																											
魏石經					堪																						
敦煌本伯二六三〇																											
敦煌本斯二〇七四	尓			宔	戡							霝			𣃔		戡		悳								
九條本	尒			宔	戡							霝			𣃔		戡		悳		𠔘						
內野本	尒			宔								霝			𣃔				悳				兲	兲			𢽬
足利本	尒											灵															
上圖本影天正本	尒											灵							德								

599《魏石經》「典」字古文作「𠔘」，同《說文》「典」古文「𥫔」。

上圖本八行本	尒			宫			出					𩃬			㦯				惠							敌
唐石經																										
尙書異文彙錄																										

劉起釪本	我	用	休	簡	畀	殷	命	尹	爾	多	方	今	我	曷[600]	敢	多	誥	我	惟	大	降	爾	四	國	民	命	爾
漢石經																											
魏石經																											
敦煌本伯二六三〇																											
敦煌本斯二〇七四			休	柬					尔						𢽽							尔	亖	𢧤	民		尔
九條本				柬					尒					害	𢽽							尒	亖	𢧤			尒
內野本				柬					尒					害	𢽽							尒	亖	𢧤	民		尒
足利本									尒													尒					尒
上圖本影天正本									尒													尒					尒
上圖本八行本				柬					尒					害	𢽽							尒	亖	𢧤	民		尒
唐石經																									民		
尙書異文彙錄																											

600「曷」今本原作「害」。

劉起釪本	曷	不	忱	裕	之	于	爾	多	方	爾	曷	不[601]	夾	介	乂	我	周	王	享	天	之	命	今	爾	尚	宅	爾
漢石經																											
魏石經																											
敦煌本伯二六三〇																											
敦煌本斯二〇七四		弗	忱	衮			尔			尔		弗							亯					尔			尔
九條本	害	弗		衮			尒			尒		弗							亯					尒			尒
內野本	害	弗		衮			尒			尒	害	弗							亯	兲	㞢			尒		厇	尒
足利本							尒			尒														尒			尒
上圖本影天正本							尒			尒														尒			尒
上圖本八行本	害	弗			㞢		尒			尒	害	弗							亯		㞢			尒		厇	尒
唐石經																											
尚書異文彙錄																											

劉起釪本	宅[602]	畋	爾[603]	田	爾	曷	不	惠	王	熙	天	之	命	爾	乃	迪	屢[604]	不	靜	爾	心	未	愛	爾	乃	不	大

601《匡謬正俗》引《多方篇》：「曷」作「害」，「不」作「弗」。

602《魏石經》此二「宅」字古文皆作「厇」，與《說文》「宅」字古文合。

603「爾」作「尒」，《魏石經》亦同。

604 孫星衍《尚書今古文注疏》：「屢」俗字當為「婁」。

漢石經																											
魏石經	厇	[illegible]						[illegible]															[illegible]				
敦煌本伯二六三〇																											
敦煌本斯二〇七四			尔	佃	尔	宕	弗			戾				尔			婁	弗		尔				尔		弗	
九條本			尒		尒	宕	弗							尒			婁	弗		尒				尒		弗	
內野本	厇		尒		尒	宕	弗				旡	出		尒	迺		婁	弗		尒				尒	迺		
足利本			介		介									介	迺					介				介	迺		
上圖本影天正本			介		介									介	迺		婁			介				介	迺		
上圖本八行本	厇		尒		尒	宕	弗					出		尒	迺		婁	弗	彰	尒				尒	迺		
唐石經																											
尙書異文彙錄																											

劉起釪本	宅[605]	天	命	爾	乃	屑	播	天	命	爾	乃	自	作	不	典	圖	忱	于	正	我	惟	時	其	教	告	之	我
漢石經																											
魏石經																											
敦煌本伯二六三〇																											

605「宅」同「度」。

敦煌本斯二〇七四				尔			罰			尔				弗		罔	怳					峕					
九條本				尒			罰			尒				弗	蔑	罔						峕					
內野本	庀			尒	廼		罰			尒	廼			弗		罔						峕					
足利本				尒	廼					尒	廼											旹					
上圖本影天正本				尒	廼					尒	廼											旹					
上圖本八行本	庀			尒	廼					尒	廼			弗		罔						峕				㞢	
唐石經																											
尚書異文彙錄																											

劉起釪本	惟	時	其	戰[606]	要	囚	之	至	於	再	至	于	三	乃	有	不	用	我	降	爾	命[607]	我	乃	其	大	罰	殛[608]
漢石經																											
魏石經																											
敦煌本伯二六三〇																											
敦煌本斯二〇七四		峕		峷											又	弗				尔							極
九條本		峕		峷											又	弗				尒							極

606 于省吾、楊筠如說，「戰」與「單」通，讀爲「殫」，訓爲「盡」。

607 段玉裁《古文尚書撰異》引《書》曰：「至於再三，有不用我降爾命。」

608「殛」當作「極」，見《尚書校釋譯論》，頁1637。

內野本		峕		𦍒			㞢						式	迺	又	弗				尒			迺				
足利本																				尒							
上圖本 影天正本														迺						尒			迺				
上圖本 八行本		峕		𦍒			㞢						式	迺	又	弗				尒			迺				
唐石經																											
尙書異 文彙錄																											

劉起釪本	之	非	我	有	周	秉	德	不	康	寧	乃	惟	爾	自	速	辜	王	曰	嗚	呼	猷	告[609]	爾	有	方	多	士
漢石經																											
魏石經																											
敦煌本伯 二六三〇																											
敦煌本斯 二〇七四							悳	弗					尔						烏	虖	繇		尔				
九條本				又			𢛳	弗					尒						烏	虖	繇		尒				
內野本	㞢			𠂇			𢛳	弗			迺		尒						烏	虖	繇		尒				
足利本											迺		尒										尒				
上圖本 影天正本							𢛳				迺		尒										尒				

609《經義述聞》「猷告」爲「告猷」。

上圖本八行本	出			大			[illegible]	弗			迺		尒						[illegible]	寧	[illegible]		尒				
唐石經																										
尙書異文彙錄																										

劉起釪本	今	爾	奔	走	臣	我	監	五	祀	越	惟[610]	有	胥	伯[611]	小	大	多	正[612]	爾	罔	不	克	臬[613]	自	作	不	和
漢石經																											
魏石經																											
敦煌本伯二六三〇																											
敦煌本斯二〇七四		尔						乄				又	胥	柏					尔	㒺	弗					弗	咊
九條本		尒						乄				又	胥	柏					尒	㒺	弗					弗	咊
內野本		尒						乄	祀	粵		𠂇							尒	㒺	弗					弗	咊
足利本		尒																	尒								
上圖本影天正本		尒																	尒								
上圖本八行本		尒						乄	祀	粵		𠂇							尒	㒺	弗					弗	咊

610《尚書大傳》「惟」作「維」。

611《尚書大傳》「伯」作「賦」，于省吾說，伯即金文「貟」字，師寰簋（《集成》4313-4314）「淮尸（夷）繇我貟畮人」，兮甲盤（《集成》10174）「淮尸（夷）舊繇我貟畮人」、「毋敢不出其貟其責（積）」。

612《尚書大傳》「正」作「政」。

613「臬」《釋文》：馬本作「劓」。

唐石經																											
尚書異文彙錄																											

劉起釪本	爾	惟	和	哉	爾	室	不	睦	爾	惟	和	哉	爾	邑	克	明	爾	惟	克	勤	乃	事	爾	尚	不	忌	于
漢石經																											
魏石經																											
敦煌本伯二六三〇				才			弗					才															
敦煌本斯二〇七四	尔			才	尔		弗		尔			才	尔				尔						尔		弗	諅	
九條本	尒			才	尒		弗		尒		咊	才	尒				尒						尒		弗	諅	
內野本	尒			才	尒		弗		尒		咊	才	尒				尒				迺		尒		弗		
足利本	尒				尒				尒				尒				尒				迺	叓	尒				
上圖本影天正本	尒				尒				尒				尒				尒				迺	叓	尒				
上圖本八行本	尒			才	尒		弗		尒		咊	才	尒				尒				迺		尒		弗		
唐石經																											
尚書異文彙錄																											

劉起釪本	凶	德[614]	亦	則	以	穆	穆	在	乃	位	克	閱	于	乃	邑	謀	介	爾[615]	乃	自	時	洛	邑	尚	永	力	畋

614《說文·言部》引《周書》曰：「上不諅于凶德。」

漢石經																											
魏石經																											
敦煌本伯二六三〇																											
敦煌本斯二〇七四		悳	亾		吕	數	數									惎		尔			旨	条					
九條本		意			吕	数	数									惎		尒			省	条					
內野本		意			吕				廼			閔		廼		惎		尒			省	条					
足利本									廼					廼				介			眂						
上圖本影天正本		佗							廼					廼							眂						
上圖本八行本		意			吕				廼			閔		廼		惎		尒			省	条					
唐石經																											
尙書異文彙錄																											

劉起釪本	爾	田	天	惟	畀	矜	爾	我	有	周	惟	其	大	介	賚	爾	惟	簡	在	王	庭	尙	爾	事	有	服	在
漢石經																											
魏石經																											
敦煌本伯二六三〇																											
敦煌本斯二〇七四	尔						尔		又					豕		尔	迪	柬					尔		又		

615 孫詒讓讀「謀介爾」爲句，猶「畀矜爾」、「大介賚爾」。

九條本	尒						尒		又							尒	迪	柬				遅	尒		又		
內野本	尒		兂				尒		𠂇							尒	迪	柬					尒		𠂇		
足利本	尒						尒									尒							尒	叓			
上圖本影天正本	尒						尒									尒							尒	叓			
上圖本八行本	尒						尒		𠂇							尒	迪	柬					尒		𠂇		
唐石經																											
尚書異文彙錄																											

劉起釪本	大	僚	王	曰	嗚	呼	多	士	爾	不	克	勸	忱	我	命	爾	亦	則	惟	不	克	享	凡	民	惟	曰	不
漢石經																											
魏石經																											
敦煌本伯二六三〇										弗										弗							弗
敦煌本斯二〇七四					烏	虖			尔	弗			忱			尔	亾			弗		亯		民			弗
九條本					烏	虖			尒	弗			忱			尒				弗		亯					弗
內野本					烏	虖			尒	弗						尒				弗		亯					弗
足利本									尒							尒											
上圖本影天正本									尒							尒											
上圖本八行本					烏	虖			尒	弗						尒				弗		亯					弗

唐石經																											
尙書異文彙錄																											

劉起釪本	享	爾	乃	惟	逸	惟	頗	大	遠	王	命	則	惟	爾	多	方	探	天	之	威	我	則	致	天	之	罰	離
漢石經																							致				
魏石經																											
敦煌本伯二六三〇																											
敦煌本斯二〇七四	亯	尔												尔						畏			致				
九條本	亯	尒												尒						畏							
內野本	亯	尒	迺											尒				兲	㞢	畏				兲	㞢		
足利本		尒	迺											尒													
上圖本影天正本		尒	迺		偷									尒													
上圖本八行本	亯	尒	迺											尒					㞢	畏			致		㞢		
唐石經																											
尙書異文彙錄																											
劉起釪本	逖	爾	土	王	曰	我	不	惟	多	誥	我	惟	祗	告	爾	命	又	曰	時	惟	爾	初	不	克	敬	于	和
漢石經																											
魏石經																											
敦煌本伯							弗																弗				

二六三〇																											
敦煌本斯二〇七四		尔					弗								尔				㫖		尔		弗				咊
九條本		尒					弗								尒				㫖		尒		弗				咊
內野本		尒					弗								尒				㫖		尒		弗				咊
足利本		尒													尒				眡		尒						
上圖本影天正本		尒													尒				眡		尒						
上圖本八行本		尒					弗								尒				㫖		尒		弗				咊
唐石經																											
尚書異文彙錄																											

劉起釪本	則	無	我	怨																							
漢石經																											
魏石經																											
敦煌本伯二六三〇																											
敦煌本斯二〇七四		亡		𢘓																							
九條本		亡		𢘓																							
內野本		亡																									
足利本		亡		𢘓																							
上圖本		亡																									

影天正本																											
上圖本 八行本		亡		死																							
唐石經																											
尙書異 文彙錄																											

十四、今文《尚書‧立政》異文表

劉起釪本	周	公	若	曰	拜	手	稽	首	告	嗣	天	子	王	矣	用	咸	戒	于	王	曰[616]	王	左	右	常	伯[617]	常	任
漢石經																											
魏石經																											
敦煌本斯二〇七四							䭫			孠															栢		
敦煌本伯二六三〇							䭫																		栢		
九條本							䭫			孠							戒								栢		
內野本							乩	𩠐		孠	兲			矣													
足利本																											
上圖本影天正本																											
上圖本八行本							乩	𩠐		孠																	
唐石經																											
尚書異文彙錄																											

616 吳闓生《尚書大義》：「此曰字乃越字之誤。越，及也。」
617《說文‧攴部》：「攸，迮也。《周書》曰：常攸常任。」

劉起釪本	準[618]	人	綴	衣[619]	虎	賁[620]	周	公	曰	嗚	呼	休	茲	知	恤	鮮	哉	古	之	人	迪	惟	有	夏	乃	有	室
漢石經	辟																										
魏石經																											
敦煌本斯二〇七四					虎					烏	虖				卹		才						又			又	
敦煌本伯二六三〇	淮									烏					卹		才										
九條本										烏	虖				卹		才						又			又	
內野本										烏	虖						才		㞢				𠂇		迺	𠂇	
足利本																		古							迺		
上圖本影天正本																									迺		
上圖本八行本										烏	虖						才		㞢				𠂇		迺	𠂇	
唐石經																											
尚書異文彙錄																											

618《漢石經》「準」作「辟」。見皮錫瑞《今文尚書考證》。官名研究見顧頡剛《周公制禮的傳說和〈周官〉一書的出現》，《文史》第六輯，中華書局，1979年。

619「綴衣」今文作「贅衣」，見皮錫瑞《今文尚書考證》，《公羊傳》作「贅旒」，《張衡傳》引作「綴旒」，《顧命》作「綴路」，鄭司農《周禮》注引作「贅路」。

620「虎賁」今文作「虎奔」。見皮錫瑞《今文尚書考證》。

劉起釪本	大	競	籲[621]	俊	尊	上	帝	迪	知	忱	恂	于	九	德	之	行	乃	敢	告	教	厥	后	曰	拜	手	稽	首
漢石經																											
魏石經																											
敦煌本斯二〇七四				晙		丄				忱				悳				敢			氒					䭫	
敦煌本伯二六三〇		竞	籲																								
九條本			顲	晙										悳				敢			氒					䭫	
內野本				晙		丄								悳	㞢		迺	敢		敎						乩	𦣻
足利本																	迺										
上圖本影天正本														徳			迺										
上圖本八行本				晙		丄								悳	㞢		迺	敢		敎						乩	𦣻
唐石經																											
尚書異文彙錄																											

劉起釪本	后	矣	曰	宅[622]	乃	事	宅	乃	牧	宅	乃	準	茲	惟	后	矣	謀[623]	面	用	丕[624]	訓	德	則	乃	宅	人	茲
漢石經																		面									

621「競籲」猶《左傳》昭四年之「競爽」、襄十三年之「爭善」、哀十六年之「爭明」。
622《漢石經》「宅」作「度」，古文作宅，今文作度。
623《漢石經》「謀」上有「亂」字。
624 江聲讀「丕」爲「不」。

魏石經				𡰥					埲				88														
敦煌本斯二〇七四																	惎				訔	㥁					
敦煌本伯二六三〇												惟															
九條本																	惎				訔	㥁					
內野本				厇	迺		厇	迺		厇	迺						惎	面			訔	㥁			迺	厇	
足利本					迺	夏		迺			迺														迺		
上圖本影天正本					迺	夏		迺			迺											㣈			迺		
上圖本八行本				厇	迺		厇	迺		厇	迺						惎	面			訔	㥁			迺	厇	
唐石經																											
尚書異文彙錄																											

劉起釪本	乃	三	宅	無	義	民	桀	德	惟	乃	弗	作	往	任	是	惟	暴	德	罔[625]	後[626]	亦	越[627]	成	湯	陟	丕	釐
漢石經																											
魏石經																											
敦煌本斯二〇七四				亡	誼	巳		㥁										㥁	宔								釐

625《魏石經》「罔」字古文作「宔」（宔），《玉篇》以爲古文「罔」。
626「後」字古文作「𢔏」，從辵，與《說文》「後」字古文合。
627「越」字古文作「𢓋」，從辵。篇內同。

敦煌本伯二六三〇				乚	誯	㠯													宦								
九條本				已	誯			悳										悳	宦								
內野本	迺	弎	庀	已	誯	𠄎		悳		迺			遳					悳	已			粵	戚				
足利本	迺		庀		誯					迺	不		往				桀										
上圖本影天正本	迺		庀		誯			忈		迺																	
上圖本八行本	迺	弎	庀	𠀋	誯	𠄎		悳		迺			遳					悳	已			粵	戚				
唐石經						[illegible]																					
尚書異文彙錄																											

劉起釪本	上	帝	之	耿	命	乃	用	三	有	宅	克	即	宅	曰	三	有[628]	俊	克	即	俊	嚴	惟	丕	式	克	用	三
漢石經																											
魏石經																又		[illegible]									
敦煌本斯二〇七四									又								畯			畯							
敦煌本伯二六三〇																											
九條本									又								畯			畯							
內野本	上		㞢			迺		弎	𠂇	庀			庀		弎	𠂇	畯							式			弎
足利本						迺				庀			庀				畯										

628 敦煌本「俊」前脫一「有」字。

上圖本影天正本						迺				庑			庑														
上圖本八行本	上		出			迺		弎	大	庑			庑		弎	大	畯								弍		弎
唐石經																											
尚書異文彙錄																											

劉起釪本	宅	三	俊	其	在	商	邑	用	協	于	厥	邑	其	在	四	方	用	丕	式	見	德	嗚	呼	其	在	受[629]	德
漢石經																											
魏石經					才				[illegible]																	[illegible]	
敦煌本斯二〇七四			畯												亖						悳	烏	虖				悳
敦煌本伯二六三〇																						烏					
九條本															亖						悳	烏	虖				悳
內野本		弎	畯						叶						亖						悳	烏	虖				悳
足利本	庑		畯						叶												悳						徳
上圖本影天正本	庑																				徳						徳
上圖本八行本	庑	弎	畯						叶						亖						悳	烏	虖				悳
唐石經																											

629《魏石經》「受」字古文作「[illegible]」，字即《集韻》受字古文「[illegible]」，不省舟形。

尚書異文彙錄																										

劉起釪本	暋	惟 630	羞 631	刑	暴	德	之	人 632	同	于	厥	邦	乃	惟	庶	習	逸	德	之	人	同	于	厥	政	帝	欽	罰
漢石經																											
魏石經																											
敦煌本斯二〇七四	忞					悳						邽					佾	悳									
敦煌本伯二六三〇	愍																佾										
九條本	忞					悳											佾	悳									
內野本						悳	㞢						迺				佾	悳	㞢								
足利本													迺														
上圖本影天正本						徳							迺					徳									
上圖本八行本						悳	㞢						迺				佾	悳	㞢								
唐石經																											
尚書異文彙錄																											

630「暋」字古文作「[illegible]」（忞），同《說文》，「惟」字古文作「隹」，篇內同。
631 孫詒讓《尚書駢枝》：「羞」當為「𦍌」之誤。《說文·茍部》：「茍，自急敕也。古文作𦍌。」
632 九條本脫一「人」字。

劉起釪本	之	乃	伻	我	有	夏	式	商	受	命	奄	甸	萬	姓	亦	越	文	王	武	王	克	知	三	有	宅[633]	心	灼[634]
漢石經																											
魏石經												佃[635]															焯
敦煌本斯二〇七四					又						弇		万											又			焯
敦煌本伯二六三〇													万														
九條本					又						弇		万											又			焯
內野本	㞢	迺			𠂇						弇		万	𤯓		粵	彣						弎	𠂇	厇		焯
足利本		迺											万														
上圖本影天正本		迺											万												厇		
上圖本八行本	㞢	迺			𠂇						弇		万	𤯓		粵							弎	𠂇	厇		焯
唐石經																											
尚書異文彙錄																											

劉起釪本	見	三	有	俊[636]	心	以	敬	事	上	帝	立	民	長	伯	立	政	任[637]	人	準	夫	牧	作	三	事	虎	賁	綴[638]

633《漢石經》「宅」作「度」。
634《說文·火部》：「焯，明也。《周書》曰：焯見三有俊心」。
635「佃」字，從「人」，不從「勹」。
636《漢石經》「俊」作「會」。

漢石經				會		以																					
魏石經																						[illegible]					[illegible]
敦煌本斯二〇七四						[illegible]						[illegible]	兵	栢											[illegible]		
敦煌本伯二六三〇												[illegible]							准								
九條本			又	晙		㠯	敄						兵	栢											[illegible]		
內野本		弍	大	晙		㠯							兵										弍				
足利本				晙				叏																叏			
上圖本影天正本								叏																叏			
上圖本八行本		弍	大	晙		㠯							兵										弍				
唐石經												[illegible]															
尚書異文彙錄																											

劉起釪本	衣	趣	馬	小	尹	左	右	攜	僕	百	司	庶	府	大	都[639]	小[640]	伯	藝[641]	人	表[642]	臣	百	司	太	史	尹	伯
漢石經																											

637 敦煌本「人」前衍一「常」字。
638 皮錫瑞說今文「準」作「辟」、「貫」作「奔」、「綴」作「贅」。
639《魏石經》「都」字古文作「[illegible]」，左旁「者」字作「[illegible]」，與楚簡「[illegible]」（《郭店‧語叢三》）形相近。
640「小」字古文作「[illegible]」，與《說文》「[illegible]」字字形相同，用作「小」，不讀「輟」。
641「藝」字古文作「[illegible]」，與金文埶字字形相合，篆字作「埶」。
642「表」字古文作「[illegible]」，同《說文》正篆，從毛聲。

魏石經																	白										
敦煌本斯二〇七四								携	僕								栢										栢
敦煌本伯二六三〇								攜	僕																		
九條本								携	僕								栢										栢
內野本																											
足利本																											
上圖本影天正本																											
上圖本八行本																											
唐石經																											
尙書異文彙錄																											

劉起釪本	庶	常	吉	士	司	徒	司	馬	司	空	亞	旅[643]	夷[644]	微	盧[645]	烝	三	亳	阪	尹	文	王	惟[646]	克	厥[647]	宅[648]	心
漢石經																										度	
魏石經																											

643「旅」字古文作「」,同《說文》「旅」、魯字古文「」。
644《魏石經》「夷」字古文作「」（），《玉篇》以爲古文「夷」；《集韻》以爲古文「仁」。
645《史記》引《牧誓》「盧」作「纑」。
646《漢石經》、皮錫瑞《今文尚書考證》：「今文『惟』作『維』。」
647《漢石經》、皮錫瑞《今文尚書考證》：「今文『厥』上無『克』字。」
648《漢石經》、皮錫瑞《今文尚書考證》：「今文『宅』作『度』。」

敦煌本斯二〇七四												衮	尸			茲											
敦煌本伯二六三〇												衮	表														
九條本												衮	居	發	靈												
內野本												衮	居				式									庀	
足利本																											
上圖本影天正本																丞											
上圖本八行本												衮	居				式									庀	
唐石經																											
尙書異文彙錄																											

劉起釪本	乃	克	立	茲	常	事	司	牧	人	以	克	俊[649]	有	德	文	王	罔	攸	兼	于	庶	言	庶	獄	庶	慎	惟
漢石經																											
魏石經																											
敦煌本斯二〇七四										呂		畯	又	悳			宔	逌	兼							昚	
敦煌本伯二六三〇																	宔	逌	兼								
九條本										呂		畯	又	悳			宔	逌	兼							昚	

649 皮錫瑞《今文尚書考證》：「今文『俊』作『會』。」《漢石經》本句作「維厥度心」。

內野本	迺									吕		畯	𠂇	悳	无		𡧍	逌								昚	
足利本	迺					昰				吕																	
上圖本影天正本	迺													徳													
上圖本八行本	迺									吕		畯	𠂇	悳			𡧍	逌								昚	
唐石經																											
尙書異文彙錄																											

劉起釪本	有	司	之	牧	夫	是	訓	用	違	庶	獄	庶	慎	文	王	罔	敢	知	于	茲	亦	越	武	王	率	惟	敉[650]
漢石經																											
魏石經																											
敦煌本斯二〇七四	又						𧦝		韋				昚			𡧍	𢽟										
敦煌本伯二六三〇																𡧍											
九條本							𧦝		韋				昚			𡧍	𢽟								𧗳		
內野本	𠂇		㞢				𧦝						昚	无		𡧍	𢽟					粤					
足利本																											
上圖本影天正本																											

650「敉」當讀爲「纂」，訓爲「繼」。

上圖本 八行本	大		出				訔						㕘			宔	敎					㝵					
唐石經																											
尙書異 文彙錄																											

劉起釪本	功	不	敢	替	厥	義	德	率	惟	謀	從	容	德	以	並	受	此	丕	丕	基[651]	嗚	呼	孺	子	王	矣	繼
漢石經																		丕	丕	其							
魏石經																											
敦煌本斯 二〇七四			敎				悳						悳														
敦煌本伯 二六三〇						誼														惎	烏						継
九條本		弗	敎			誼	悳	衛		𢘛	刅		悳	㠯						亓	烏	虖					継
內野本	𢒅	弗	敎			誼	悳			𢘛	刅		悳	㠯						亓	烏	虖				矣	継
足利本		弗				誼				𢘛																	継
上圖本 影天正本		弗				誼	徝						徝														繼
上圖本 八行本	𢒅	弗	敎			誼	悳			𢘛	刅		悳	㠯						亓	烏	虖				矣	継
唐石經																											
尙書異																											

651《漢石經》作「受茲丕丕其於戲」。段玉裁《古文尚書撰異》：按此《今文尚書》也。「此」作「茲，」「基」作「其」，「烏呼」作「嗚呼」。《大誥》亦有「丕丕基」，《漢書·翟方進傳》作「大大矣」。

文彙錄																									

劉起釪本	自	今	我	其	立	政	立	事	準	人	牧	夫	我	其	克	灼	知	厥	若	丕	乃	俾	亂	相	我	受	民
漢石經																											
魏石經																											
敦煌本斯二〇七四																											
敦煌本伯二六三〇																焯											民
九條本																焯						畀	𤔔				
內野本																焯					迺		𤔔				民
足利本																					迺		乱				
上圖本影天正本								叓													迺		乱				
上圖本八行本																焯					迺		𤔔				民
唐石經																											
尙書異文彙錄																											

劉起釪本	和	我	庶	獄	庶	慎	時	則	勿[652]	有	間	之	自	一	話	一	言	我	則	末	惟[653]	成	德	之	彥	以	乂
漢石經																											

652《論衡》「勿」作「物」。

653《論衡》「惟」作「維」。

魏石經																											
敦煌本斯二〇七四																							悳				
敦煌本伯二六三〇																											
九條本	咊					沓	旹			又													悳			吕	
內野本	咊					沓	旹			ナ		出		弌		弌							悳	出		吕	
足利本							旼																				
上圖本影天正本							旼																徳				
上圖本八行本	咊					沓	旹			ナ		出		弌		弌							悳	出		吕	
唐石經																											
尚書異文彙錄																											

劉起釪本	我	受	民	嗚	呼	予	旦	已	受	人	之	徽	言	咸	告	孺	子	王	矣[654]	繼	自	今	文	子	文	孫	其
漢石經								以				微															
魏石經																											
敦煌本斯二〇七四																											
敦煌本伯二六三〇			民	烏																継							

654《漢石經》作「旦以前人之微言」。段玉裁《古文尚書撰異》：按「已受」作「以前」，「徽」作「微」，此《今文尚書》也。《東觀餘論》同。

九條本				烏	虖																						
內野本			民	烏	虖						㞢									継			彣		彣		
足利本																				継							
上圖本影天正本																				継							
上圖本八行本			民	烏	虖						㞢									継						孫	
唐石經			民																								
尙書異文彙錄																											

劉起釪本	誤	于	庶	獄	庶	愼	惟	正	是	乂	之	自	古	商	人	亦	越	我	周	文	王	立	政	立	事	牧	夫
漢石經																											
魏石經																											
敦煌本斯二〇七四																											
敦煌本伯二六三〇																											
九條本						昚																					
內野本						昚					㞢						粤			彣							
足利本													古				粤										
上圖本影天正本																									叓		
上圖本八行本						昚					㞢						粤										

唐石經																											
尙書異文彙錄																											

劉起釪本	準	人	則	克	宅	之	克	由	繹[655]	之	茲	乃	俾	乂	國	則	罔	有	立	政	用	憸[656]	人	不	訓	于	德
漢石經																											
魏石經																											
敦煌本斯二〇七四																											悳
敦煌本伯二六三〇								繇					畁				⿱宀亡										
九條本								繇					畁		戜		⿱宀亡							弗	⿱巛言		悳
內野本					庀	㞢		繇			㞢	迺			戜		⿱宀亡	ナ						弗	⿱巛言		悳
足利本												迺															
上圖本影天正本					庀							迺															徳
上圖本八行本					庀	㞢		繇			㞢	迺			戜		⿱宀亡	ナ						弗	⿱巛言		悳
唐石經																											
尙書異文彙錄																											

655 段玉裁《古文尚書撰異》：「『宅』作『度』，『由』作『猷』，此《今文尚書》也，于省吾說『由』訓『用』，『繹』讀爲『擇』。」
656《經典釋文》：「憸，本作⿱冊心。」

劉起釪本	是	罔	顯	在	厥	世[657]	繼	自	今	立	政	其	勿	以	憸[658]	人	其	惟	吉	士	用	勵[659]	相	我	國[660]	家	今
漢石經				哉																							
魏石經																											
敦煌本斯二〇七四																											
敦煌本伯二六三〇		㒺				丗	継															勱					
九條本		㒺																							戜		
內野本		㒺				卋	継							㠯								勱			或		
足利本							継																				
上圖本影天正本							継															劢					
上圖本八行本		㒺				卋	継							㠯								勱			或		
唐石經																											
尙書異文彙錄																											

劉起釪本	文	子	文	孫	孺	子	王	矣	其	勿	誤	于	庶	獄	惟	有	司	之	牧	夫	其	克	詰	爾	戎	兵	以
漢石經																											
魏石經																											

657《漢石經》作「訓德是罔顯哉厥世」。段玉裁《古文尚書撰異》：無「于」字，「在」作「哉」，此《今文尚書》也。《東觀餘論》作「罔顯哉厥世」。
658「憸」一作「譣」。《說文》引《周書》：「勿以譣人，皮錫瑞疑《立政》兩「憸人」當同，《經典釋文》「憸」本又作「思」。
659《三國志·孫權傳》「勵」作「勱」。
660「國」一作「邦」。

敦煌本斯二〇七四																										
敦煌本伯二六三〇																										
九條本																										
內野本															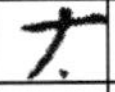		出						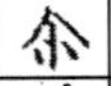			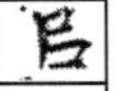
足利本																							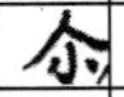			
上圖本影天正本																										
上圖本八行本					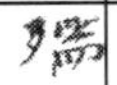												出						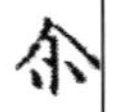			
唐石經																										
尚書異文彙錄																										

劉起釪本	陟	禹	之	迹[661]	方[662]	行	天	下	至	于	海	表	罔	有	不	服	以	覲[663]	文	王	之	耿[664]	光	以	揚	武	王
漢石經																					鮮		以			
魏石經																										
敦煌本斯																										

661「陟禹之跡」于省吾說謂「踪蹟所至之區域」，猶《文王有聲》「維禹之績」、《閟宮》「纘禹之緒」、《殷武》「設都于禹之績」，《左傳》襄四年「芒芒禹績」、昭元年「遠績禹功」、哀元年「復禹之績」，叔夷鐘（《集成》276）「咸有九州，處禹之堵」，又秦公簋（《集成》4315）云「鼏宅禹賚（蹟）」，《西狄頌》云「繼禹之績」。

662「方」一作「横」。《國語‧齊語》：以方行天下。韋注：方當横。

663「覲」一作「勤」。

664《漢石經》「耿」一作「鮮」，《東觀餘論》亦有「文王之鮮光」。

二〇七四																											
敦煌本伯二六三〇												褭	宫		弗												
九條本	陟	龠									褰		宫		弗		吕							吕	敘		
內野本		龠					兂	丅			彔			大	弗		吕		夂		出			吕			
足利本																											
上圖本影天正本																											
上圖本八行本		龠					兂	丅			彔			大	弗		吕				出			吕			
唐石經																											
尙書異文彙錄																											

劉起釪本	之	大	烈[665]	嗚	呼	繼	自	今	後	王	立	政	其	惟	克	用	常	人	周	公	若	曰	太	史	司	寇	蘇
漢石經																											
魏石經																											
敦煌本斯二〇七四																											
敦煌本伯二六三〇				烏																						寇	蘓
九條本			烮	乌	虖																					寇	穌
內野本	㞢		烮	乌	虖	絓																					穌

665「烈」一作「訓」。

足利本			𠛱			継																					穓
上圖本影天正本						𢇍																					穓
上圖本八行本	㞢		𠛱	乌	拿	絓																					穓
唐石經																											
尚書異文彙錄																											

劉起釪本	公	式	敬	爾	由	獄	以	長	我	王	國	茲	式	有	慎	以	列[666]	用	中	罰							
漢石經																											
魏石經																											
敦煌本斯二〇七四																											
敦煌本伯二六三〇				尒	繇																						
九條本		弍		尒	繇		㠯	兂			㦰		弍	又	昚												
內野本				佘	繇		㠯	兂			或			𠂇	昚	㠯											
足利本				佘																							
上圖本影天正本																											
上圖本八行本				佘	繇		㠯				或			𠂇	昚	㠯											

666「列」于省吾說，《禮記·服問》「上附下附，列也」，《經典釋文》「列，本亦作例」。

唐石經																											
尚書異文彙錄																											

十五、今文《尚書・顧命》異文表[667]

劉起釪本	惟	四	月	哉	生	魄	王	不	懌[668]	甲	子	王	乃	洮	類	水[669]	相	被	冕	服[670]	憑	玉	几	乃	同	召	太
漢石經																											
敦煌本伯四五〇九																											
內野本		三		才				弗					廼											廼			
觀智院本				才				弗													[illegible]		机				
足利本								弗	[illegible]																		
上圖本影天正本								弗	[illegible]																		
上圖本八行本				才				弗																			
唐石經																											

667 本篇包括《顧命》和《康王之誥》。相關文字異文見羅振玉《羅雪堂先生全集・三編 六》，臺灣大通書局有限公司，1989 年，頁 1977。本篇綜合研究參見李振興《尚書顧命、康王之誥大義探討》，《中華學苑》，1984 年第 30 期。季旭昇《〈上博二・昔者君老〉簡文探究及其與〈尚書・顧命〉的相關問題》，《中國文哲研究集刊》，2004 年第 24 期。

668《漢書·律曆志》載劉歆《三統曆》引《顧命》曰：「惟四月哉生霸，王有疾不豫」，「魄」作「霸」，「王不懌」作「王有疾不豫」。

669「洮頮水」指「以水濯發洗面」，見張玉萍《〈尚書〉「王乃洮頮水」舊注考辨》，《史學月刊》，2012 年第 3 期，《漢書・律曆志》「洮」引作「沬」，《魏石經》「洮頮」古文作「[illegible]」。

670「冕服」，鄭云「玄冕」，孔疏以爲傳命之重，不應惟服玄冕，《覲禮》「王服袞冕，而有玉几」，《司几筵》凡大朝覲，王位設黼扆，扆前南向設左右玉几，孔疏是。

尚書異文彙錄																											

劉起釪本	保	奭	芮	伯	彤	伯	畢[671]	公	衛	侯	毛	公	師	氏	虎	臣	百	尹	御	事	王	曰	嗚	呼	疾	大	漸
漢石經																											
敦煌本伯四五〇九																											
內野本																											
觀智院本						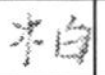																					
足利本																											
上圖本影天正本																											
上圖本八行本																											
唐石經																											
尚書異文彙錄																											

劉起釪本	惟	幾	病	日	臻	既	彌	留[672]	恐[673]	不	獲	誓	言	嗣	茲	予	審[674]	訓	命	汝[675]	昔	君[676]	文	王	武	王	宣

671 《魏石經》古文作「」。
672 《孔彪碑》「彌留」作「彌流」。
673 上圖本影天正本脫「彌」、「恐」二字。
674 「審」，于讀爲「播」，謂如《盤庚》之「播告」，《洪範》之「敷言」，于說是。
675 上圖本影天正本「恐」前衍一「彌」字。

漢石經																											
敦煌本伯四五〇九																											
內野本							弥	留	忘	弗		斷		㝵				誓		女	咎		[illegible]				
觀智院本							弥	留		弗		斷															
足利本										弗																	
上圖本影天正本										弗																	
上圖本八行本						旡			忘	弗	䤋	断		㝵				誓	命	女	皆						
唐石經																											
尙書異文彙錄																											

劉起釪本	重	光	奠	麗	陳	教	則	肄	肄[677]	不	違	用	克	達	殷	集	大	命[678]	在	後	之	侗[679]	敬	迓[680]	天	威	嗣
漢石經														通		就											
敦煌本伯四五〇九																											
內野本					敷	效				弗											㞢				兂	畏	㝵

676《文選·陸士衡宴玄圃詩》李注引作「昔先君」，鍾士季《檄蜀文》注作「昔我君」，《孫子荊爲石仲容與孫皓書》注作「昔我君」。

677 曾運乾讀「肄」爲「愓」，《周禮·小宗伯》肄儀爲位，注「故書肄爲肆」,《夏官·小子》「羞羊肆」，注「肆讀爲鬄」，是肆肄愓通假之理，肄肄猶言愓愓也，《楚語》「豈不使諸侯之心愓愓焉」，韋注「愓愓，懼也」。

678《漢石經》作「通殷就答命在」，「達」作「通」，「集」作「就」。段玉裁《古文尚書撰異》：此《今文尚書》也，「達」字今文皆作「通」。

679 馬本「侗」作「詷」，共也。大徐本《說文解字》：「《周書》曰：在夏后之詷」，小徐本《說文》引《周書》：「在后之詷」，《韻會》同小徐本。

680 今本「迓」作「御」，見本書《今文〈尚書·牧誓〉異文校釋》。

觀智院本			[illegible]	㮚	數					弗														𧗟		[illegible]	孚
足利本				㮚						弗																	
上圖本影天正本				㮚						弗																	
上圖本八行本					軙	[illegible]				弗								忢			㞢						孚
唐石經			[illegible]																								
尙書異文彙錄																											

劉起釪本	守	文	武	大	訓	無	敢	昏	逾[681]	今	天	降	疾	殆	弗	興	弗	悟	爾	尚	明	時	朕	言	用	敬	保
漢石經																											
敦煌本伯四五〇九																											
內野本		彣			𧥄	亡	㪘				兲											旹	𦨖				
觀智院本					𧥄	亡	㪘															旹					
足利本																㒷			尒			旹					
上圖本影天正本																㒷			尒			旹					
上圖本八行本					𧥄	亡	㪘									㒷			尒			旹	𦨖				
唐石經																											
尙書異																											

681「逾」于省吾讀爲「渝」，訓爲變，見[illegible]鎛（《集成》271）「勿或俞改」，詛楚文「變輸盟制」。

文彙錄																											

劉起釪本	元	子	釗	弘	濟	于	艱	難	柔	遠	能	邇	安	勸	小	大	庶	邦	思	夫	人	自	亂	于	威	儀	爾
漢石經																											
敦煌本伯四五〇九																											
內野本					⿰氵亝																		𤔔		畏		尒
觀智院本					⿰氵亝					遠													𤔔		畏		
足利本												迩											乱			⿰亻義	尒
上圖本影天正本											㠯	迩											乱			⿰亻義	尒
上圖本八行本					⿰氵亝							迩											𤔔			⿰亻義	
唐石經																											
尙書異文彙錄																											

劉起釪本	無	以	釗	冒[682]	貢[683]	于	非	幾	茲	既[684]	受	命	還	出	綴	衣[685]	于	庭	越	翼	日[686]	乙	丑	王[687]	崩[688]	太	保

682「冒」馬本、鄭本、王本皆作「勖」。
683「貢」馬本、鄭本、王本皆作「贛」，陷也。「冒貢」作「勖贛」。
684《漢石經》：「非幾茲即」，段玉裁《古文尚書撰異》：「『既』作『即』此《今文尚書》也」，曾運乾讀「茲」爲「哉」。
685《立政》「綴衣」，揚雄、班固、崔瑗、趙岐引皆作「贅」，則此「綴衣」亦當作「贅」。
686《漢書·律曆志》引作「翌日」，《集韻》「翼」亦作「翌」。
687 觀智院本作「成王崩」。
688《漢書·律曆志》引作「成王崩」。

漢石經																										
敦煌本伯四五〇九																										
內野本										兂									寠	翌						
觀智院本	亡	吕				扵				宂								遊		翌						
足利本						扵																				
上圖本影天正本						扵							逺													
上圖本八行本	亡	吕				於				兂		俞														
唐石經																										
尙書異文彙錄																										

劉起釪本	命	仲	桓	南	宮	毛[689]	俾	爰	齊	侯	呂	伋	以	二	干	戈	虎	賁[690]	百	人	逆[691]	子	釗	于	南	門	之
漢石經																										
敦煌本伯四五〇九																										
內野本									亝				㠯	弍													㞢
觀智院本							畀		亝	矦			㠯				虎										
足利本			栢						斉				㠯														

689《古今人表》第三等有「中桓」、「南宮髦」，「仲」作「中」，「毛」作「髦」。

690「虎賁」今文作「虎奔」。見皮錫瑞《今文尚書考證》。

691《白虎通・爵篇》「逆」作「迎」。

上圖本影天正本									斉																		
上圖本八行本									[illegible]				呂														出
唐石經																											
尚書異文彙錄																											

劉起釪本	外	延	入	翼	室[692]	恤	宅	宗[693]	丁	卯	命	作	冊	度	越	七	日	癸	酉	伯	相	命	土	須[694]	材	狄	設
漢石經																											
敦煌本伯四五〇九																											
內野本							厇						[illegible]		粤												設
觀智院本				翌		卹				夘																	
足利本										夘																	
上圖本影天正本																											
上圖本八行本				翌		卹	厇			夘			[illegible]														
唐石經																											
尚書異																											

692 偽孔傳「翼室」作「明室」，明室即明堂也，明堂即路寢也，衛包改為「翼」，相關研究見劉起釪《〈尚書・顧命〉行禮場所在路寢在宗廟異說考》，《中國史研究》，2002年第1期，《後漢書・袁紹傳》注引此文「翼」作「翌」。

693 曾運乾說，恤，憂也；宅，居也；宗，主也。

694 江聲說「須」當作「頒」，字之誤也。

文彙錄																										

劉起釪本	黼	扆[695]	綴	衣	牖	間	南	嚮[696]	敷	重	篾	席[697]	黼	純	華	玉	仍	几	西	序	東	嚮	敷	重	厎	席	綴
漢石經		衣																									
敦煌本伯四五〇九																											
內野本									旉			席											旉				
觀智院本								向	旉													向	旉				
足利本											蔑																
上圖本影天正本						閒					蔑																
上圖本八行本									旉		篾												旉				
唐石經																											
尙書異文彙錄																											

劉起釪本	純	文	貝	仍	几	東	序	西	嚮	敷	重	豐	席	畫	純	雕	玉	仍	几	西	夾	南	嚮	敷	重	筍	席[698]
漢石經																											

---

695 馮登府《漢石經考異》：「案扆通依，《明堂位》『天子負斧依』，《釋文》『本作扆』，衣亦作依，《學記》『不學博依』，注：或為衣，衣即依省也。」

696《周禮·司几筵》「凶事仍几」注：《尚書·顧命》曰：「翌日乙卯，成王崩。癸酉，牖間南鄉，西序東鄉，東序西鄉，皆仍几」，「嚮」作「鄉」，《史記》「敷」多作「布」。

697《說文·苜部》引《周書》曰：「布重莫席。」

698「筍席」，馬云「箬箬也」，《說文》「箬，竹箬也」、「箬，楚謂竹皮曰箬」，孔傳以筍爲「蒻竹」，徐邈云「竹子竹爲席」，蓋皆以筍爲初生之竹。

敦煌本伯四五〇九																											
內野本		[illegible]								旉			席											旉			
觀智院本				方					㙗	旉													㙗	旉			
足利本														畫													
上圖本影天正本													席	畫													席
上圖本八行本									[illegible]	旉		豐				彫								旉			
唐石經																											
尚書異文彙錄																											

劉起釪本	玄	紛	純	漆	仍	几	越	玉	五	重	陳	寶[699]	赤	刀	大	訓	弘	璧	琬	琰	在	西	序	大	玉	夷	玉
漢石經																											
敦煌本伯四五〇九																											
內野本				漆			粤		㐅		敶	珤				訔										𡰥	
觀智院本				漆							敶	珤				訔	[illegible]										
足利本											陈	宝															
上圖本影天正本																											

699《說文》「寶」作「宗」，段玉裁說《史記》「寶」皆作「葆」。

上圖本 八行本											敦	珤				営										尸	
唐石經																										
尙書異 文彙錄																										

劉起釪本	天	球	河	圖[700]	在	東	序	胤	之	舞	衣	大	貝	鼖	鼓	在	西	房	兌	之	戈	和	之	弓	垂[701]	之	竹
漢石經																											
敦煌本伯 四五〇九																											
內野本				圀					㞢	𦐇				鼖	鼔				兊	㞢		咊	㞢		埀	㞢	
觀智院本														賁								咊					
足利本				啚										鼖	皷												
上圖本 影天正本				啚																					𡍮		
上圖本 八行本				圀						𦐇				鼖	鼔					㞢			㞢		埀	㞢	
唐石經																											
尙書異 文彙錄																											

700 班固《典引》蔡邕注引《尚書》「河圖」上有「顓頊」字。

701《莊子·胠篋》、《山海經·海內經》、《荀子·解蔽》、《呂氏春秋·古樂》、《禮記·明堂位》諸書「垂」或作「倕」。

劉起釪本	矢	在	東	房	大	輅[702]	在	賓	階	面	綴[703]	輅	在	阼	階	面	先	輅	在	左	塾	之	前	次	輅	在	右
漢石經																											
敦煌本伯四五〇九																											
內野本																							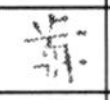				
觀智院本																											
足利本																											
上圖本影天正本																											
上圖本八行本																											
唐石經																											
尚書異文彙錄																											

劉起釪本	塾	之	前	二	人	雀	弁[704]	執	惠[705]	立	于	畢	門	之	內	四	人	綦[706]	弁	執	戈	上	刃[707]	夾	兩	階	戺
漢石經																											
敦煌本伯																											

702「輅」本作「路」，《書古文訓》本作「路」，《唐石經》以下各本作「輅」。
703《周禮・典路》「綴」作「贅」。
704「雀弁」亦作「爵弁」，見《白虎通·紼冕》、《儀禮·士冠禮》、蔡邕《獨斷》、《釋名·釋衣服》篇，文獻中「爵」常假借為「雀」。
705 相關研究見沈融《〈尚書・顧命〉所列兵器名考》，《文博》1992 年第 1 期。
706「綦」亦作「騏」。《詩經・曹風・正義》：《顧命》曰：四人騏弁執戈。
707 相關研究見井中偉《〈尚書·顧命〉「執戈上刃」的考古學研究》，《新果集——慶祝林沄先生七十歲論文集》，科學出版社，2009 年，頁 225。

四五〇九																											
內野本		㞢		弍										㞢		三						丄					
觀智院本																		宊				丄					
足利本							辨												辨								
上圖本 影天正本							辨												辨								
上圖本 八行本			[illegible]				辨												辨								
唐石經																											
尚書異 文彙錄																											

劉起釪本	一	人	冕	執[708]	劉	立	于	東	堂	一	人	冕	執	鉞	立	于	西	堂	一	人	冕	執	戣[709]	立	于	東	垂
漢石經																											
敦煌本伯 四五〇九																											
內野本	弍		冤							弍									弍								
觀智院本																											埀
足利本																											埀
上圖本 影天正本																											

708 內野本脫一「執」字。

709《說文》「戣，《周書》侍臣執戣立於東垂兵也。」

上圖本八行本	弌									弌									弌								垂
唐石經																											
尚書異文彙錄																											

劉起釪本	一	人	冕	執	瞿[710]	立	于	西	垂	一	人	冕	執	鋭[711]	立	于	側	階	王	麻	冕	黼	裳	由	賓	階	隮
漢石經																											
敦煌本伯四五〇九																											
內野本	弌								垂	弌							仄							繇			陰
觀智院本									垂								仄							繇			陰
足利本									垂																		隮
上圖本影天正本																											濟
上圖本八行本	弌									弌														繇			
唐石經																											
尚書異文彙錄																											

劉起釪本	卿	士	邦	君	麻	冕	蟻	裳	入	即	位	太	保	太	史	太	宗	皆	麻	冕	彤	裳	太	保	承	介	圭

710《廣韻》「戵，戟屬也。古謂四出矛爲戵。又通作瞿。」
711 鋭，鄭注孔傳皆云「矛屬」。

漢石經																											
敦煌本伯四五〇九																											
內野本																									羕		
觀智院本																											
足利本																									羕		
上圖本影天正本																											
上圖本八行本																											
唐石經																											
尙書異文彙錄																											

劉起釪本	上	宗	奉	同	瑁[712]	由	阼	階	隮	太	史	秉	書	由	賓	階	隮	御[713]	王	冊	命[714]	曰	皇	后	憑[715]	玉	几
漢石經																											
敦煌本伯四五〇九																											
內野本	丄					繇								繇			陞										
觀智院本	丄					繇								繇			陞								馮		
足利本									隮				書				隮										

712 相關研究見李小燕、井中偉《玉柄形器名「瓚」說——輔證內史亳同與〈尚書·顧命〉「同瑁」問題》，《考古與文物》，2012 年第 3 期。

713 曾運乾訓「御」爲「訝」，凌廷堪《禮經釋例》謂授受之禮，同面者謂之並授受，相向者謂之訝授受。

714 相關研究見鄧國光《〈尚書·顧命〉冊儀的討論》，《中國文化》第八期，1993 年。

715「憑」原作「凴」，一作「凭」。段玉裁《古文尚書撰異》：「馮，衛包改作憑。」

上圖本影天正本																	涌									
上圖本八行本						谿								谿			隂									
唐石經																										
尚書異文彙錄																										

劉起釪本	道	揚	末	命	命	汝	嗣	訓	臨	君[716]	周	邦	率	循	大	卞[717]	燮	和	天	下	用	答[718]	揚	文	武	之	光
漢石經																											
敦煌本伯四五〇九						女	孠	訔				邦	帥	偱		法	爕	咊				荅	敭				
內野本		敭				女	孠	訔					帥				爕	咊	兲	丅		畣	敭	彣		㞢	
觀智院本	導	敭				女	孠	訔					帥				爕	咊				畣	敭				灮
足利本													帥			辨											
上圖本影天正本																	爕										
上圖本八行本		敭				女	孠	訔					帥				爕	咊				畣	敭			㞢	灮
唐石經																											
尚書異																											

716 李善《文選·責躬詩》引作「君臨周邦」。
717 阮元《校勘記》云：「古本作『帥修大辨』。」《九經字樣》「卞」作「弁」，王肅、孔傳訓「卞」爲「法」，《玉篇》同。
718《白虎通·爵》篇「答」作「對」。

文彙錄																										

劉起釪本	訓	王	再	拜	興	答	曰	眇	眇	予	末	小	子	其	能	爾	亂	四	方	以	敬[719]	忌	天	威	乃	受	同
漢石經																											
敦煌本伯四五〇九	訔		再			荅										而	率	亖		㠯		惎		畏			
內野本	訔					畣										而	率	亖		㠯		惎			迺		
觀智院本	訔					畣										而	率	亖		㠯		惎		畏			
足利本					㒷											而	𤔔										
上圖本影天正本					㒷																						
上圖本八行本	訔					畣										而	率	亖		㠯		惎					
唐石經																											
尚書異文彙錄																											

劉起釪本	瑁	王	三	宿	三	祭	三	咤[720]	上	宗	曰	饗	太	保	受	同	降	盥	以	異	同	秉	璋	以	酢	授	宗
漢石經																											
敦煌本伯四五〇九												鄉							㠯					㠯			

719 敦煌本、觀智院本脫一「敬」字。

720「咤」，古本作「詫」，《說文·宀部》引《周書》曰：王三宿、三祭、三詫。馬本誤作「詫」，傳本又誤作「咤」。段玉裁以為「咤」原作「宅」。

內野本			貳		貳		貳		上										呂					呂			
觀智院本									上										呂					呂			
足利本																											
上圖本影天正本																											
上圖本八行本																			呂					呂			
唐石經																											
尙書異文彙錄																											

劉起釪本	人	同	拜	王	答	拜	太	保	受	同	祭	嚌	宅	授	宗	人	同	拜	王	答	拜	太	保	降	收	諸	侯
漢石經																											
敦煌本伯四五〇九																											
內野本					畣							口亝	厇							畣						𢒼	
觀智院本					畣							口亝	厇													敍	矦
足利本												啇															
上圖本影天正本																											
上圖本八行本					畣							口亝	厇							畣						𢒼	
唐石經																											
尙書異文彙錄																											

劉起釪本	出	廟	門	侯	王	出	在	應	門	之	內	太	保	率	西	方	諸	侯	入	應	門	左	畢	公	率	東	方
漢石經																											
敦煌本伯四五〇九																											
內野本										㞢							[illegible]										
觀智院本		庿		𠋫														𠋫									
足利本		庿																		応	门						
上圖本影天正本		庿																		応	门						
上圖本八行本										㞢							[illegible]										
唐石經																											
尚書異文彙錄																											

劉起釪本	諸	侯	入	應	門	右	皆	布	乘	黃	朱	賓[721]	稱	奉	圭	兼	幣[722]	曰	一	二	臣	衛	敢	執	壤	奠	皆
內野本	[illegible]												爯						弌	弍			[illegible]				
觀智院本		𠋫						敷	乗				爯			[illegible]							[illegible]				
足利本													[illegible]														
上圖本影天正本				応	门																						

721 孔廣森讀「賓」爲「擯」。
722《說文》引《周書》曰：稱奉介圭。

上圖本八行本	彰																		[illegible]	[illegible]			敎				
唐石經																											
尙書異文彙錄																											

劉起釪本	再	拜	稽	首	王	義	嗣	德[723]	答	拜	太	保	暨	芮	伯	咸	進	相	揖	皆	再	拜	稽	首	曰	敢	敬
內野本			乩	𩠐		誼	孠	悳	畣				臮							竝			乩	𩠐		敎	
觀智院本			䭫			誼	孠	悳	畣				臮							竝			䭫				
足利本																											
上圖本影天正本																											
上圖本八行本						誼	孠	悳	畣				臮										乩			敎	
唐石經																											
尙書異文彙錄																											

劉起釪本	告	天	子	皇	天	改	大	邦	殷	之	命	惟	周	文	武	誕	受	羑[724]	若	克	恤	西	土	惟	新	陟	王
內野本		兲			兲					㞢				彣							卹						

723 德，《說文》「升也」。

724 內野本「羑」前衍一「厥」字，「羑」《說文》「進善也」；馬王孔讀爲「猷」，訓爲「道」；金履祥訓「誘」，則讀爲《詩》「天之牖民」之「牖」；蘇軾讀如字，以爲文王出羑里爾天命始順。

觀智院本																		[illegible]			邮						
足利本																											
上圖本影天正本																											
上圖本八行本					兲					㞢	[illegible]										邮						
唐石經																											
尙書異文彙錄																											

劉起釪本	畢	協	賞	罰[725]	戡	定	厥	功	用	敷	遺	後[726]	人	休	今	王	敬	之	哉	張	皇	六	師	無	壞	我	高
內野本										尃								㞢	才					亡			
觀智院本										尃										[illegible]				亡	[illegible]		
足利本		悏																									
上圖本影天正本		悏																									
上圖本八行本								[illegible]		尃								㞢	才					亡			
唐石經																											
尙書異文彙錄																											

725 段玉裁說《史記・周本紀》「畢力賞罰，以定其功」，《大傳》「《書》曰：『畢力賞罰，以定厥功』」，《白虎通・諫諍》引「《尚書》：『必力賞罰，以定厥功』」。

726《說文》引《周書》曰：「用敷遺後人。」段玉裁《古文尚書撰異》：按經傳「敀」皆作「施」，「敷」皆作「數」，漢碑多從寸作「敷」。

劉起釪本	祖	寡	命[727]	王	若	曰	庶	邦	侯	甸	男	衛	惟	予	一	人	釗	報	誥	昔	君	文	武	丕	平[728]	富	不
內野本															弌							彣					弗
觀智院本																											弗
足利本																											
上圖本 影天正本																											
上圖本 八行本																											弗
唐石經																											
尙書異 文彙錄																											

劉起釪本	務	咎	厎	至	齊	信	用	昭	明	于	天	下	則	亦	有	熊	羆	之	士	不	二[729]	心	之	臣	保	乂	王
內野本					亝	㐰					兲				𠂇			㞢		弗	弍		㞢				
觀智院本					亝	㐰														弗							
足利本																											
上圖本 影天正本					斉															弗							
上圖本 八行本					亝	㐰									𠂇			㞢		弗			㞢				

727 朱彬據《緇衣》鄭注「寡當爲顧」，謂此「寡命」當爲「顧命」，正以此二字名篇，如《梓材》、《立政》取篇中二字名篇之例。

728「平」讀為「徧」。

729 蔡邕《司空文烈侯楊公碑》「二」作「貳」。

唐石經																											
尚書異文彙錄																											

劉起釪本	家	用	端	命	于	上	帝	皇	天	用	訓	厥	道	付	畀	四	方	乃	命	建	侯[730]	樹	屏	在	我	後	之
內野本						丄			兲		訔					亖	匚	廼									㞢
觀智院本						丄					訔					亖					矦						
足利本																										后	
上圖本影天正本																										后	
上圖本八行本								皇			訔					亖											
唐石經																											
尚書異文彙錄																											

劉起釪本	人	今	予	一	二	伯	父	尚	胥	暨	顧	綏[731]	爾	先	公	之	臣	服	于	先	王	雖	爾	身	在	外	乃
內野本				弌	弍					臮			尒			㞢							尒				廼
觀智院本																											
足利本																											

730 內野本、觀智院本「侯」前衍一「諸」字。

731《經義述聞》「綏」讀爲「緌」，《爾雅》「緌，繼也」，《士冠禮》及《玉藻》冠緌之字故書亦多作綏。

上圖本影天正本									[illegible]													負					
上圖本八行本										臮			尒			㞢							尒				
唐石經																											
尙書異文彙錄																											

劉起釪本	心	罔	不	在	王	室[732]	用	奉	恤	厥	若	無	遺	鞠[733]	子	羞	群	公	既	皆	聽	命	相	揖	趨	出	王
內野本		它	弗						卹			亡													趍		
觀智院本		它	弗						卹			亡															
足利本																					聴						
上圖本影天正本																											
上圖本八行本		它	弗						卹			亡															
唐石經																											
尙書異文彙錄																											

劉起釪本	釋	冕	反	喪	服																						
內野本																											

732《漢書・谷永傳》作「雖爾身在外，乃心無不在王室」。
733《經義述聞》說，育、穉、毓、鬻、鞠並可通。

觀智院本																											
足利本																											
上圖本 影天正本																											
上圖本 八行本																											
唐石經																											
尙書異 文彙錄																											

十六、今文《尚書・呂刑》異文表[734]

劉起釪本	惟	呂[735]	命	王	享	國	百	年	耄[736]	荒	度	作	刑	以	詰	四	方[737]	王	曰	若	古	有	訓	蚩	尤	惟	始
郭店簡[738]《緇衣》																											
上博簡[739]《緇衣》																											
岩崎本					畣	或			秏	巟	庀			㠯	誥	亖						ナ	訔				乱
內野本					畣	或		秊			庀			㠯		亖						ナ	訔				乱
足利本					畣	国		秊																			
上圖本影天正本					畣																						
上圖本八行本					畣									㠯		亖						ナ	訔				乱
唐石經																											

734 本篇相關研究參見：王遠瞻《〈呂刑〉墨辟疑赦條辨正》，《湘潭大學學報》（社會科學版），1987 年第 2 期。饒宗頤《由刑德二柄談「臸」字——經典異文探討一例》，《上海博物館集刊》，2002 年。晁福林《郭店楚簡〈緇衣〉與〈尚書·呂刑〉》，《史學史研究》，2002 年第 2 期。王保國《從〈呂刑〉看「明德慎罰」思想在西周的演變》，《鄭州大學學報》（哲學社會科學版），2003 年第 1 期。虞萬里《上博簡、郭店簡〈緇衣〉與傳本合校補正（下）》，《史林》，2004 年第 1 期。（俄）郭靜雲《〈尚書·呂刑〉不同版本及其思想研究》，《史學史研究》，2009 年第 2 期。

735「呂」又作「甫」，《禮記·表記》、《孝經·天子章》引作《甫刑》。

736《釋文》：「耄，本亦作薹」，劉起釪：「耄，有薹、旄、秏諸異文。」

737《漢書・刑法志》：「周道既衰，穆王眊荒，命甫侯度時作刑，以詰四方。」

738 相關研究參見王力波《郭店楚簡〈緇衣〉校釋》，東北師範大學碩士學位論文，2002 年；劉釗《郭店楚簡校釋》，福建人民出版社，2005 年；李零《郭店楚簡校讀記》，中國人民大學出版社，2007 年；陳偉《楚地出土戰國簡冊十四種》，經濟科學出版社，2009 年等。

739 相關研究參見余小調《上博簡〈緇衣〉、〈民之父母〉與相關文獻的異文研究》，華南師範大學碩士學位論文，2007 年；虞萬里《上博館藏楚竹書〈緇衣〉綜合研究》，武漢大學出版社，2009 年等。

尚書異文彙錄																										

劉起釪本	作	亂	延	及	于	平	民[740]	罔	不	寇	賊	鴟[741]	義	姦	宄[742]	奪	攘	矯	虔[743]	苗	民	弗	用	靈[744]	制	以	刑
郭店簡《緇衣》																						非	甬	砮	折		型
上博簡《緇衣》																				眊		非	甬	霝		㠯	
岩崎本		𤔔	延					宔	弗	寇		鴟	誼			敓	敭	撟	虔					霝		㠯	
內野本		𤔔						宔	弗							敓	敭							霝		㠯	
足利本		乱											义	姦										霝			
上圖本影天正本		乱											义	姦										霝			
上圖本八行本		𤔔						宔	弗															霝		㠯	𠛬
唐石經																											
尚書異文彙錄																											

740 段玉裁《古文尚書撰異》：「《後漢書·和帝紀》曰：『貪苛慘毒，延及平民。』李注引《書》『延于平人』。無『及』字，『民』作『人』。」
741 王符《潛夫論·述教》篇「鴟」作「消」。陳喬樅《經說考》：「疑『消義』乃『梟義』之譌，以聲同致誤也。」
742《史記》、《漢書》「姦宄」多作「奸軌」。
743《說文·攴部》引《周書》曰：「敓攘矯虔。」是「奪」作「敓」。漢今文「矯」亦作「撟」。
744《禮記·緇衣》引《甫刑》曰：「苗民匪用命，制以刑，惟作五虐之刑曰法。」「弗」作「匪」，「靈」作「命」。

劉起釪本	惟	作	五	虐	之	刑[745]	曰	法[746]	殺	戮	無	辜	爰	始	淫	爲	劓	刵	椓	黥[747]	越	茲	麗[748]	刑	並	制	罔
郭店簡《緇衣》	隹	乍		[illegible]		型																					
上博簡《緇衣》	隹					型																					
岩崎本			乆						[illegible]	翏	亡			乱			劓	剠	斀	剠	戉						[illegible]
內野本			乆		㞢					翏	亡			乱			刵	剕	斀	剠	粤				并		[illegible]
足利本											亡												[illegible]	𠛬	并		
上圖本影天正本											亡																
上圖本八行本			乆		㞢	𠛬				翏	亡			乱							粤			𠛬			[illegible]
唐石經																											
尙書異文彙錄																											

劉起釪本	差	有	辭	民	興	胥	漸[749]	泯	泯	棼	棼[750]	罔	中	于	信	以	覆	詛	盟	虐	威	庶	戮	方	告	無	辜
郭店簡																											

---

745 見饒宗頤《由刑德二柄談「甀」字——經典異文探討一例》，《上海博物館集刊》，2002 年。

746《墨子・尚同中》引《書》曰：「折則刑，唯作五殺之刑曰法。」

747《說文・攴部》引《周書》曰：「刖、劓、斀、黥」，另劓，《說文》作「臬」，「劓」爲「臬」字重文，自爲古文「臬」字。

748「麗」訓爲「法」，謂苗民「制以刑」，謂刑「曰法」，使法刑并制。

749《尚書大傳》引作「民興犯漸。」

750《論衡》、《漢書敘傳》「泯泯棼棼」作「湎湎紛紛」。《逸周書・祭公解》作「泯泯芬芬」。

《緇衣》																											
上博簡《緇衣》																											
岩崎本	差	又	詞									宔			㠯	呂	遑	檀			畏		剔			亡	
內野本	差	𠂇	詞									宔			㠯	呂		檀		雲	畏		剔			亡	
足利本					臭	匹										呂										亡	
上圖本影天正本			詞		臭	匹										呂										亡	
上圖本八行本		𠂇	詞									宔			㠯	呂					畏		剔			亡	
唐石經																											
尚書異文彙錄																											

劉起釪本	于	上[751]	上	帝	監	民	罔	有	馨	香	德	刑	發	聞	惟	腥	皇	帝[752]	哀	矜	庶	戮	之	不	辜	報	虐
郭店簡《緇衣》																											
上博簡《緇衣》																											
岩崎本							宔	𠂇			悳		癹	䎽								剔		弗			
內野本		上	上				宔	𠂇			悳		癹	䎽								剔	㞢	弗			虐
足利本													發	聞										弗			

751《論衡·變動》篇引《甫刑》曰：「庶僇旁告無辜于天帝。」是「戮方」作「僇旁」，「上」作「天帝」。

752「皇帝」，《釋文》本作「君帝」，云「君宜作皇字，帝堯也。」據孔疏「君帝帝堯哀矜眾被殺戮者不以其罪」句，《正義》本亦作「君帝」。

上圖本影天正本											𢓊		發	闵										弗			
上圖本八行本		上	上				𡧍	𠂇			悳	𠕅	發	眷			皇					𢓭	㞢	弗			虐
唐石經																											
尙書異文彙錄																											

劉起釪本	以	威[753]	遏	絕	苗	民	無	世	在	下	乃	命	重	黎	絕	地	天	通	罔	有[754]	降	格	群	后	之	逮[755]	在
郭店簡《緇衣》																											
上博簡《緇衣》																											
岩崎本	㠯	畏		𢇍			亡			丅					𢇍				𡧍	𠂇						逯	
內野本	㠯	畏						卋			迺					坔	兲		𡧍	𠂇					㞢		
足利本							亡																				
上圖本影天正本							亡																				
上圖本八行本	㠯						亡			丅									𡧍	𠂇					㞢		
唐石經																											

753《論衡・譴告》篇引《甫刑》曰：「報虐用威」。「以」作「用」。

754 岩崎本「有」后衍一「除」字。

755《墨子・尚賢中》「逮」作「肆」。

尙書異文彙錄																											

劉起釪本	下 756	明	明	棐	常	鰥	寡	無	蓋 757	皇	帝	清	問	下	民 758	鰥	寡	有	辭	于	苗 759	德	威	惟	畏 760	德	明
郭店簡《緇衣》																											
上博簡《緇衣》																											
岩崎本							寡	亡	盖								寡	ナ	詞			悳	畏			悳	
內野本	丅							亡										ナ	詞			悳	畏			悳	
足利本								亡											詞								
上圖本影天正本								亡														徳				徳	
上圖本八行本								亡		[illegible]								ナ	詞			悳	畏			悳	
唐石經																											
尙書異文彙錄																											

756 曾運乾說「羣后之逮在下」語倒，卽「逮在下之羣后」。
757《墨子》「棐常」作「不常」，「無蓋」作「不蓋」。
758 趙岐注《孟子》引《甫刑》曰：「帝清問下民」。「皇帝」作「帝」，《墨子》「皇帝清問下民」，無「鰥寡」字。
759《墨子》「有辭有苗」，「于苗」作「有苗」。
760《墨子·尚賢》「惟畏」作「惟威」。

劉起釪本	惟	明	乃	命	三	后	恤	功	于	民[761]	伯	夷	降	典	折	民	惟	刑[762]	禹	平	水	土	主	名	山	川[763]	稷
郭店簡《緇衣》																											
上博簡《緇衣》																											
岩崎本																											
內野本							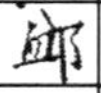																				
足利本																											
上圖本影天正本																											
上圖本八行本																											
唐石經																											
尚書異文彙錄																											

劉起釪本	降[764]	播	種	農	殖	嘉	穀	三	后	成	功	惟	殷[765]	于	民	爰[766]	制	百	姓	于[767]	刑	之	中[768]	以	教	祇	德

761《墨子・尚賢》引作「乃名三后恤功於民」。「命」作「名」，「于」作「於」。
762《墨子・尚賢》引作「伯夷降典，哲民維刑。」「折」作「哲」，「惟」作「維」。《漢書・刑法志》「折」作「悊」。
763《潛夫論・五德志》引作「主平水土，命山川。」「禹平水土」作「主平水土」，「主名山川」作「命山川」。
764《墨子・尚賢》「降」作「隆」。
765《墨子・尚賢》「殷」作「假」。
766「爰」，偽孔傳作「土」。
767 內野本脫一「于」字。
768《後漢書・梁統傳》「中」作「衷」。

郭店簡《緇衣》																											
上博簡《緇衣》																											
岩崎本		𥝢					穀																	吕		[illegible]	悳
內野本		𥝢						弎		咸	玢					士						㞢		吕	𢇍	𢓊	悳
足利本																士											
上圖本影天正本																士											𢛳
上圖本八行本		𥝢						弎		咸	玢					士					爾	㞢		吕	𢇍	𢓊	悳
唐石經																											
尙書異文彙錄																											

劉起釪本	穆	穆	在	上	明	明	在	下	灼	于	四	方	罔	不	惟	德	之	勤	故	乃	明	于	刑	之	中	率	乂
郭店簡《緇衣》																											
上博簡《緇衣》																											
岩崎本									焯		亖		𡧓	弗		悳										衛	
內野本	敫	敫		丄				丅	焯		亖		𡧓	弗		悳	㞢			廼				㞢		衛	
足利本														弗													
上圖本影天正本																𢛳											

上圖本八行本	斆	斆		丄				丅	熄		亖		㒺	弗		𢘅	㞢						[illegible]	㞢			
唐石經																											
尚書異文彙錄																											

劉起釪本	于	民	棐	彝	典	獄	非	訖	于	威	惟	訖	于	富[769]	敬	忌	罔	有	擇[770]	言	有	身[771]	惟	克	天	德	自
郭店簡《緇衣》																											
上博簡《緇衣》																											
岩崎本										畏							㒺	ナ								悳	
內野本																	㒺	ナ			ナ				兲		
足利本																			択								
上圖本影天正本																			択							徳	
上圖本八行本																	㒺	ナ			ナ						
唐石經																											
尚書異文彙錄																											

769《經義述聞》讀爲「福」，《洪範》「作威作福」，威、福相對爲文。
770《經義述聞》讀「擇」爲「斁」。
771《禮記・表記》引《甫刑》作「敬忌而罔有擇言在躬」，是「罔」作「而罔」，「身」作「躬」。

劉起釪本	作	元	命[772]	配	享	在	下	王	曰	嗟	四	方	司	政	典	獄	非	爾	惟	作	天	牧	今	爾	何	監	非
郭店簡《緇衣》																											
上博簡《緇衣》																											
岩崎本					亯						亖							尒						尒			
內野本					亯		丅				亖							尒			兲			尒			
足利本																		尒						尒			
上圖本影天正本																		尒						尒			
上圖本八行本					亯		丅				亖							尒						尒			
唐石經																											
尙書異文彙錄																											

劉起釪本	時	伯	夷	播	刑[773]	之	迪[774]	其	今	爾	何	懲	惟	時	苗	民	匪	察	于	獄	之	麗	罔	擇	吉	人	觀
郭店簡《緇衣》				翻	型																						
上博簡																											

772「自作元命」，猶《召誥》「自貽哲命」。
773 上博簡《緇衣》作「[illegible]型之不由」。
774《禮記·緇衣》引《甫刑》「迪」作「不迪」。

《緇衣》																											
岩崎本	旹		𡰥	刵						尒				旹				詹				它					
內野本	旹			刵		㞢				尒				旹				詹			㞢	它					
足利本	旹									尒				旹				祭					択				
上圖本 影天正本	旹									尒				旹									択				
上圖本 八行本	旹		𡰥	刵	𠛬	㞢				尒				旹				詹			㞢	它					
唐石經																											
尚書異 文彙錄																											

劉起釪本	于	五	刑	之	中	惟	時	庶	威	奪	貨	斷	制	五	刑	以	亂	無	辜	上	帝	不	蠲	降	咎	于	苗
郭店簡 《緇衣》																											
上博簡 《緇衣》																											
岩崎本		乄					旹		畏	敓		𢇍		乄		㠯	𤔔	亡				弗					
內野本		乄					旹		畏	敓		斷		乄		㠯	𤔔	亡		上		弗					
足利本							旹										亂	亡				弗					
上圖本 影天正本							旹					㫁					乱	亡				弗					
上圖本 八行本		乄	𠛬				旹					断		乄	𠛬	㠯	𤔔	亡		上		弗					
唐石經																											

尙書異文彙錄																										

劉起釪本	苗	民	無	辭	于	罰	乃	絕	厥	世	王	曰	嗚	呼	念	之	哉	伯	父	伯	兄	仲	叔	季	弟	幼	子
郭店簡《緇衣》																											
上博簡《緇衣》																											
岩崎本			亡	詞				𢇍					烏	虖			才					中	叔		苐	㓜	
內野本			亡	詞			廼						烏	虖			才										
足利本				辤																			叔				
上圖本影天正本			亡																								
上圖本八行本			亡	詞									烏	虖		㞢	才										
唐石經																											
尙書異文彙錄																											

劉起釪本	童	孫	皆	聽	朕	言	庶	有	格[775]	命	今	爾	罔	不	由	慰	日[776]	勤	爾	罔	或	戒	不	勤	天	齊	于
郭店簡《緇衣》																											

775「格」通作「假」，訓爲大。

776《釋文》：「日，人實反。一音曰」，江聲、段玉裁諸家皆云自當作「曰」。

上博簡《緇衣》																											
岩崎本								ナ				尒	⿱宀亡	弗	⿰𧾷屰	尉			尒	⿱宀亡			弗			⿱𠫓皿	
內野本					般			ナ				尒	⿱宀亡	弗	⿰𧾷屰				尒	⿱宀亡			弗		兂	⿱𠫓皿	
足利本				䑳								尒		弗					尒				弗				
上圖本影天正本												尒	亡	弗					尒	亡			弗				
上圖本八行本		[illegible]			般			ナ				尒	⿱宀亡	弗	⿰𧾷屰				尒	亡			弗			⿱𠫓皿	
唐石經																	日										
尚書異文彙錄																											

劉起釪本	民	俾	我	一	日[777]	非	終	惟	終	在	人	爾	尚	敬	逆	天	命	以	奉	我	一	人	雖	畏	勿	畏	雖
郭店簡《緇衣》																											
上博簡《緇衣》																											
岩崎本		卑					⿱类衣		⿱类衣			尒						㠯									
內野本				弌			⿱类衣		⿱类衣			尒				兂		㠯			弌						
足利本												尒											虽				
上圖本影天正本												尒											虽				虽

777《後漢書・楊賜傳》引《尚書》曰：「天齊乎人，假我一日。」是「于民」作「乎人」，「俾」作「假」。

上圖本 八行本				弍			𠔱		𠔱			尒						㠯			弍					
唐石經																										
尚書異 文彙錄																										

劉起釪本	休	勿	休[778]	惟	敬	五	刑	以	成	三	德	一	人	有	慶[779]	兆[780]	民	賴	之	其	寧	惟	永	王	曰	吁[781]	來
郭店簡 《緇衣》																											
上博簡 《緇衣》																											
岩崎本	𠈁		𠈁			㐅		㠯			悳			ナ													
內野本						㐅		㠯	成	弎	悳	弌		ナ					㞢								
足利本											徳																
上圖本 影天正本																											
上圖本 八行本						㐅	㓝	㠯	成	弎	悳	弌		ナ					㞢								
唐石經																											
尚書異 文彙錄																											

778 王念孫《讀書雜誌·餘編上》「休」當訓爲「喜」。
779 張衡《東巡誥》「慶」作「𧗸」。
780《大戴禮·保傅》、《淮南子·主術》、《刑法志》、《後漢書·安帝紀》延光元年策「兆」皆作「萬」。
781《墨子·尚賢》「吁」作「於」，馬融本作「于」。

劉起釪本	有	邦[782]	有	土	告	爾	祥	刑[783]	在	今	爾	安	百	姓[784]	何	擇	非	人	何	敬	非	刑	何	度	非[785]	及	兩
郭店簡《緇衣》																											
上博簡《緇衣》																											
岩崎本	ナ		ナ			尒					尒													厇			
內野本	ナ		ナ			尒	佯				尒													厇			
足利本						尒					尒					択											
上圖本影天正本						尒					尒					択											
上圖本八行本	ナ		ナ			尒		㓝			尒											㓝		厇			
唐石經																											
尚書異文彙錄																											

劉起釪本	造[786]	具	備	師	聽	五	辭	五	辭	簡	孚[787]	正	于	五	刑	五	刑	于	簡	正	于	五	罰	五	罰	不	服

782《墨子·尚賢》、《史記·周本紀》「邦」作「國」。
783《墨子·尚賢》作「告女訟刑」，《史記·周本紀》作「告爾祥刑」。
784《墨子·尚賢》「爾」作「女」，「姓」下有「女」字。
785《墨子·尚賢》「非」作「不」。
786《史記·周本紀集解》云：「徐廣曰：造一作遭。」段玉裁《古文尚書撰異》：「按作『遭』者，《今文尚書》也。」
787《史記·周本紀》「孚」作「信」。

郭店簡《緇衣》																											
上博簡《緇衣》																											
岩崎本			偹			乂	訔	乂	訔	柬				乂		乂						乂		乂		弗	
內野本						乂	訔	乂	訔	柬				乂		乂						乂		乂		弗	
足利本							詞		詞																		
上圖本影天正本							詞		詞																	弗	
上圖本八行本						乂	訔	乂	訔	柬				乂	爾	乂	爾					乂		乂		弗	
唐石經																											
尚書異文彙錄																											

劉起釪本	正	于	五	過	五	過	之	疵	惟	官	惟	反	惟	內	惟	貨	惟	來[788]	其	罪	惟	鈞[789]	其	審	克	之[790]	五
郭店簡《緇衣》																											
上博簡《緇衣》																											
岩崎本			乂		乂															辠				宷			乂

788《刑法志》元帝詔引《書》「克」作「核」，《經典釋文》：「馬本『來』作『求』」。
789《周本紀》「均」作「鈞」。
790《史記·周本紀》未引「其審克之」。

內野本			𤴓		𤴓															臯							𤴓
足利本																											
上圖本影天正本																											
上圖本八行本			𤴓		𤴓																						𤴓
唐石經																											
尚書異文彙錄																											

劉起釪本	刑	之	疑	有	赦	五	罰	之	疑	有	赦	其	審	克	之	簡	孚	有	眾	惟	貌	有	稽	無	簡	不	聽
郭店簡《緇衣》																											
上博簡《緇衣》																											
岩崎本				ナ	𢻫					ナ	𢻫		宷			柬		ナ			緢	ナ	乩	亡	柬	弗	
內野本		㞢		ナ	𢻫			㞢		ナ	𢻫				㞢			ナ				ナ	乩	亾	柬	弗	
足利本					𢻫						𢻫					𥳑								亡		弗	
上圖本影天正本					𢻫						𢻫					𥳑											
上圖本八行本	㓝	㞢		ナ	𢻫	𠄡		㞢		ナ	𢻫				㞢			ナ				ナ	乩	亾	柬	弗	
唐石經																											
尚書異文彙錄																											

劉起釪本	具[791]	嚴	天	威	墨	辟	疑	敕	其	罰[792]	百	鍰[793]	閱	實	其	罪	劓[794]	辟[795]	疑	敕	其	罰	惟	倍	閱	實	其
郭店簡《緇衣》																											
上博簡《緇衣》																											
岩崎本				畏				放								辠	劓		[illegible]	赦							
內野本			兲	畏				赦								辠	劓			赦							
足利本								赦						实						赦						实	
上圖本影天正本								赦												赦						实	
上圖本八行本								赦												赦							
唐石經																											
尙書異文彙錄																											

劉起釪本	罪	剕[796]	辟	疑	敕	其	罰	倍	差	閱	實	其	罪	宮	辟	疑	敕	其	罰	六	百	鍰	閱	實	其	罪	大
郭店簡																											

791《史記·周本紀》「孚」作「信」，「貌」作「訊」，「聽」作「疑」，「具」訓「共」。《說文·糸部》引《周書》「貌」作「緢」。
792《白虎通·五刑》、《刑德放》、《元命苞》「罰」皆作「刑」。
793《史記·周本紀》「率」亦作「選」，「墨」作「黥」，「鍰」作「率」。
794「劓」原作「劓」。
795「辟」夏侯、歐陽作「罰」，下亦同。
796「剕」，《經典釋文》作「臏」，《史記·周本紀》亦作「臏」。

《緇衣》																											
上博簡《緇衣》																											
岩崎本	辠				赦								辠				赦									辠	
內野本	辠				赦								辠				赦									辠	
足利本					赦						实						赦							实			
上圖本影天正本					赦						实						赦							实			
上圖本八行本					赦												赦										
唐石經																											
尚書異文彙錄																											

劉起釪本	辟	疑	敕	其	罰	千	鍰[797]	閱	實	其	罪	墨	罰	之	屬	千	劓	罰	之	屬	千	剕[798]	罰	之	屬	五	百[799]
郭店簡《緇衣》																											
上博簡《緇衣》																											
岩崎本			赦								辠															𠄡	
內野本			赦								辠			㞢					㞢					㞢		𠄡	

797《史記·周本紀》「鍰」作「率」，「率」陳喬樅《經說考》作「饌」。
798《史記·周本紀》「剕」作「臏」。
799《史記·周本紀》「五百」作「六百」。

足利本			敎																								
上圖本 影天正本			敎																								
上圖本 八行本			敎											㞢					㞢					㞢		亾	
唐石經																											
尚書異 文彙錄																											

劉起釪本	宮	罰	之	屬	三	百	大	辟	之	罰	其	屬	二	百	五	刑	之	屬	三	千	上	下	比	罪	無	僭	亂
郭店簡 《緇衣》																											
上博簡 《緇衣》																											
岩崎本															㐅									辠	亡	朁	𤔔
內野本			㞢		弎				㞢				弍		㐅				弎					辠	亡		𤔔
足利本																									亡		乱
上圖本 影天正本																									亡		乱
上圖本 八行本			㞢		弎				㞢				弍		㐅	㓝			弎						亡		
唐石經																											
尚書異 文彙錄																											

劉起釪本	辭	勿	用	不	行	惟	察	惟	法	其	審	克	之	上	刑	適[800]	輕	下	服	下	刑	適	重	上	服	輕	重
郭店簡《緇衣》																											
上博簡《緇衣》																											
岩崎本	䛐			弗			詧				宷			上			軽							上		軽	
內野本	䛐			弗			詧						㞢	上				丅		丅				上			
足利本	詞			弗																							
上圖本影天正本	詞			弗																							
上圖本八行本	䛐			弗			詧						㞢	上	𠛬			丅		丅	𠛬			上			
唐石經																											
尙書異文彙錄																											

劉起釪本	諸	罰	有	權	刑	罰	世	輕	世	重	惟[801]	齊	非	齊	有	倫	有	要	罰	懲	非	死	人[802]	極	于	病	非
郭店簡《緇衣》																											
上博簡																											

800《後漢書·劉般傳》「適」作「挾」。
801《荀子·王制》「惟」作「維」。
802 王應麟《玉海》「人」作「佞」。

《緇衣》																											
岩崎本	嵌	罰	又					軽				盅		盅	又		又										
內野本			ナ									盅		盅	ナ		ナ										
足利本																											
上圖本 影天正本																											
上圖本 八行本			ナ		爾							盅		盅	ナ		ナ										
唐石經																											
尚書異 文彙錄																											

劉起釪本	佞	折	獄[803]	惟	良	折	獄	罔	非	在	中	察	辭	于	差	非	從	惟	從	哀	敬	折[804]	獄	明	啓[805]	刑	書
郭店簡 《緇衣》																											
上博簡 《緇衣》																											
岩崎本								㒺				詧	䛐				刅		刅						启		
內野本								㒺				詧	䛐				刅		刅						启		
足利本													詞														昏

803「哀敬折獄」，《尚書大傳》作「哀矜哲獄」；《漢書・于定國傳》作「哀鰥哲獄」；《文選》李善注作「哀矜折獄」；《鹽鐵論・詔聖》篇「折獄」作「制獄」。

804《尚書大傳》「敬」作「矜」。「折」作「哲」。

805 皮錫瑞說今文「啟」作「開」。

上圖本影天正本													詞													[illegible]
上圖本八行本								[illegible]				[illegible]	[illegible]				[illegible]		[illegible]							𠛬	
唐石經																											
尚書異文彙錄																											

劉起釪本	胥	占	咸	庶	中	正	其	刑	其	罰	其	審	克	之	獄	成	而	孚	輸	而	孚	其	刑	上	備[806]	有	并
郭店簡《緇衣》																											
上博簡《緇衣》																											
岩崎本																									俻	𠂇	
內野本														㞢										丄		𠂇	
足利本																											
上圖本影天正本	[illegible]																										
上圖本八行本								𠛬						㞢									𠛬	丄		𠂇	
唐石經																											
尚書異																											

806 章炳麟《拾遺定本》：「《石經·古文尚書》『卑服』作『卑[illegible]』，《春秋》『叔服』作『叔[illegible]』。則此『上備』即『上服』。蓋古文上服、下服皆作『[illegible]』，特此未改耳。」

文彙錄																											

劉起釪本	兩	刑	王	曰	嗚	呼	敬	之	哉	官	伯	族	姓	朕	言	多	懼	朕	敬	于	刑	有	德	惟	刑	今	天
郭店簡《緇衣》																											
上博簡《緇衣》																											
岩崎本					烏	虖			才													ナ	悳				
內野本					烏	虖		㞢	才			[illegible]	[illegible]	[illegible]				[illegible]				ナ	悳				兲
足利本																											
上圖本影天正本																							[illegible]				
上圖本八行本		𠛬			烏	虖		㞢	才					[illegible]				[illegible]			𠛬	ナ	悳		𠛬		
唐石經																											
尚書異文彙錄																											

劉起釪本	相	民	作	配	在	下	明	清	于	單	辭	民	之	亂	罔	不	中	聽	獄	之	兩	辭	無	或	私[807]	家	于
郭店簡《緇衣》																											
上博簡《緇衣》																											

807 岩崎本、內野本脫一「私」字。

岩崎本				配							𤔲			桒	宦	弗						𤔲	亡				
內野本						丁					𤔲		㞢	桒	宦	弗				㞢		𤔲	亡				
足利本											𤔲			乱								𤔲	亡				
上圖本影天正本											詞					弗						詞	亡				
上圖本八行本						丁					𤔲		㞢	桒	宦	弗				㞢		𤔲	亡				
唐石經																											
尙書異文彙錄																											

劉起釪本	獄	之	兩	辭	獄	貨	非	寶	惟	府	辜	功[808]	報	以	庶	尤[809]	永	畏	惟	罰	非	天	不	中	惟	人	在
郭店簡《緇衣》																											
上博簡《緇衣》																											
岩崎本				𤔲				珤			辠			㠯									弗				
內野本		㞢		𤔲				珤			辠			㠯								兲	弗				
足利本								宝															弗				
上圖本影天正本				詞																			弗				

808「功」，段玉裁校定當作「公」。
809《說文·言部》引《周書》曰：「報以庶訧」。

上圖本 八行本		㞢		旹				孫						吕									弗			
唐石經																										
尙書異 文彙錄																										

劉起釪本	命	天	罰	不	極	庶	民	罔	有	令	政	在	于	天	下	王	曰	嗚	呼	嗣	孫	今	往	何	監	非	德
郭店簡 《緇衣》																											
上博簡 《緇衣》																											
岩崎本				弗				㒺	𠂇									烏	雽								悳
內野本		兲		弗				㒺	𠂇					兲	丅			烏	雽				𨑒				悳
足利本				弗																							
上圖本 影天正本				弗																							[illegible]
上圖本 八行本				弗				㒺	𠂇						丅			烏	雽				𨑒				
唐石經																											
尙書異 文彙錄																											

劉起釪本	于	民	之	中	尙	明	聽	之	哉	哲[810]	人	惟	刑	無	疆	之	辭	屬	于	五	極	咸	中	有	慶	受	王

[810]《經義述聞》讀爲「制」。

郭店簡《緇衣》																											
上博簡《緇衣》																											
岩崎本									才	悊				亡	畺		𤔲			㐅				ナ			
內野本			㞢					㞢	才	喆				亡	畺		𤔲			㐅				ナ			
足利本							[illegible]										詞										
上圖本影天正本														亡			詞										
上圖本八行本			㞢					㞢	才	喆			[illegible]	亡	畺		𤔲			㐅				ナ			
唐石經																											
尚書異文彙錄																											

劉起釪本	嘉	師	監	于	茲	祥	刑[811]																				
郭店簡《緇衣》																											
上博簡《緇衣》																											
岩崎本																											
內野本						徉																					
足利本																											

811「祥刑」，今古文皆作「詳刑」，孔傳讀爲「祥」，訓爲「善」。

上圖本 影天正本																											
上圖本 八行本							爾																				
唐石經																											
尙書異 文彙錄																											

十七、今文《尚書·文侯之命》異文表

劉起釪本	王	若	曰	父	義[812]	和	丕	顯	文	武	克	慎[813]	明	德	昭[814]	升	于	上	敷	聞	在	下[815]	惟	時	上	帝	集
九條本					誼	咊						昚				登			旉	䎽				旹			
內野本					誼	咊			彣			昚		悳			亐	丄	旉	䎽		丅		旹	丄		
古梓堂本																											
足利本					誼															書				旹			
上圖本影天正本					誼							慎		徳						䎽				旹			
上圖本八行本					誼	咊		顕				昚		悳			亐	丄	旉	䎽		丅		旹	丄		
唐石經																											
尙書異文汇录																											

劉起釪本	厥	命	于	文	王[816]	亦	惟	先	正	克	左	右	昭	事	厥	辟	越[817]	小	大	謀	猷[818]	罔	不	率	從	肆	先
九條本																						亡	弗		从		

812《經典釋文》：「義，本亦作誼。」
813《史記·晉世家》「克慎」作「能慎」。
814「昭」，《魏石經》作「卲」，今簡牘多見召公、昭明、紹繼字往往作「卲」。
815《史記·晉世家》作「昭登于上，布聞在下」，「升」作「登」，「 敷」作「布」，《後漢書·東平憲王傳》「敷」又作「傅」，古文「敷」字今文多作「傅」。
816《史記·晉世家》「惟」作「維」，「文王」作「文武」。
817「越」，《魏石經》作「粵」
818《魏石經》「猷」又作「猶」。

內野本	乍		亐	[illegible]		冬									乍	侵	粤			惎		宅	弗	衛	刅		
古梓堂本																											
足利本		命												亥		侵								微			
上圖本影天正本		命												亥		侵						匡		微			
上圖本八行本	乍														乍	侵	粤			惎		宅	弗	衛	刅		
唐石經																											
尙書異文汇录																											

劉起釪本	祖	懷	在	位	嗚	呼	閔	予	小	子	嗣	造[819]	天	丕	愆[820]	殄	資	澤	于	下	民	侵[821]	戎	我	國	家	純[822]
九條本		褢			烏	虖					孠				諐	殄					民				或		純
內野本	祖	褢			烏	虖					孠	造	兲		諐				亐		民				或		
古梓堂本																											
足利本							閔											沢									
上圖本影天正本							閔											沢									
上圖本八行本					烏	虖	閔				孠				諐				亐	丅	民				或		
唐石經																											

819 段玉裁說「造」字王孔皆訓遭，此必今文《尚書》作「遭」。
820《魏三體石經》「閔」作「愍」，《說文》「閔」字古文「𢝊」，「嗣」作「伺」。
821 內野本侵前衍一𠈃（辟）字。
822《孔疏》引王肅云：「侵犯兵寇，傷我國家甚大，謂犬戎也。」訓戎為兵，訓純為大。

尚書異文汇录																					[illegible]						[illegible]

劉起釪本	即[823]	我	御	事	罔	或	耆	壽	俊[824]	在	厥	服	予	則	罔	克[825]	曰	惟	祖	惟	父	其	伊[826]	恤	朕	躬	嗚
九條本			卸		⿱宀亡			耈	畯		氒				⿱宀亡							亓		卹			烏
內野本					⿱宀亡			耈	畯		氒				⿱宀亡				[illegible]			亓		卹	般	身	烏
古梓堂本																											
足利本				叓					畯															卹			
上圖本影天正本				叓	罔				畯						罔									卹			
上圖本八行本					⿱宀亡				畯		氒				[illegible]							亓		卹	般	身	烏
唐石經																											
尚書異文汇录																											

劉起釪本	呼	有	績	予	一	人	永	綏[827]	在	位	父	義	和	汝	克	昭	乃	顯	祖	汝	肇	刑	文	武	用	會	紹[828]

823 段玉裁《古文尚書撰異》：「即」各本誤作「既」，今訂正。考開成石經作「即」，王氏鳳喈云：《傳》及《疏》亦言即。日本山鼎井《七經考文》據彼土古本亦為即。

824「俊」即金文「畯」（畯）字，孫詒讓說讀爲「駿」，《釋詁》「長也」。

825《漢書·成帝紀》「或」作「克」，「俊」作「咎」，「服」作「躬」。

826「伊」《魏石經》古文作「[illegible]」，當爲「死」字，金文「死」多用作「尸」，訓爲「主」。

827《史記·晉世家》「躬」作「身」，「績」作「繼」，「綏」作「其」。

828《魏石經》「汝」作「女」，「紹」作「昭」。

九條本	孚	ナ										誼	咊					顕		女	肇					岁	
內野本	孚	ナ			弌							誼	咊	女			迺		乢	女			彣			岁	
古梓堂本																											
足利本																	迺	顕								僉	
上圖本 影天正本								綫				[illegible]					迺	顕									
上圖本 八行本	孚	ナ			弌							誼	咊				迺	顕								岁	
唐石經																											
尚書異 文汇录																											

劉起釪本	乃	辟	追	孝	于	前	文	人	汝	多	修 [829]	扞 [830]	我	于	艱	若	汝	予	嘉	王	曰	父	義	和	其 [831]	歸	視 [832]
九條本						歬			女		脩	攼					女						誼	咊		歸	眎
內野本	迺	[illegible]				歬	彣		女		脩	攼		亐			女						誼	咊	亓	帰	眎
古梓堂本																											
足利本	迺											攼														帰	
上圖本 影天正本	迺											捍														皈	

829 孫詒讓讀「修」爲「攸」，于省吾讀爲「休」。

830 《說文·攴部》：斁，止也。从攴，旱聲。《周書》曰：斁我于艱。段玉裁《古文尚書撰異》：斁，扞，古今字。《眾經音義》引《說文》：捍，止也。又引《說文》：扞，止也。蓋捍、扞為斁之別體字。

831 九條本脫一「其」字。

832 「視」《魏石經》作「眂」。

上圖本八行本	迺				丂	弃							我	丂			女								十		
唐石經																											
尚書異文汇录																											

劉起釪本	爾	師	寧	爾[833]	邦	用	賚	爾[834]	秬	一	鬯	卣	彤	弓	一	彤	矢	百	盧[835]	弓	一	盧	矢	百	馬	四	匹
九條本	尒				邦		賫	尒	秬		鬯		肜			肜			玈			玈				亖	
內野本	尒		寍				賫	尒							弌				玈		弌	玈				亖	
古梓堂本																											
足利本	尒						賫	尒					肜			肜			玈			玈					
上圖本影天正本	尒		寍					尒											玈			玈					
上圖本八行本	尒							尒							弌				玈		弌	玈					
唐石經																											
尚書異文汇录																											

劉起釪本	父	往	哉	柔	遠	能	邇	惠	康	小	民	無	荒	寧	簡[836]	恤	爾	都	用	成	爾	顯	德				

833 九條本脫「師寧爾」三字。
834《說文》引《周書》「爾」作「尒」。
835 盧，一作黸、一作旅，一作玈，又有隸古變體「玈」等。
836「簡」《魏石經》作「柬」。

九條本		往	才				途					已	兵	室	東	邱	余				余	顕	悳				
內野本		迬	才				途				巳	已		室	東	邱	余			戚	余		悳				
古梓堂本																											
足利本		往	才				途									邱	余				余						
上圖本 影天正本		往					途					亡				邱	余				余	顕	徳				
上圖本 八行本		迬	才				途					亡			栗	邱	余			戚	余	顕	悳				
唐石經											巳																
尚書異 文汇录																											

十八、今文《尚書・費誓》異文表

劉起釪本	公	曰	嗟	人	無	譁[837]	聽	命	徂	茲[838]	淮	夷	徐[839]	戎	並	興	善	敹[840]	乃	甲	冑	敿	乃	干[841]	無	敢	不
敦煌本伯 3871					亡																				亡	敢	
九條本					亡	嘩				兹		𡰥						敹							亡	敢	弗
內野本			嗟		亡	嘩						𡰥			竝			敹	迺				迺		亡	敢	弗
足利本					亡		聴	命								興							迺		亡		
上圖本影天正本			嗟		亡			命								興			迺				迺				
上圖本八行本			嗟		亡	譁		命				𡰥			竝				迺				迺		亡	敢	弗
唐石經																											
尚書異文汇录																											

劉起釪本	弔[842]	備	乃	弓	矢	鍛	乃	戈	矛	礪	乃	鋒[843]	刃	無	敢	不	善	今	惟	淫	舍	牿	牛	馬	杜[844]	乃	擭

837「譁」《說文》「讙也」。

838「徂」楊樹達說「徂」即金文䣜字，讀爲「嗟」，「徂茲」即「嗟茲」。

839「徐」《說文》作「郐」。

840 九條本衍一「敹」字。

841《史記·魯世家》缺此句。在「敿乃干」后接「無敢傷牿」。

842「無敢不弔」與下云「無敢不善」為略變文，司馬遷以「善」代「弔」，或徑引下「無敢不善」句，鄭注「弔，至，猶善也」，善夫山鼎（《集成》2825）、諫簋（《集成》4285）有「毋敢不善」。

敦煌本 伯3871														亡	敎												
九條本	亏	倄				鈛				砯				亾	敎	弗									敵		擭
內野本			迺			鍜	迺			砅	迺			亾	敎	弗									敵	迺	擭
足利本			迺			鍜	迺			砺	迺															迺	
上圖本 影天正本			迺			鍜	迺			砺	迺			亡											敵	迺	擭
上圖本 八行本	予		迺			鍜	迺			砅	迺			亡	敎	弗									敵	迺	擭
唐石經																											
尙書異文汇录																											

劉起釪本	斂	乃	穽[845]	無	敢	傷	牿	牿	之	傷	汝	則	有	常	刑	馬	牛	其	風	臣	妾	逋	逃[846]	勿	敢	越	逐
敦煌本 伯3871				亡	敎																				敎		
九條本	歛		穽	亾	敎		牿	牿			女		ナ								妾				敎		
內野本		迺		亾	敎				㞢		女		ナ					亓								粤	
足利本		迺		亡																							
上圖本 影天正本		迺																									

843 九條本脫一「鋒」字。
844「杜」《釋文》又作「敷」。
845「穽」《說文》爲「阱」重文。
846 段玉裁《古文尚書撰異》：按經文言無敢者六，惟越逐作勿敢。唐石經及注疏本皆然。今坊間《集傳》作無敢越逐，皆誤也。

上圖本 八行本		廼		亡	敦				㞢		女							卉							敎	粵	
唐石經																											
尙書異 文汇录																											

劉起釪本	祗	復	之	我	商[847]	賚	汝	乃	越	逐	不	復	汝	則	有	常	刑	無	敢	寇	攘	逾	垣	牆[848]	竊	牛	馬
敦煌本 伯3871																				寇							
九條本							女				弗		女					亡	敎	寇				墻	竊		
內野本	祇		㞢				女	廼					女									踰					
足利本		後						廼				後						亡			數						
上圖本 影天正本		後						廼			弗	後						亡			數						
上圖本 八行本			㞢			賚	女	廼	粵		弗		女					亡			數						
唐石經																											
尙書異 文汇录																											

847 于省吾說，金文「賞」每作「商」，此處「商」可作「賞」。
848 《魯世家》「垣墻」作「墻垣」。

劉起釪本	誘	臣	妾	汝	則	有	常	刑[849]	甲	戍	我	惟	征	徐	戎	峙	乃	糗	糧[850]	無	敢	不	逮	汝	則	有	大
敦煌本 伯 3871																				亡	敎	弗	逮	女		ナ	
九條本										戍			征					糗		亡	敎	弗	逮	女			
內野本																	廼			亡	敢	弗		女		ナ	
足利本																	廼			亡							
上圖本 影天正本																	廼			亡							
上圖本 八行本																	廼			亡	敢	弗		女			
唐石經																											
尙書異 文汇录																											

劉起釪本	刑	魯	人	三	郊	三	遂[851]	峙	乃	楨	榦	甲	戍	我	惟	築	無	敢	不	供	汝	則	有	無	餘	刑	非
敦煌本 伯 3871																	亡	敎	弗	共	女		ナ	亡			
九條本													戍				亡	敎		共			ナ	亡			
內野本		魯		弎		弎			廼								亡	敢			女		ナ	亡			
足利本									廼										弗					亡			

849「常刑」于省吾讀爲「上刑」。
850《說文》引作「峙乃餱粻」。段玉裁考訂了「峙」作「峙」；「糗」作「餱」；「糧」作「粻」的文字情況。
851《漢石經》、《史記·魯世家》「遂」皆作「隧」。

上圖本 影天正本									迺										弗								
上圖本 八行本				弎		弎			迺								亡	敎							亡		
唐石經																											
尚書異 文汇录																											

劉起釪本	殺	魯	人	三	郊	三	遂	峙	乃[852]	芻	茭	無	敢	不	多[853]	汝	則	有	大	刑							
敦煌本 伯 3871										蒭		亡	敎			女		ナ									
九條本	𣪠									蒭		亡	敎	弗		女		ナ									
內野本		魯		弎		弎			迺			亡	敎	弗	夛	女		ナ									
足利本									迺					弗													
上圖本 影天正本									迺					弗													
上圖本 八行本				弎		弎			迺			亡	敎	弗		女											
唐石經																											
尚書異 文汇录																											

852《魯世家》「乃」作「爾」，「遂」作「隧」。
853 孫星衍《尚書今古文注疏》引《魯世家》作「無敢不及」。

十九、今文《周書·泰誓》異文表

劉起釪本	公	曰	嗟	我	士	聽	無	譁[854]	予	誓	告	汝	群	言	之	首	古	人	有	言	曰	民	訖	自	若	是	多
敦煌本 伯 3871						聴	亡	嗶	予	斳		女	羣														
九條本							亡	嗶				汝							ナ								
內野本	[855]						亡	嗶		斳		女	羣		㞢		古					民					
古梓堂本																											
足利本						聴											古										
上圖本 影天正本			嗟					譁																			
上圖本 八行本							亡	嗶				女			㞢												
唐石經																						民					
尚書異文汇录																											

劉起釪本	盤	責	人	斯	無	難	惟	受	責	俾	如	流[856]	是	惟	艱	哉	我	心	之	憂	日	月	逾	邁	若	弗	云[857]
敦煌本 伯 3871	般			斯	亡																						員

854《史記·秦本紀》作「嗟！士卒，聽無譁，余誓告汝，古之人謀，黃髮番番」，「我士」作「士卒」「予」作「余」。

855 內野本「秦」作「㮼」，下側从示。

856 九條本「流」前衍一「川」字。

857 段玉裁尚書古文撰異》：據《正義》知經文本作「員來」。《傳》以「云」釋「員」，作「云來」。故《正義》曰：員即云也。衛包改之，改「員」為「云」。

九條本					亡							川流				才			㞢				逾				
內野本				於	亡	難									艱	才			㞢						若	弗	員
古梓堂本																											
足利本					亡	難		憂				沵			艱									逌		弗	員
上圖本影天正本					亡																			迈		弗	員
上圖本八行本				於	亡	難		憂							艱				㞢							弗	員
唐石經										俾																	
尚書異文汇录																											

劉起釪本	來	惟	古	之	謀	人	則	曰	未	就	予	忌[858]	惟	今	之	謀	人	姑	將	以	爲	親	雖	則	云	然	尚
敦煌本伯3871												忌													員		
九條本				㞢	惎					就		忌				某									員		
內野本	來			㞢	惎					就					㞢	惎									員		
古梓堂本																											
足利本	來		古																				雖		員		
上圖本影天正本																							雖				

858《說文解字·心部》：「惎，毒也。从心，其聲。《周書》曰：來就惎惎。」段玉裁《古文尚書撰異》：「來字當是未字之誤。惎惎之上脫『予』字，而下『惎』字之下當有脫文。」詳看《尚書校釋譯論》第四冊，中華書局，2005 年，頁 2171。

上圖本八行本				㞢	甚																				貟		
唐石經																			[illegible]		[illegible]						
尚書異文汇录									來			甚													員		

劉起釪本	歆	詢	茲	黃	髮	則	罔	所	愆[859]	番	番[860]	良	士	旅	力	既	愆	我	尚	有	之	仡[861]	仡	勇	夫	射	御
敦煌本伯3871	繇								僁																		
九條本	繇						[illegible]		㥶	番	番			旅		旡	㥶			ナ	㞢	仡	仡	勇		躲	馭
內野本	繇								僁					旅						ナ	㞢					躲	馭
古梓堂本																								勇	夫		御
足利本										番	番													勇	夫		
上圖本影天正本										番	番													勇	丈		御
上圖本八行本	繇						亡		㥶					旅		旡	㥶				㞢			勇			
唐石經			茲		髮					番	番																
尚書異文汇录	猶								僁[862]																		

859 段玉裁《古文尚書撰異》：「愆作㥶，唐初本從籀文也」，「則罔所愆」，《秦本紀》作「則無所過」。
860 江聲《尚書集注音疏》：「『番番』當讀為『皤皤』，老人頭白貌也。『旅』讀為『呂』，脢骨也。字或作『膂』，故省而為旅。」足利本註釋「音波」。
861 陸德明《經典釋文》：「仡，許訖反，又魚乞反。馬曰：『訖訖，無所省錄之貌。』則仡又作訖。」
862 引自《北堂書鈔》一〇〇。

劉起釪本	不	違	我	尚	不	欲	惟	截	截[863]	善	諞	言	俾	君	子	易	辭[864]	我	皇[865]	多	有	之	昧	昧[866]	我	思	之
敦煌本 伯 3871	弗				弗																						
九條本	弗				弗																		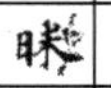				
內野本	弗				弗												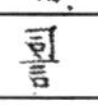					㞢	眛	眛			
古梓堂本																											
足利本	弗				弗												詞										
上圖本 影天正本	弗				弗	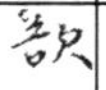											詞										
上圖本 八行本	弗				弗	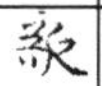																㞢				恖	㞢
唐石經																											
尚書異 文汇录																											

劉起釪本	如	有	一	介[867]	臣	斷	斷	猗	無	他	技[868]	其	心	休	休	焉	其	如	有	容[869]	人	之	有	技	若	己	有

863《說文》「截截」作「戔戔」，劉向《九歎》「讒人諓諓，孰可愬兮」，王注「諓諓，讒言貌」，引《尚書》「諓諓竫言」，「截截」作「諓諓」，「諞」作「竫」。

864「辭」作「怠」，《公羊傳·文公十二年傳》：「俾君子易怠。」

865「皇」亦作「兄」即「況」。

866 朱駿聲：「昧昧，猶默默也。」

867《禮記·大學》引《秦誓》曰：「若有一个臣」，「如」作「若」，「介」作「个」，《釋文》云「一个，古賀反，一讀作介，音界。」《公羊》及漢人引經並作「介」。

868《禮記·大學》引作「斷斷兮無他技」，「猗」作「兮」。」《公羊傳·文公十二年傳》引作「斷斷焉無他技。」《說文解字》引作「詔詔猗無他技。」

869《禮記·大學》引作「其心休休焉，其如有容焉，「容」下有「焉」字。」《公羊傳·文公十二年傳》引作「其心休休，能有容，「其如」作「能」。」

敦煌本 伯 3871		[illegible]		介		[illegible]	[illegible]				伎								[illegible]				[illegible]	伎			[illegible]
九條本		ナ				鮎	鮎		亡		伎	亓				焉	亓		ナ				ナ	伎			ナ
內野本		ナ	弌			鮎	鮎	猗	亡		伎	亓					亓		チ	宏			チ	伎	若		チ
古梓堂本																											
足利本						鮎	鮎		亡		伎					焉								伎			
上圖本 影天正本						鮎	鮎		亡		伎					焉								伎			
上圖本 八行本			弌			鮎	鮎		亡		伎						亓							伎			
唐石經								[illegible]																			
尚書異 文汇录																											

劉起釪本	之	人	之	彥	聖	其	心	好	之	不	啻	若	自	其	口	出	是	能	容	之[870]	以	保	我	子	孫	黎	民
敦煌本 伯 3871										弗				亓							㠯						
九條本							亓		㞢	弗				亓						㞢						𥝩	
內野本						亓				弗				亓					宏								
古梓堂本																			容								
足利本				彥																							
上圖本 影天正本				彥	聖													㠯									

870《禮記·大學》：「如」作「若」。「是」作「寔」。段玉裁《古文尚書撰異》：「是」、「寔」通用。

上圖本八行本						亣			㞢	弗				亣						㞢							
唐石經																											
尚書異文汇录																											

劉起釪本	亦	職	有	利	哉[871]	人	之	有	技	冒	疾	以	惡[872]	之	人	之	彥	聖	而	違	之	俾	不	達	是	不	能
敦煌本伯3871			𠂇		才			𠂇	[illegible]													卑	弗			弗	
九條本		軄	𠂇		才			𠂇	伎	冐		㠯	悪				彦					卑	弗			弗	
內野本			𠂇		才				伎				悪			㞢					㞢		弗	達		弗	
古梓堂本																											
足利本													垩				彦										
上圖本影天正本									伎				悪				彦	[illegible]									[illegible]
上圖本八行本		軄			才		㞢					㠯	悪	㞢		㞢							弗			弗	
唐石經																											
尚書異文汇录																											

871 《禮記·大學》：「以保」作「以能保」，「亦職」作「尚亦」，章太炎說《釋詁》「職，常也」，尚即常字耳，兩「亦尚」皆當訓「亦常」。
872 王引之《經義述聞》：「惡字讀為好惡之惡，則與冒疾意相複。惡當讀為『証』，《說文》『証，相毀也。』」

劉起釪本	容[873]	以	不	能	保	我	子	孫	黎	民	亦	曰	殆	哉	邦	之	杌	隉[874]	曰	由	一	人	邦	之	榮	懷	亦
敦煌本 伯 3871	宏		弗											才			[illegible]	[illegible]		繇						哀	
九條本	客		弗						藜					才		㞢	[illegible]	隉		繇				㞢		褱	
內野本			弗													㞢				繇	弌					褱	
古梓堂本													治														
足利本																											
圖本 影天正本				[illegible]																							
上圖本 八行本		㠯	弗											才		㞢				繇	弌			㞢		褱	
唐石經										民																	
尙書異 文汇录																											

劉起釪本	尙	一	人	之	慶
敦煌本 伯 3871					
九條本				[875]	
內野本				㞢	

873《禮記‧大學》：「冒疾」作「媢嫉」，「達」作「通」，「是」作「寔」。

874《說文》：「隉，危也，从𨸏从毀省，徐巡以爲隉，凶也。賈侍中說隉，法度也。班固說不安也。《周書》曰：『邦之阢隉』，讀若虹蜺之蜺」。「杌」作「阢」，《說文》：「石山戴土也」。

875 九條本衍一「之」字。

古梓堂本																											
足利本																											
上圖本 影天正本																											
上圖本 八行本		弍		㞢																							
唐石經																											
尙書異 文汇录																											

引用書目

一、傳統文獻

漢・許慎、徐鍇，《說文解字繫傳》（北京：中華書局，1985）。

漢・許慎、徐鍇、苗夔，《說文解字繫傳校勘記》（北京：中華書局，1985）。

漢・許慎、徐鉉，《說文解字》（北京：中華書局，1985）。

漢・許慎等，《說文解字四種》(說文解字、說文解字繫傳、說文解字注、說文通檢)(中華書局編輯部編)（北京：中華書局，1998）。

梁・顧野王，《大廣益會玉篇》（北京：中華書局，2004）。

梁・顧野王編撰，《原本玉篇殘卷》（北京：中華書局，1985）。

梁・顧野王等，《小學名著六種》(玉篇、廣韻、集韻、小爾雅義證、方言疏證、廣雅疏證)(中華書局編輯部編)（北京：中華書局，1998）。

唐・孔穎達等，《尚書》(孔氏傳尚書、尚書正義、書經傳說匯纂、尚書古文疏證、尚書集注音疏、古文尚書撰異、尚書今古文注疏、今文尚書考證、尚書孔傳參正)(上中下三冊)（北京：中華書局，1998）。

唐・陸德明，《經典釋文》（北京：中華書局，1983）。

南唐・徐鍇，《說文解字繫傳》（北京：中華書局，1987）。

宋・郭忠恕，《汗簡》（上海：涵芬樓影本）。

宋・薛尚功，《歷代鐘鼎彝器款識》（北京：中華書局，1986）。

宋・呂大臨，《考古圖釋文》（北京：中華書局，1987）。

清・皮錫瑞，《今文尚書考證》（北京：中華書局，1998）。

清・阮元刻本，《十三經注疏》（北京：中華書局，1989）。

清・王夫之，《尚書引義》（北京：中華書局，1976）。

清・段玉裁，《古文尚書撰異》（上海：上海書店出版社，1988）。

清・孫星衍，《尚書今古文注疏》（北京：中華書局，1998）。

清・孫詒讓，《古籀拾遺・古籀餘論》（北京：中華書局，2005）。

清・孫詒讓，《契文舉例》（濟南：齊魯書社出版社，1993）。

二、近人論著

丁四新主編,《楚地出土簡帛文獻思想研究》(一)(武漢:湖北教育出版社,2002)。
丁四新,〈近九十年〈尚書・洪範〉作者及著作時代考證與新證〉,《中原文化研究》,第 5 期(2013.10)。
丁山,《甲骨文所見氏族及其制度》(北京:中華書局,1988)。
丁佛言,《說文古籀補補》(北京:中華書局,1988)。
于省吾主編,《甲骨文字詁林》(北京:中華書局,1996)。
于省吾,《尚書新證》(北京:中華書局,2005)。
于省吾,《甲骨文字釋林》(北京:商務印書館,2010)。
于省吾等,《古文字研究 1-29》(北京:中華書局)。
于豪亮,《于豪亮學術文存》(北京:中華書局,1985)。
方麗特(Griet Vankeerberghen);Fan Lin(林凡),《〈尚書大傳〉的成書、流傳及其社會歷史意義》,《北京大學中國古文獻研究中心集刊》(第 11 輯)(北京:北京大學出版社,2011)。
中國社會科學院考古研究所,《甲骨文編》(北京:中華書局,1996)。
中國社會科學院考古研究所,《殷周金文集成 1-18》(北京:中華書局,1986)。
中國社會科學院考古研究所,《殷周金文集成釋文》(香港:香港中文大學中國文學研究所出版,2001)。
王重民,《敦煌古籍敘錄》(北京:商務印書館,1958)。
王進鋒,〈《尚書・康誥》與西周時期的兩類小臣〉,《史學史研究》,第 2 期(2013.6)。
王國維,《古史新證》(北京:清華大學出版社,1994)。
王國維,《觀堂集林》(北京:中華書局,1999)。
王連龍,〈近二十年來《尚書》研究綜述〉,《吉林師範大學學報》,5 期(2003)。
王輝,《古文字與商周史新證》(北京:中華書局,2003)。
王燦,〈《尚書》文獻價值的再審視〉,《齊魯師範學院學報》,第 2 期(2014.4)。
古文獻研究室編,《出土文獻研究》(北京:文物出版社,1985)。
古文字詁林編纂委員會編纂,《古文字詁林》(上海:上海教育出版社,1999)。
史振卿,〈賈逵與古文《尚書》考論〉,《文藝評論》,第 8 期(2013.8)。
白於藍,《簡牘帛書通假字字典》(福州:福建人民出版社,2008)。
白軍鵬,《尚書新證三則》,《史學集刊》,第 1 期(2013.1)。

邢文，〈清華簡〈金縢〉與「三監」〉，《深圳大學學報》（哲學社會科學版），第1期（2013）。
任家賢，〈《尚書》中的「迪」字新釋〉，《學術研究》，第3期（2013.3）。
朱葆華，《原本玉篇研究》（濟南：齊魯書社，2004）。
朱德熙，《朱德熙古文字論集》（北京：中華書局，1995）。
李二年、陳澤新，〈說「亮」〉，《長春大學學報》，第5期（2010）。
李二年、陳澤新，〈「亮陰」平詁〉，《蘭台世界》，第1期（2012）。
李寒光、劉倩，〈武英殿本〈十三經注疏〉改刻字形探微——以《尚書‧堯典》為例〉，《漢字文化》，第6期（2013.12）。
吳大澂，《說文古籀補》（北京：中華書局，2009）。
呂文郁，〈《尚書》學研究概況〉，《儒家典籍與思想研究 第1輯》，（北京：北京大學出版社，2009）。
李天虹，〈說文古文校補疏證〉，長春：吉林大學，未刊本碩士論文，1990。
李平心，〈從尚書研究論到大誥校釋〉，《李平心史論集》（北京：人民出版社，1983）。
李平心，《李平心史論集》（北京：人民出版社，1983）。
李守奎，《楚文字編》（上海：華東師範大學出版社，2002）。
李孝定編述，《甲骨文字集釋》（臺北：中央研究院歷史語言研究所，1965）。
李孝定，《甲骨文字集釋》（臺北：中央研究院歷史語言研究所，1991）。
呂思勉，《文字學四種》，（上海：上海教育出版社，1985）。
李珍華、周長楫，《漢字古今音表》(修訂本)（北京：中華書局，1999）。
吳承仕，〈唐寫本尚書舜典釋文箋〉，《國華月刊》（第3、4冊），第2期（1925）。
吳承仕，〈尚書傳孔王異同〉，《國華月刊》(第7、10冊)，第2期（1925）。
李家浩，《著名中年語言學家自選集——李家浩卷》（合肥：安徽教育出版社，2002）。
李家浩，〈甲骨文北方神名「勹」與戰國文字從「勹」之字——談古文字「勹」有讀「宛」的音〉，《文史》，第3期(2012)。
吳振武，〈古璽文編校訂〉，長春：吉林大學，未刊本博士論文，1984。
吳振武，〈古文字中形聲字類別的研究—論注音形聲字〉，《吉林大學研究生論文集刊》，第1期（1982）。
吳振武，〈古璽彙編釋文訂補及分類修訂〉，《古文字學論集》（香港：香港中文大學中國文化研究所吳多泰中國語文研究中心，1983）。
吳通福，《晚出古文尚書公案與清代學術》（上海：上海古籍出版社，2007）。
李若暉，《尚書・洪範》時代訂證，《中原文化研究》，第 1 期（2014.2）。
李振興，《尚書流衍及大義探討》（臺北：文史哲出版社，1975）。
李運富，〈楚國簡帛文字構形系統〉，北京：北京師範大學，未刊本博士論文，1995。
何江新，〈《尚書》中的周公天命觀的三個層級及其意義〉，《甘肅社會科學》，第 1 期（2014.1）。
何琳儀，〈說文聲韻鉤沉〉，《說文解字研究》（第一輯）（開封：河南大學出版社，1991）。
何琳儀，《戰國古文字典》（北京：中華書局，1998）。
何琳儀，《戰國文字通論(訂補)》（南京：江蘇教育出版社，2003）。
李零，《李零自選集》（桂林：廣西師範大學出版社，1998）。
吳新楚，《周易異文校讀》（廣州：廣東人民出版社，2001.8）。
吳福熙，《敦煌殘卷古文尚書校注》（蘭州：甘肅人民出版社，1992）。
李學勤，《李學勤集》（黑龍江:黑龍江教育出版社，1989）。
李學勤，《新出青銅器研究》（北京：文物出版社，1990）。
李學勤，《古文獻叢論》（上海：遠東出版社，1996）。
李學勤，〈從簡帛佚籍〈五行〉談到〈大學〉〉，《孔子研究》，第 3 期（1998）。
李學勤，〈先秦儒家著作的重大發現〉，《民眾政協報》（1998.6）；《郭店楚簡研究》（《中國哲學》第 20 輯）（瀋陽：遼寧教育出版社，1999）。
李學勤，《李學勤學術文化隨筆》（北京:中國青年出版社，1999）。
李學勤，〈尚書孔傳的出現時間〉，《古籍整理研究學刊》，第 1 期（2000）。
李學勤，《簡帛佚籍與學術史》（南昌：江西教育出版社，2001）。
李學勤，〈清華簡與《尚書》、《逸周書》的研究〉，《史學史研究》，第 2 期（2011）。
李學勤，〈由清華簡〈系年〉論〈文侯之命〉〉，《揚州大學學報》（人文社會科學版），第 2 期（2013.3）。
易竹溪，〈《尚書》「六體」分類考辨〉，《文藝評論》，第 12 期（2013.12）。
季旭昇，《說文新證》（福建：福建人民出版社，2010）。
周名輝，《新定說文古籀考》（上海：上海開明書店，1948）。
林志強，〈新出材料與《尚書》文本的解讀〉，《福建師範大學學報》（哲學社會科學版），第 3 期（2004）。
林志強，《古本尚書文字研究》（廣州：中山大學出版社，2009）。
周法高、張日升、林潔明等合編，《金文詁林》（香港：中文大學出版社，1974）。
周法高，《金文詁林補》（香港：中文大學出版社，1982）。
林素清等，《龍宇純先生七秩晉五壽慶論文集》（臺北：臺灣學生書局，2000）。
周鳳五等，《郭店楚簡國際學術研討會論文集》（武漢：湖北人民出版社，2002）。
屈萬里，《尚書集釋》（臺北：聯經出版事業公司，1983）。
屈萬里，《尚書異文彙編》（臺北：聯經出版事業公司，1983）。
屈萬里，《尚書今注今譯》（北京：新世紀出版社，2011）。
林澐，《古文字研究簡論》（長春：吉林大學出版社，1986）。
馬士遠，〈司馬遷《尚書》學研究〉，《齊魯學刊》，第 3 期（2013.5）。
胡治洪，〈《尚書》真偽問題之由來與重辨〉，《江蘇師範大學學報》（哲學社會科學版），第 1 期（2014.1）。
馬承源主編，《商周青銅器銘文選》（北京：文物出版社，1986）。
祝敏申，《說文解字與中國古文字學》（上海：復旦大學出版社，1999）。
馬敘倫，《說文解字六書疏證》（上海：上海書店出版社，1985）
馬楠，〈〈金縢〉篇末析疑〉，《清華大學學報》（哲學社會科學版），第 2 期（2011）。
馬楠，〈周秦兩漢書經考〉，北京：清華大學，未刊本博士學位論文，2012。
馬楠，〈據〈清華簡〉釋讀金文、《尚書》兩則〉，《深圳大學學報》（人文社科版），第 2 期（2012）。
馬楠，〈熹平石經《尚書》行數推定及復原〉，《中國典籍與文化》，第 1 期（2013.3）。
徐中舒主編，《甲骨文字典》（成都：四川辭書出版社，1990）。
徐文鏡，《古籀彙編》（上海：上海書店出版社，1998）。
袁仲一、劉鈺，《秦文字類編》（西安：陝西人民教育出版社，1993）。
徐在國，〈敦煌殘卷古文尚書校注校記〉，《古籍整理研究學刊》，第 6 期（1996）。
徐在國，〈敦煌殘卷古文尚書校注字形摹寫誤例〉，《敦煌研究》，第 3 期（1998）。
徐在國，《隸定古文疏證》（合肥：安徽大學出版社，2002）。
高明，《古陶文彙編》（北京：中華書局，1990）。
高明、葛英會，《古陶文字征》（北京：中華書局，1991）。
高明，《中國古文字學通論》（北京：北京大學出版社，1996）。
高明，《帛書老子校注》（北京：中華書局，1998）。

高明，《高明論著選集》（北京：北京科學出版社，2001）。
高明，《古文字類編》（北京，中華書局，2004）。
高亨著、董治安整理，《古字通假會典》（山東：齊魯書，1989）。
留金騰，〈《尚書・召誥》「越若來三月」諸說評議〉，《西南交通大學學報》（社會科學版），第6期（2013.11）。
容庚，《金文編》（北京：中華書局，1998）。
郭沫若，《殷契粹編》（北京：科學出版社，1965）。
郭沫若，《卜辭通纂》（北京：科學出版社，1982）。
郭沫若，《郭沫若全集・考古編》（第1、2、9冊）（北京：科學出版社，1982）。
荊門博物館編輯，《郭店楚墓竹簡》（北京：文物出版社，1998）。
姜亮夫，〈敦煌尚書校錄〉，《敦煌學論文集》（上海：上海古籍出版社，1987）。
姜亮夫，《古史學論文集》（上海，上海古籍出版社，1996）。
陳以鳳，〈近三十年的晚出古文《尚0 公分書》及〈孔傳〉研究述議〉，《古籍整理研究學刊》，第2期（2013.3）。
陳良中，〈王炎《尚書小傳》輯佚研究〉，《傳統中國研究集刊》，第11輯（2013.5）。
陳良中，〈《書集傳》作者陳大猷籍裡及學派歸屬考論〉，《揚州大學學報》（人文社會科學版），第4期（2013.7）。
陳松長，《馬王堆簡帛文字編》（北京：文物出版社，2001）。
陳振裕、劉信芳，《睡虎地秦簡文字編》（武漢：湖北人民出版社，1993）。
陳偉，《包山楚簡初探》（武漢：武漢大學出版社，1996）。
陳楠，〈敦煌寫本尚書異文研究〉，揚州：江蘇揚州大學，未刊本碩士論文，2006。
陳煒湛、唐鈺明，《古文字學綱要》（廣州：中山大學出版社，1991）。
陳漢平，《金文編訂補》（北京：中國社會科學出版社，1993）。
陳夢家，《西周銅器斷代》（北京：中華書局，2004）。
陳夢家，《尚書通論》（北京：中華書局，2005）。
陳樹，〈朱彬《尚書》訓詁平議〉，《揚州大學學報》（人文社會科學版），第1期（2013.1）。
郭錫良，《漢字古音手冊》（北京：商務印書館，2010）。
陸錫興，《詩經異文研究》（北京：中國社會科學，2001.12）。
唐蘭，《中國文字學》（上海：上海古籍出版社，2004）。
陳鐵凡，〈敦煌本尚書述略〉，《大陸雜誌》，第22期（1961.8）。

陳鐵凡，《敦煌本商書校證》（國家長期發展科學委員會叢書第 6 種）（臺北：臺灣商務出版社 1965）。
張世超、張玉春撰集，《秦簡文字編》（東京：中文出版社，1990）。
啟功，《古代字體論稿》（北京：文物出版社，1999）。
張守中，《中山王器文字編》（北京：中華書局，1981）。
張守中，《睡虎地秦簡文字編》（北京：文物出版社，1994）。
許建平等，《敦煌學論文集》（上海：上海古籍出版社，1987）。
許建平，《敦煌經籍敘錄》（北京：中華書局，2004）。
許建平，《敦煌文獻叢考》（北京：中華書局，2005）。
商承祚，《戰國楚竹簡彙編》（濟南：齊魯書社，1995）。
梁立勇，〈〈試解〈保訓〉「逌」及《尚書・金縢》「茲攸矣」〉，《孔子研究》，第3 期（2011）。
梁東漢，《漢字的結構及其流變》（上海：上海教育出版社，1959）。
許育龍，〈宋末至明初《書集傳》文本闡釋與經典地位的提升〉，臺北：臺灣大學文學院，未刊本博士論文，2012。
張政烺，《張政烺文史論集》（北京：中華書局，2004）。
張家山 247 號漢墓竹簡整理小組，《張家山漢墓竹簡》（北京：文物出版社，2001）。
張桂光，〈古文字中的形體訛變〉，《古文字研究》（第十五輯）（北京：中華書局，1986）。
張桂光，《古文字論集》（北京：中華書局，2004）。
張涌泉，《漢語俗字研究》（湖南：岳麓出版社，1995）。
張涌泉，《敦煌俗字研究》（上海：上海教育出版社，1996）。
張涌泉，《漢語俗字叢考》（北京：中華書局，2000）。
強運開，《說文古籀三補》（上海：商務印書館，1935）。
許舒絜，〈傳抄古文《尚書》文字之研究〉，臺北：臺灣師範大學國文研究所，未刊本博士論文，2011。
張新俊、張勝波，《葛陵楚簡文字編》（成都：巴蜀書社，2008）。
張靜，〈《尚書古文疏證》研究述論〉，《黑龍江史志》，第 22 期（2013.11）。
張曉明，《春秋戰國金文字體演變研究》（濟南：齊魯書社，2006）。
張頷，《古幣文編》（北京：中華書局，1986）。

張頷等，《于省吾教授百年誕辰紀念文集》（長春：吉林大學出版社，1996）。
曹錦炎，《鳥蟲書通考》（上海：上海書畫出版社，1999）。
郭鵬飛，〈讀《經義述聞・尚書》札記三則〉，《西安交通大學學報》（社會科學版），第 3 期（2013.5）。
閆麗，〈《左傳》人物稱謂文化研究〉，長春：東北師範大學，未刊本博士學位論文，2012。
鄔可晶，〈先秦兩漢封禪研究〉，杭州：浙江大學，未刊本碩士論文，2007。
黃永武，《形聲多兼會意考》（臺北：文史哲出版社，1992）。
傅永聚，〈東漢弘農楊氏《尚書》學發微〉，《揚州大學學報》（人文社會科學版），第 2 期（2013.3）。
傅剛，〈出土文獻給我們的啟示——以清華簡《尚書・說命》為例〉，《文藝研究》，第 8 期（2013.8）。
曾良，《俗字與古籍文字通例研究》（南昌：百花洲文藝出版社，2006）。
湯餘惠，〈戰國文字形體研究〉，長春：吉林大學，未刊本博士論文，1984。
湯餘惠，《戰國銘文選》（長春：吉林大學出版社，1993）。
湯餘惠主編，《戰國文字編》（福州：福建人民出版社，2001）。
曾忠華，《玉篇零卷引說文考》（臺北：臺灣商務印書館，1970）。
焦桂美，〈《尚書今古文注疏》的詮釋動因、體例與方法〉，《孔子研究》，第 1 期（2013.1）。
舒連景，《說文古文疏證》（北京：商務印書館，1937）。
鄒浚智，〈上海博物館藏戰國楚竹書(一)・緇衣研究〉，臺北：臺灣師範大學國文研究所，未刊本碩士論文，2004。
彭裕商，〈《尚書・金縢》新研〉，《歷史研究》，第 6 期（2012）。
游國慶，〈戰國古璽文字研究〉，臺北：臺灣中央大學中國文學研究所，未刊本碩士論文，1991。
程元敏，〈清華楚簡本《尚書・金縢》篇評判〉，《傳統中國研究集刊》第九、十合輯(上海：上海社會科學院出版社，2012)。
程羽黑，〈《尚書》舊解新證二例〉，《江海學刊》，第 5 期（2013.9）。
程章燦，〈中國古代文獻的衍生性及其他〉，《中國典籍與文化》，第 1 期(2012)。
程薇，〈由〈傅說之命〉反思偽古文《尚書・說命》篇〉，《中國社會科學報》，（2014 年 2 月 26），A05 版。

馮勝君，〈二十世紀古文獻新證研究〉，長春：吉林大學，未刊本博士論文，2002。
馮勝君，〈論郭店簡〈唐虞之道〉、〈忠信之道〉、〈語叢〉一～三以及上博簡〈緇衣〉為具有齊系文字特點的抄本〉，北京：北京大學，博士後研究工作報告，2004。
黃德寬，〈古漢字形聲結構論考〉，長春：吉林大學歷史學系，未刊本博士論文，1996。
程燕，《詩經異文輯考》（合肥：安徽大學出版社，2010）。
黃錫全，《湖北出土商周文字集證》（武漢：武漢大學出版社，1992）。
黃錫全，《汗簡注釋》（武漢：武漢大學出版社，1993）。
曾憲通，《長沙楚帛書文字編》（北京：中華書局，1993）。
曾憲通，《古文字與漢語史論集》（廣州：中山大學出版社，2002）。
曾憲通，《古文字與出土文獻叢考》（廣州：中山大學出版社，2005）。
黃懷信，《逸周書源流考辨》（西安：西北大學出版社，1992）。
黃懷信、張懋鎔、田旭東，《逸周書匯校集注》（上海：上海古籍出版社，1995）。
黃懷信，《古文獻與古史考論》（濟南：齊魯書社，2003）。
楊振紅，〈從清華簡〈金縢〉看《尚書》的傳流及周公歷史記載的演變〉，《中國史研究》，第 3 期（2012）。
楊善群，〈古文《尚書》流傳過程探討〉，《孔子研究》，第 5 期（2004）。
楊筠如，《尚書覈詁》（西安：陝西人民出版社，2005）。
詹鄞鑫，《漢字說略》（瀋陽，遼寧教育出版社，1991）。
董蓮池，《金文編校補》（長春：東北師範大學出版社，1995）。
楊澤生，〈戰國竹書研究〉，廣州：中山大學，未刊本博士論文，2002。
裘錫圭，《文字學概要》（北京：商務印書館，1988）。
裘錫圭，〈談談清末學者利用金文校勘《尚書》的一個重要發現〉，《古籍整理與研究》，（1988）。
裘錫圭，《古代文史研究新探》（南京：江蘇古籍出版社，1992）。
裘錫圭，《古文字論集》（北京：中華書局，1992）。
裘錫圭，《古代文史研究新探》（江蘇：江蘇古籍出版社，1992）。
裘錫圭，《文史叢稿—上古思想、民俗與古文字學史》（上海：遠東出版社，1996）。
裘錫圭，〈以郭店〈老子〉簡為例談談古文字的考釋〉，《郭店簡與儒學研究》

（《中國哲學》第 21 輯）（瀋陽：遼寧教育出版社，2000）。
裘錫圭，《中國出土古文獻十講》（上海：復旦大學出版社，2004）。
裘錫圭等，《出土文獻與古文字研究》第一輯（上海：復旦大學出版社，2006）。
裘錫圭，《裘錫圭學術文集》（復旦大學出版社，2012）。
楊樹達，《積微居金文說》（北京：中華書局，1997）。
楊樹達，《積微居小學金石論叢》（北京：中華書局，1983）。
楊樹達，《積微居小學述林》（北京：中華書局，1983）。
楊樹達，《中國文字學概要・文字形義學》（上海：上海古籍出版社，1988）。
趙立偉，〈漢石經《尚書》異文與金本《尚書》校議〉，《寧夏大學學報》（人文社會科學版），第 3 期（2013.5）。
趙平安，《隸變研究》（石家莊：河北教育出版社，1993）。
趙平安，《說文小篆研究》（南寧：廣西教育出版社，1999）。
趙立偉，《魏三體石經古文輯證》（北京：社會科學文獻出版社，2007）。
趙立偉，〈漢熹平石經《尚書》異文研究〉，《聊城大學學報》（哲學社會科學版），第 5 期（2012）。
廖名春編，《新出土文獻與古代文明研究國際學術研討會論文集》（北京：清華大學思想文化研究所，2002）。
廖名春，《出土簡帛叢考》（武漢：湖北教育出版社，2004）。
廖名春，〈清華簡與《尚書》研究〉，《文史哲》，第 6 期（2011）。
趙成傑，〈「韋編三絕」新釋〉，《瀋陽大學學報》（社會科學版），第 5 期（2012）。
趙成傑，〈周祖謨批本《說文解字》評述〉，《蘭台世界》，第 15 期（2012）。
蔣善國，《尚書綜述》（上海：上海古籍出版社，1988）。
鄧輝，〈專家指出：「清華簡」證實《尚書》確系後人偽作〉，《光明日報》，2013 年 1 月 5 日，004 版。
滕壬生，《楚系簡帛文字編》（武漢：湖北教育出版社，1995）。
劉玉敏，〈張九成《尚書》說芻議〉，《浙江工業大學學報》（社會科學版），第 3 期（2013.9）。
臧克和，《尚書文字校詁》（上海：上海教育出版社，1999）。
臧克和，《簡帛與學術》（鄭州：大象出版社，2010）。
劉釗，《古文字構形研究》，長春：吉林大學，未刊本博士論文，1991。
劉釗，《中國古文字研究第一輯》（長春，吉林大學出版社，1999）。

劉釗，《郭店楚簡校釋》（福州：福建人民出版社，2003.12）。
劉起釪，〈尚書的隸古定本、古寫本〉，《史學史資料》，第 3 期（1984）。
劉起釪，《尚書學史》（北京：中華書局，1989）。
劉起釪，《日本的尚書學與其文獻》（北京：商務印書館，1997）。
劉起釪，《尚書源流及傳本考》（瀋陽：遼寧大學出版社，1997）。
潘莉，〈《尚書》文體類型與成因研究〉，北京：中央民族大學，未刊本博士論文，2013。
駢宇騫，《銀雀山漢簡文字編》（北京：文物出版社，2001）。
錢宗武，《今文《尚書》語言研究》（長沙：岳麓書社，1996）。
錢宗武，《今文《尚書》語法研究》（北京：商務印書館，2004）。
錢宗武，《《尚書》新箋與上古文明》（北京：北京大學出版社，2004）。
錢宗武，〈茶山《尚書》學研究——閻毛之爭的評議〉，《齊魯學刊》，第 2 期（2013 年）。
錢宗武，〈經典回歸的永恆生命張力——《尚書》學文獻整理研究及其當代價值〉，《揚州大學學報》（人文社會科學版），第 4 期（2013.7）。
蕭毅，《楚簡文字研究》（武漢：武漢大學出版社，2010）。
龍宇純，《中國文字學》（臺北：臺灣學生出版社，1972）。
羅福頤，《古璽彙編》（北京：文物出版社，1994）。
羅福頤，《古璽文編》（北京：文物出版社，1994）。
顧丹霞，〈周秉鈞先生《尚書注譯》商榷〉，《河南科技學院學報》，第 1 期（2014.1）。
顧頡剛、顧廷龍輯，《尚書文字合編》（上海：上海古籍出版社，1996）。
顧頡剛、劉起釪，《尚書校釋譯論》（北京：中華書局，2005）。
顧頡剛，《尚書研究講義》（北京：中華書局，2011，《顧頡剛古史論文集》本）。
顧寶田，《尚書譯注》（長春：吉林文史出版社，1995）。
龔道耕，〈唐寫殘本尚書釋文考證〉，《華西學報》,第 3 期、第 4 期。
龔道耕，〈唐寫殘本尚書釋文考證(續)〉，《華西學報》,第 5 期、第 6 期。

外文文獻

日・浜　久雄,〈『尚書大伝』考〉,《東洋研究》,第 133 期(1999)。

日・池田　末利,〈尚書通解稿 1〉,《廣島大學文學部紀要》,第 30 期(1971)。

日・赤塚　忠,《中國古典文學大系 1・書經》,(東京:日本平凡社出版,1972)。

日・村山　敬三,〈藍沢南城の『古文尚書解』について〉,《大東文化大學漢學會誌》,第 29 期(1990)。

日・高津　純也,〈『尚書』諸篇の成立に關する一考察:戰国諸国における同時並行的な成書について〉,《史學雜》,第 116 期(2007)。

日・木島　史雄,〈古典における字体のやくわり--『尚書』隷古定字のかたるもの〉,《中国》21 15,　2003

日・青木　洋司,《Quotation of 「Shangshu-Zhengyi」(尚書正義) in 「Dongpo-Shuyun」(東坡書伝)》,《国學院中国學會報》,第 57 期(2012)。

日・山口　謠司,〈「經籍訪古志」をよむ(8)越刊八行本『尚書正義』〉,《アジア遊學》,第 121 期(2009)。

日・石塚　晴通,〈岩崎本古文尚書・毛詩の訓点〉,《東洋文庫書報》,第 15 期(1983)。

日・神田　喜一郎,〈古文尚書に關する『經典釋文』の序錄について〉,《人文研究》,第 7 期(1952、3)。

日・水上　雅晴,〈日本中世時代〈尚書〉學——以清原家的經學為考察中心〉,《揚州大學學報》(人文社會科學版),第 4 期(2013.7)。

日・松浦　千春,〈『尚書』顧命篇を通して見た中国古代の即位儀〉,《一關工業高等專門學校研究紀要》,第 41 期(2007)。

日・小沢　賢二,〈清華簡『尚書』文体考〉(清華簡特集),《中国研究集刊》,第 53 期(2011)。

日・小林　信明,《古文尚書の研究》,(東京:大修館書店,1959)。

日・星野　恒校訂,《漢文大系・尚書》卷六,(東京:富山房編輯部,1982)。

日・野村　茂夫,〈先秦における尚書の流伝についての若干の考察〉,《日本

中國學會報》，第 17 期（1965）。

日・野村　茂夫，〈「古文尚書」の偽作についての若干の考察--『帝王世紀』との關連を中心に〉，《日本中国學會報》，第 43 期（1991）。

日・野間　文史，〈閻若璩『尚書古文疏證』演習〉(1)，《東洋古典學研究》，第 19 期（2005）。

日・野間　文史，〈閻若璩『尚書古文疏證』演習〉(2)，《東洋古典學研究》，第 20 期（2005）。

日・野間　文史，〈閻若璩『尚書古文疏證』演習〉(3)，《東洋古典學研究》，第 21 期（2006）。

日・野間　文史，〈尚書正義版本小考--八行本『尚書正義』と九行本『尚書注疏』〉，《東洋古典學研究》，（2007）。

日・野間　文史，〈日知錄訓注尚書篇〉（4），《東洋古典學研究》，第 25 期（2008）。

日・沼本　克明，〈古文尚書平安中期点の字音注記の出典について〉，《國語學》，第 781 期（1969）。

後記

先秦典籍中最難研究的一類文獻便是《尚書》，主要原因大概是文字古奧、異文繁多。民國以來，顧頡剛、顧廷龍、屈萬里、于省吾、蔣善國、劉起釪、程元敏等先生都在《尚書》異文方面做出過卓越貢獻，很多異文在他們的通解之後都渙然冰釋。

隨著時間的推移，出土文獻的增多，《尚書》異文材料也逐漸增大，把這些文字製作成一張簡潔的表格，使學者一目了然的看到《尚書》文本的變遷就成了首要任務。新世紀以來，臧克和、林志強、馬楠等學者都對《尚書》異文的全面梳理作出了努力，成果也非常顯著，他們的專著基本上是以文字形式通釋《尚書》異文，不易看出文字的訛變以及文本的變遷。

我在碩士期間有心於從事《尚書》異文的研究，限於時間選定了《周書》進行研究，大約花費一年半的時間來製作《異文表》，基本上搜求了《尚書》傳世的重要寫本、刻本。在碩導李德山、劉奉文二位先生的悉心指導下如期的完成了論文寫作任務。在讀期間，李老師和劉老師對我照顧有加，在學習、生活上無微不至，這本書的出版也可視作對他們的回報。碩士畢業後，我有幸來到南京大學攻讀博士學位，師從著名文獻學家程章燦先生，研習石刻文獻。程先生治學嚴謹認真，為人實事求是，是晚輩學習的楷模。

去年聯繫到台北蘭臺出版社的雷中行先生，在他的幫助下本書順利通過了審查，書稿審查通過後，東北師大的董廣帥學弟重新修改了的書稿格式，導師李德山先生也慨然贈序。在本書的寫作中先後得到了章琦、江陽等同學的幫助，在此一併致謝。

由於本人才疏學淺，其中肯定存在許多不當甚至舛誤之處，衷心懇請專家批評指正。

2014 年 7 月 1 日於南京大學

國家圖書館出版品預行編目資料

今文《尚書・周書》異文研究及彙編 / 趙成傑著. -- 初版. –
臺北市：蘭臺, 2015.1 面； 公分
ISBN 978-986-6231-95-7 (平裝)
1.書經 2.研究考訂

621.117 103021271

小學研究叢刊 03

今文《尚書・周書》異文研究及彙編

著　　者：趙成傑
執行主編：張雅婷
執行美編：林育雯
封面設計：林育雯
出 版 者：蘭臺出版社
地　　址：臺北市中正區重慶南路一段 121 號 8 樓之 14
電　　話：(02)2331-1675　傳眞：(02)2382-6225
劃撥帳號：18995335
E-mail：books5w@gmail.com
網路書店：http://www.bookstv.com.tw , http://www.books.com.tw
http://store.pchome.com.tw/yesbooks/HU/search.htm
香港總代理：香港聯合零售有限公司
地　　址：香港新界大蒲汀麗路 36 號中華商務印刷大樓
C&C Building, 36, Ting Lai Road, Tai Po, New Territories
電　　話：(852) 2150-2100　傳眞：(852) 2356-0735
總 經 銷：廈門廈門外圖集團有限公司
地　　址：廈門市湖裡區悅華路 8 號 4 樓
電　　話：86-592-2230177　傳眞：86-592-5365089
出版日期：2015 年 1 月初版
定　　價：880 元（平裝）
ISBN：978-986-6231-95-7